Unsere Nullerjahre

Judith-Maria Gillies

Unsere Nullerjahre

Das Jahrzehnt der Bagels, Blogs und Billigflieger

eICHBORN

Für meine Eltern

1. Auflage 2009

© Eichborn AG, Frankfurt am Main, Oktober 2009
Umschlaggestaltung: Christina Hucke
Lektorat: Waltraud Berz
Ausstattung, Typografie: Tania Poppe
Satz: Fotosatz Reinhard Amann, Aichstetten
Druck und Bindung: CPI – Clausen & Bosse, Leck
ISBN 978-3-8218-6501-0

Mix
Produktgruppe aus vorbildlich bewirtschafteten
Wäldern und anderen kontrollierten Herkünften
www.fsc.org Zert.-Nr. GFA-COC-001223
© 1996 Forest Stewardship Council

Eichborn Verlag, Kaiserstraße 66, 60329 Frankfurt am Main
Mehr Informationen zu Büchern und Hörbüchern aus dem Eichborn Verlag
finden Sie unter www.eichborn.de

Inhalt

Vorwort

Alles gut?

Zugegeben: Die Frage nervte. Aber in den 2000er-Jahren entkamen wir ihr nirgendwo. »Alles gut?«, begrüßte uns schon frühmorgens der Kollege im Büro, noch bevor wir unseren Coffee to go und unsere Umhängetasche abgestellt hatten. »Alles gut?«, fragte uns die Wellnesstrainerin, als wir nach Feierabend ihre Hot-Stone-Massage genossen. Und schon von Weitem schallte uns ein »Alles gut?« entgegen, als wir uns mit Freunden beim Public Viewing trafen, um mit Klinsi & Co. das Sommermärchen zu feiern.

Alles gut? Nun ja. Auf die Frage einfach zu nicken, wäre wohl ein ziemlicher Fake gewesen in diesem Jahrzehnt zwischen 11. September und Finanzkrise. Und daher griffen wir lieber zur typischen Nuller-Antwort. »Alles gut?« – »Nicht wirklich.« Denn großartig waren die ersten zehn Jahre des neuen Jahrtausends ja nun tatsächlich nicht. Obwohl wir doch so euphorisch ins Millennium gestartet waren – mit einem weltumspannenden Freudenfest zur Jahrtausendwende. Die New Economy boomte noch, die Börse meldete fortlaufend Höchstkurse, und sogar der Y2K, der prognostizierte Zusammenbruch aller Computersysteme, war ausgeblieben. Der Zusammenbruch der Welt jedoch, wie wir sie kannten, sollte uns noch bevorstehen. Als am 11. September 2001 das World Trade Center in New York einstürzte, brach noch viel mehr zusammen: der Aktienmarkt, die Spaßgesellschaft, die sicher geglaubte Weltordnung.

Ground Zero. Die Stunde null war gekommen. Und mit ihr die Nullerjahre, die erst gerade richtig angefangen hatten. Da wartete ein Jahrzehnt auf uns, in dem wir ständig auf dem Sprung waren – und auf der Suche. Auf der Suche nach einer verloren gegangenen

Balance, nach innerer und äußerer Harmonie, nach Gott und der Welt – und natürlich auch nach uns selbst.

So hetzten wir also recht rastlos durch die 2000er – stets in der Hoffnung, endlich einmal irgendwo anzukommen. Manchmal liefen wir dabei hektisch durch die Gegend, manchmal quirlig und manchmal cool. In Atem aber hielt uns die Dekade immer – und in Bewegung sowieso. Die Nullerjahre – das war unser Jahrzehnt to go. Ans Haus gefesselt war plötzlich niemand mehr. Unser Büro lagerten wir per Hotspot oder Blackberry einfach in den nächsten Coffeeshop aus. Und wem das noch nicht reichte, der wanderte möglicherweise gleich aus, um woanders ein besseres Leben zu beginnen. Die Verbindung zu Freunden und Familie ließ sich dennoch immer halten. Schließlich hatten wir dazu die neue Technik. Wir simsten und googelten, chatteten und bloggten, podcasteten und skypten. Und am High-End twitterten ein paar Wortführer gar ihre Nachrichten in die Welt hinaus.

Hauptsache, wir blieben in Bewegung. Und das taten wir. Das fing schon im Babyalter an, wenn Kleinkinder in Joggerkinderwagen durch den Stadtpark gehetzt wurden. Das ging weiter im Kiddie-Alter, wenn Grundschüler auf ihren Kickboards über die Bürgersteige flitzten. Und es hielt auch bis ins Rentenalter an, wenn die Generation 75 plus einfach zum Rollator griff, um mobil zu bleiben. Alle anderen Nuller liefen mit Pappbechern oder Plastikflaschen durch die Gegend und hörten auf MP3-Playern ihre Lieblingssongs in der U-Bahn. Vom Macchiato bis zur Musik: Wenn wir gefragt wurden:»Für hier oder zum Mitnehmen?«, war unsere Antwort klar:»To go, bitte!«

Leider war auf unserem Weg durch die Nullerjahre nicht alles so leicht mitzunehmen wie Kaffee. Viele andere Lasten erschwerten uns den Weg durch das Jahrzehnt. Arbeitslosigkeit, Aktienverluste, Klimaerwärmung, Terrorismus. Bei Ground Zero war ja nicht nur das weltpolitische Gleichgewicht aus den Fugen geraten, sondern wir alle mit ihm. Und so schien es logisch, dass wir fortan danach strebten, eine neue Harmonie wiederzuerlangen. Die ganze Welt gerade rücken, das konnten wir zwar nicht. Aber bei uns selber anfangen, im Kleinen, das konnten wir schon. Und so machten wir uns eifrig auf die Suche nach unserer verschütteten inneren Balance. Manche versuchten das mit Yoga oder Tai-Chi. Andere mit Ayurveda oder Aromatherapie. Im Day Spa oder beim Osteopathen. Und ob wir nun den Sonnengruß übten oder literweise grünen Tee in uns reinschütteten, das Ziel war stets dasselbe: Wir wollten endlich wieder zu uns selbst finden, Körper, Geist und Seele in Einklang bringen. Und so machten wir Wellness zum Megatrend des Jahrzehnts. Sich wohlzufühlen und endlich mal abzuschalten galt als kollektive Sehnsucht jener Jahre. Und diese Sehnsucht stillten wir ganz unterschiedlich. Indem wir Freunde zum gemeinsamen Kochen einluden zum Beispiel oder indem wir mit Kumpels in der angesagten Lounge chillten. Indem wir bei *Deutschland sucht den Superstar* mal so richtig ablästerten oder indem wir wie Hape Kerkeling auf dem Jakobsweg pilgerten.

Irgendwie schafften wir uns schon ein paar passende Wohlfühlprogramme. Hauptsache, es ging uns danach wieder ein bisschen besser. Zeitgenossen, die dabei auf ganzheitliche, nachhaltige und vor allem auf klimaneutrale Aktivitäten setzten, genossen ein besonders hohes Ansehen. *Green* war absolut angesagt. Das Einkaufen im Bio-Supermarkt etwa. Sehr Nuller! Oder auch das Trinken von Bionade. Das gab uns das Gefühl, etwas Gutes zu tun, etwas, das die Welt ein kleines bisschen besser machte.

Und das war bitter nötig. Denn noch steckten wir fest in diesem Durcheinander – zwischen Irakkrieg und Integrationsgipfeln, zwischen Nahostkonflikt und Neoliberalismusdebatten, zwischen Abwrackprämie und Abgeltungsteuer. Das Gute daran war eigentlich nur, dass uns all diese Konflikte und Kompliziertheiten zwar fertigmachten, aber dass wir keineswegs so aussahen. Wir hatten schließlich Anti-Aging. Mit Hyaluronsäure und Q10 cremten wir die Sorgenfalten einfach weg. Und falls das nicht ganz klappte, konnten wir immer noch zur Botox-Party gehen – oder zum Facelifting. Warum nicht? Für unseren Körper taten wir doch damals eh so gut wie alles. Bauchfreie Tops und tiefergelegte Hüfthosen zeigten dann eindrucksvoll die Ergebnisse der Anstrengungen. Beim kollektiven Hype um den Körper machten übrigens nicht nur Frauen mit. Dank David Beckham, der neuen Stilikone, hübschten sich auch die Männer auf – so sehr übrigens, dass wir ihnen zwischenzeitlich gar das Label »metrosexuell« verpassten. Selbst Leute, die beim kollektiven Schönheitswettbewerb aus eigener Kraft nicht weiterkamen, mussten nicht aufgeben. Sie engagierten einfach einen Personal Trainer. Der sorgte dann schon dafür, dass sie ihr Fett wegkriegten. Überhaupt fanden wir es ja in den 2000ern keineswegs peinlich, fremde Hilfe anzunehmen. Coaching wurde großgeschrieben. Überschuldete Hartz-IV-Empfänger engagierten einen Schuldnerberater, übereifrige Manager einen Karrierecoach und überforderte Eltern die Super Nanny. So what? Wenn andere es besser konnten, warum nicht von ihnen lernen? Das konnte uns doch nur stark machen. Es soll sogar Männer gegeben haben, die sich tatsächlich von einem Navigationssystem den Weg weisen ließen, und zwar gleich von der eigenen Haustür an ...

Orientierung konnten wir eben gut gebrauchen in jenen Jahren – übrigens nicht nur auf den Straßen. Agenda 2010, Ich-AG, Gesundheitsfonds – wer stieg denn da noch durch? Eine Richtschnur, der wir gerne gefolgt wären, versprachen sich die meisten da weder von Rot-Grün noch von der Großen Koalition und erst recht nicht von George W. Bush, der, im Gegenteil, nur dem Bush-Bashing immer neue Impulse gab. Selbst dass wir plötzlich Papst waren, half uns im kollektiven Bewusstsein nicht recht weiter. Zum neuen Heilsbringer kürten viele Zeitgenossen viel eher Barack Obama. Aber der kam ja erst, als sich die Nullerjahre schon verabschiedeten.

Wie gut, dass wir wenigstens im Internet Orientierung fanden! Mit Google Maps und Google Earth klappte das schon ganz

12

gut. Und nicht nur das. Die Technik machte unser ganzes Leben leichter. Und bunter. Und cooler! Wir fotografierten mit unserem Handy. Wir erledigten unsere Bankgeschäfte von zu Hause aus. Wir kauften Bücher ohne Buchladen und buchten Urlaub ohne Reisebüro. Wir vertickten unseren Kram bei eBay, suchten unseren Partner in Singlebörsen, verlinkten uns über Facebook und drehten Filme, die sich bei YouTube die ganze Welt angucken konnte. Hach! Unsere Nullerjahre waren schon echt Hammer. Grund genug, sie noch einmal aufleben zu lassen, oder? Also los. Holt die Sitzsäcke raus und macht es euch mit einem Cosmopolitan oder einem Latte macchiato bequem! Eine großartige Zeitreise durch das ABC der Nullerjahre erwartet euch – von A wie Alcopops bis Z wie Zungenreiniger. Und außerdem werdet ihr dabei auf allerlei merkwürdige Zeitgenossen treffen: Datingbörsianer und Flip-Flopper, Stadtstrandchiller und Energiesparlampeneinschrauber, BlackBerryaner und Arschgeweihträger.

Das ging ja alles gar nicht, meint ihr? Von wegen. In den Nullerjahren waren wir völlig schmerzfrei. Krass, oder?

Judith-Maria Gillies

A-Z Alphabet der Nullerjahre

Alcopops

Hochprozentige und hochbrisante Limo. Heiß begehrt und hart bekämpft. Alcopops brachten Partygänger in Fahrt und Politiker in Rage. Denn eine Flasche der neonbunten Cocktailbrause enthielt so viel Alkohol wie ein doppelter Schnaps. Leider war das den vielen Jugendlichen, die eigentlich an das Getränk gar nicht hätten drankommen dürfen, nicht so recht klar. Wodka- oder Whiskygeschmack wurden vollständig vom süßen Limoaroma überdeckt. Aber wer bitte schön gab sich auf einer Party mit dem Lesen des Flaschenetiketts ab? Wie uncool war das denn?! Also griffen die Minderjährigen weiter zu Breezer, Slammer und Lemon Frizz. Sobald die Wirkung einsetzte, setzten sie aus. Besonders Mädchen, die bisher nicht viel mehr als Apfelschorle vertrugen, kippten reihenweise das Zeug in sich rein – und dann um. Das ging so schnell, dass man noch nicht mal eine Flatrate-Party brauchte.

Gute Stimmung war auch bei den Getränkeherstellern ausgebrochen. Die innovativen Mixdrinks waren der Renner der frühen Nullerjahre. Immer neue, noch coolere Mixturen kamen auf den Markt – bis hin zu Alcopops in Tüten, in Tuben und als Pulver. In den Forschungs- und Entwicklungsabteilungen der Firmen dürfte es wie einst in den Reagenzgläsern unseres ersten Chemielabors ausgesehen haben: Hauptsache schön bunt und es knallte.

Es knallte tatsächlich – nicht nur in den Köpfen der Clubgänger, sondern auch in den Parlamenten der Volksvertreter. Suchtbeauftragte schlugen Alarm in großem Stil. Gegen die Einstiegsdroge Alcopops musste dringend etwas unternommen werden. Und es wurde etwas unternommen. Im August 2004, genau

zum Höhepunkt der Outdoor-Party-Time, kam eine Sondersteuer auf die Schnapslimonaden. Auch hier ließ die Wirkung
nicht lange auf sich warten. Ein Euro mehr und schon wurde unsere Jugend abstinent. Na ja, nicht ganz. Denn die Industrie ließ
sich sofort etwas Neues einfallen: Mixgetränke mit Bier. Denn die
waren von der Sondersteuer befreit. So brummte also weiterhin
der Umsatz der Anbieter – aber der Schädel der Verbraucher nicht
mehr ganz so sehr.

Allergikerhinweise

Kleingedrucktes im Lebensmittelregal. Die Gesundheitsbehörden
hatten ein neues Hobby: die Kennzeichnung von Essbarem.
Schnell wurde uns Verbrauchern klar: Hinter jedem Lebensmittel
lauerte der Tod. Beispiel Gluten. Allein schon das Wort! In den
1990er-Jahren hatte noch kein Mensch von so etwas gehört. Es sei
denn, er war a) Allergologe oder b) allergisch gegen Gluten. Die
zweite Kategorie vermehrte sich in den Nullern exponentiell.
Welch ein Schicksal für die Betroffenen! Welch eine Einschrän-
kung ihres Alltags! Denn an unbeschwertes Essen war nicht mehr
zu denken. Gluten war plötzlich allgegenwärtig. Die Betroffenen
waren arm dran. Denn das Checken der Inhaltsangaben dauerte
oft länger als das Kochen. Und wer aushäusig aß, konnte ruhigen
Gewissens eigentlich kaum was anderes bestellen als Rotwein und
Tortilla Chips. …

Das Dramatische an der Sache mit den Allergien: Gluten
waren beileibe nicht alles, wogegen Zeitgenossen überempfind-
lich reagierten: Eier, Milch, Nüsse, Fisch, Krebstiere, Erdnüsse,
Schwefeldioxid, Soja, Sellerie, Sesam und Senf. Schwer vorstellbar schien es, ein Essen zu finden, das nicht mindestens eine
dieser Warnhinweiszutaten enthielt. Der strengen EU-Gesetzge-
bung sei Dank, dass alle Inhaltsstoffe – selbst die in Nanomengen –
dezidiert aufgeführt werden mussten. So machte Essen endlich
wieder Spaß. Das galt besonders für Nuss-Allergiker. Selbst wenn

keine Nüsse im Produkt enthalten waren, sicherten sich die Hersteller ab: »Kann Spuren von Nüssen enthalten!« Besonders beliebt unter Allergikern waren auch Hinweise der Marke Superschisser vor Schadensersatzklagen: »In unserer Herstellungsfabrik werden keine Produkte mit Nüssen verarbeitet. Dennoch kann nicht ausgeschlossen werden, dass das vorliegende Produkt Spuren von Nüssen enthält.« Hallo …?! Es musste sich hierbei wohl um eine neue Form der Mutation handeln – von Luft in Nüsse. Oder von Karton in Nüsse. Fest stand jedenfalls: Es gab immer mehr Produkte, aber immer weniger zu essen.

Anti-Aging

Jagd nach dem Jungbrunnen. Alt werden, klar, das wollten wir alle. Aber so aussehen? Nein, danke. Merkwürdigerweise führte das dazu, dass wir in einer alternden Gesellschaft lebten, die sich stetig verjüngte. Anscheinend hatten wir sonst keine Sorgen …

Unser kollektiver Kampf galt Falten und Fettpolstern, Tränensäcken und Krähenfüßen, Orangenhaut und love handles. Und glücklicherweise stand uns bei diesem Kampf professionelle Unterstützung zur Seite. Wer es sich leisten konnte, engagierte einen Personal Trainer oder einen zertifizierten Anti-Aging-Trainer (ja, so etwas gab es wirklich!). Die zwangen einem dann berufsbedingt einen gesunden Lebensstil auf. Der Rest von uns schwor auf die Produkte und Dienstleistungen der Kosmetik- und Wellness-Industrie. Deren neueste Forschungsergebnisse sorgten ja stets dafür, dass wir unser wahres Alter nach allen erdenklichen Methoden immer wieder neu nach unten korrigieren konnten. Wir cremten und walkten. Wir ließen manikuren und frisieren – und manchmal auch ein bisschen schnippeln. Merken sollte das allerdings natürlich niemand. Wir hatten es schließlich ganz allein unserer gesunden Lebensweise zu verdanken, dass wir so frisch und vital aussahen.

40 war das neue 25! Auf das Alter in ihrem Personalausweis

pochten doch eh nur noch Teenies, die die Kassiererin im Getränkemarkt oder den Türsteher vor dem Club davon überzeugen wollten, dass sie schon a) Alkohol kaufen oder b) rein durften. Alle anderen, vor allem die Best Ager, erfanden kurzerhand eine neue Zeitrechnung. Neben dem biografischen Alter gab es ab sofort ein biologisches – sozusagen der Windchill-Faktor der Zeit. Bis zu 15 Jahre ließen sich ganz einfach wegfühlen. Es war wunderbar. Und damit die Optik auch zum Gefühl passte, schworen wir auf AHA und Hyaluronsäure, auf Q10, Retinol und Gelée Royale, auf Antihaarbruchspülungen und 40plus-Shampoos, auf Anti-Age-Zahnpasta und auf Tabletten zur Steigerung der Hautelastizität.

Es gab nichts, was wir nicht ausprobierten. Nichts, was uns stutzen ließ oder gar zweifeln. Nichts, was es nicht wert gewesen wäre, wenigstens mal getestet zu werden. Nur dann und wann wunderte man sich vielleicht kurzzeitig, was die Aufschrift auf einer Nivea-Handcreme»Neu! Jetzt doppelt so viel Q10« wohl bedeuten mochte. Sahen die Hände nach dem Cremen der neuen Produktvariante doppelt so jung aus wie nach dem Gebrauch der alten? Brauchten wir ab jetzt nur noch halb so viel Creme, um genauso jung aussehende Hände zu bekommen? Oder nur noch halb so viel Zeit, ehe die Hände sich verjüngt hatten? Das, genau das waren die neuen Rätsel der Zeit, denen wir uns nur allzu gern stellten.

Warum dieser unglaubliche Ehrgeiz? Es muss etwas mit Tiefenpsychologie zu tun haben. Oder aber mit der Tatsache, dass wir alle weiterhin zur werberelevanten Zielgruppe von RTL gehören wollten. Und die reichte nun mal von 14 bis 49 Jahre – und keinen Tag weiter.

Aromatherapie

Chanel N° 5 für Wellnessjünger. Tief eingeatmet und dann – aaah! – spürten wir sofort die wohltuende Wirkung. Im Duft von Kamille, Salbei und Menthol vereinten sich Geist, Körper und Seele zu einem ... äh ... nun ja. Die ätherischen Öle verbreiteten ja nicht immer und nicht überall und schon gar nicht auf Knopfdruck ihre heilsamen Wirkungen – sondern allein unter professioneller Anleitung eines Arztes oder Heilpraktikers! Schließlich hatten wir es bei den Aufgüssen, Massagen und Dampfbädern nicht mit irgendwelchem Voodoo zu tun. Erst professionelle Heiler schafften es, die Düfte zu ihrer wahren Entfaltung zu bringen, ganz klar. Rosmarin etwa regte den Kreislauf an, Orange den Patienten ab. Und Vanille stoppte praktischerweise zugleich Hunger und Angst. Derart wissenschaftlich wollten die meisten Zeitgenossen allerdings nicht unbedingt an die Sache herangehen. Vielen reichte fürs Wohlbefinden schon ein neuer Duft für ihr Wohnzimmer-Potpourri. Und echte Pragmatiker steckten einfach einen neuen Air-Wick-Duftstecker der Note *Rosenblüten & Ylang Ylang* in die Steckdose. Manchmal konnte eben weniger mehr sein.

Audrey Hepburn

Posthume Stilikone der Nuller. Vier Jahrzehnte nach *Frühstück bei Tiffany* war Audrey Hepburn plötzlich überall. Ihr Antlitz prangte auf Postkarten und Plakaten, in WGs und Lofts, auf Websites und Kalendern, in Schaufenstern und bei Friseuren. Und es hing hundertfach bei Ikea – im Leinwanddruck für 69 Euro. Retrostil zum Mitnahmepreis. Und wir griffen zu, in der Hoffnung, einen Abglanz von Schönheit und Stil auch auf unseren bescheidenen Wänden zu verbreiten. Audrey Hepburn verzauberte uns alle: die Frauen mit ihrem feengleichen Wesen, die Männer mit ihrem feengleichen Sex-Appeal.

Und während wir uns also *Frühstück bei Tiffany* zum zehnten Mal anguckten, schwelgten wir in den Sechzigern. Überhaupt schien keine andere Person die Nuller so allumfassend zu verkörpern wie der süße Fratz: die Kleider im Sixties-Stil, dazu Ballerinas und eine XXL-Sonnenbrille! Alles verpackt in einem fragilen Körper, der auf der Skala des Body-Mass-Indexes kaum mehr als

17 erreicht haben dürfte. In der knochig-schlanken Hand hielt Miss Golightly schon damals einen Pappbecher to go. Wenn das nicht Trendsetting war, was dann?

Audrey umgarnte uns alle. Die Popgruppe *Erdmöbel* besang sie in ihrem Song *In den Schuhen von Audrey Hepburn.* Und auch Prominente verfielen dem Mythos. Tennisspielerin Maria Scharapowa gewann die US Open 2006 in einem kleinen Schwarzen, das sie als Hommage an den Filmstar anfertigen ließ. Und Bundesverbraucherministerin Ilse Aigner (CSU) gab im Fragebogen des *Focus* Frau Hepburn als ihre Lieblingsschauspielerin an. Und ihr Lieblingsschauspieler?»Gustl Bayrhammer.« – Liebreiz und Lederhose – solch eine Kombination schafften nur die Bayern.

Augen lasern

Der Traum aller Kurzsichtigen! Normal zu sehen ohne Brille oder Linsen – das war für sie schließlich bisher nur eine Utopie. Sollte das dank moderner Lasertechnik wirklich möglich sein? Und sollte der Dioptrienwettbewerb unter Brillenträgern damit tatsächlich ein Ende haben? Kein Geprotze mehr à la »Links minus 5, rechts minus 6,5!«?

Potenzielle Laser-Patienten rieben sich ungläubig die Augen – und informierten sich in Arztpraxen, Internetportalen und ersten Augenlaserzentren der Fußgängerzonen. Und natürlich bei Bekannten, stets der sichersten Informationsquelle. Mit jedem Gespräch näherte man sich so dem Expertenstatus. Die Namen der verschiedenen Operationsverfahren kamen ihnen schon lange mühelos über die Lippen. Sie dozierten über Lasek, Femto-Lasik, PRK und Intraokularlinsen-Implantation, als hätten sie in Ophthalmologie promoviert.

Zwischen Firmenfluren und Coffeeshops machten allerdings auch heftige Ekelstorys die Runde:»Und dann wird die Lamelle der Hornhaut mit einer Pinzette hochgeklappt und der

Laser ätzt die Hornhaut Schicht für Schicht weg …«Die Schilderungen rangierten irgendwo zwischen *Grey's Anatomy* und Darth Vaders Laserschwert. Zudem kannte jeder in der Runde mindestens einen Bekannten einer Kollegin, bei dem die OP leider nicht 100-prozentig erfolgreich war. Wer morgens mit minus 1 Dioptrie statt mit minus 5 aufwachte, mochte vielleicht plötzlich den Radiowecker einwandfrei ablesen können. Zum Autofahren, Arbeiten und Fernsehen brauchte er aber trotzdem weiterhin eine Brille. Da waren die 5000 Euro echt rausgeschmissenes Geld. Wie viele Designerbrillen hätte man sich dafür kaufen können …

Doch damit nicht genug. Schauergeschichten über missglückte OPs gab es zuhauf. Bei der Überkorrektur etwa konnte man bereits mit 25 Jahren erfahren, wie sich Altersweitsichtigkeit anfühlt. Oder man sah plötzlich Lichthöfe, konnte nachts wegen hoher Blendempfindlichkeit nicht mehr Auto fahren oder musste sich jede Stunde Tropfen in die trockenen Augen träufeln. Ganz abgesehen von den Langzeitfolgen. Denn die waren bei der neuen Methode ja noch gar nicht abzusehen.

Die Optimistenfraktion ließen solche Schauergeschichten allerdings völlig kalt – ebenso wie die Patienten, bei denen alles gut gegangen war. Sie schwärmten unverhohlen von einem »völlig neuen Lebensgefühl« oder alternativ von »der besten Entscheidung meines Lebens«. Doch leider offenbarte sich bei ihnen eine weitere Nebenwirkung der OP. Neben dem Sehnerv schien auch ihr Einfühlungsvermögen manipuliert worden zu sein. Denn fortan versuchten sie ohne Unterlass, andere Brillenträger ebenfalls zu einer OP zu drängen. Dass sie damit mindestens ebenso nervten wie Ex-Raucher, die zu militanten Nichtrauchern mutiert waren, merkten sie nicht. Den armen Kurzsichtigen half da nur, ihre Brille abzusetzen. So verschwanden die Nervensägen wenigstens aus ihrem Gesichtsfeld.

Auswandern

Kollektive Flucht aus Deutschland. Nichts wie weg – das dachten sich immer mehr Bundesbürger in den Nullern. Sie flüchteten aus dem Land der begrenzten Möglichkeiten – vor Arbeitslosigkeit, Steuererhöhungen, schlechten Forschungsbedingungen und fehlenden Karriereperspektiven. Viele machten rüber in die Schweiz oder nach Österreich, andere in die USA, nach Australien, Spanien, Norwegen oder Kanada. Woanders konnte es nur besser werden. Und häufig wurde es das auch.

Lange Zeit fand das Phänomen hauptsächlich in den Wirtschafts- und Wissenschaftsseiten der überregionalen Tageszeitungen Beachtung – unter dem Schlagwort Brain Drain. Wieder ein Forscher, der nach England zog, um seine Arbeit fortsetzen zu können, hieß es da. Oder: Wieder ein Nobelpreisträger aus den USA mit deutschen Wurzeln. So was in der Art. Bis das Statistische Bundesamt verkündete, dass allein 2004 eine Rekordzahl von 150.000 Bürgern Deutschland den Rücken gekehrt hatte, so viele wie seit den 1950er-Jahren nicht mehr. Da kamen nicht nur Bevölkerungsstatistiker, sondern auch einige Politiker zumindest kurzzeitig ins Grübeln.

Freude dagegen brach bei den privaten Fernsehanstalten aus. Sie erfanden ein neues Format: Auswanderer-TV. Fortan verfolgten die Daheimgebliebenen die Schicksale von Auswanderern in investigativen Dokumentationen wie *Mein neues Leben* (kabeleins), *Goodbye Deutschland* (VOX) oder *Umzug in ein neues Leben* (RTL). Vom Sofa aus begleiteten sie Kathy und Thorsten von Bochum nach Bangkok, Lutz und Eve von Berlin nach Norwegen oder Sabine und Peter von Germering in die Karibik. Und stellten befriedigt fest, dass in der Ferne auch genügend Probleme warteten. Schadenfreude von Couch-Potatoes in Good Old Germany.

Klar, dass unter diesen Umständen auch eine neue Sendung einschlagen musste: *Die Rückwanderer* auf VOX. Wir guckten und genossen. Denn so schlecht konnte es hier dann ja wohl doch nicht sein. Schließlich gab es Menschen, die freiwillig nach Deutschland zurückkehrten. Und schon war unsere Welt wieder in Ordnung – trotz Arbeitslosigkeit, Steuererhöhungen, schlechter Forschungsbedingungen und fehlender Karriereperspektiven.

Autofähnchen

Must-have zu Sommermärchen-Zeiten. Einfach Wimpel ans Autofenster gesteckt und fertig war der Fußballfan. Olé, olé, olé, oléee … Nie war es einfacher, Zusammengehörigkeitsgefühl und Teamspirit zu demonstrieren. Und plötzlich ging auch Nationalbewusstsein. Wir konnten stolz sein! Und wir waren stolz. Zum Beispiel als wir mit dem 45 mal 30 Zentimeter großen Fähnchen auf dem Firmenparkplatz vorfuhren. So bewies man dem Chef Mannschaftsgeist! Oder als wir mit Fähnchen zum Getränkemarkt unterwegs waren. (Beim Einparken störte es nur minimal.) Oder als wir mit Fähnchen über die A1 düsten – immer mit dem Blick nach links, ob wohl alles halten würde …

Was waren wir früher doch arm dran. Damals in den Achtzigern und Neunzigern, als wir bei den Autokorsos nach gewonnenen Deutschlandspielen unsere Schals aus dem Auto hängen mussten. Und da viele von uns gar keinen Deutschlandschal besaßen, musste der Bundesliga-Vereinsschal herhalten oder gar der nackte Arm aus dem Autofenster. Wie arm war das denn? Die Nuller brachten also plötzlich die Innovation. Autofähnchen, ja, das bedeutete Fußball plus Auto plus Deutschlandfahne. Gab es ein Symbol, das uns besser charakterisierte? Nein, gab es nicht.

Also wollten alle dazugehören. Unsere Männer um Klinsi und Jogi taten ihr Übriges, dass die schwarz-rot-goldenen Fähnchen genug Anlass hatten, umhergefahren zu werden. Später dann, Tage und Wochen nach dem letzten Abpfiff, verschwanden die lieb gewonnenen Accessoires peu à peu aus dem Straßenbild. Unter ihnen jede Menge Verkehrsopfer, die bei Tempo 180 auf der

Autobahn abgefallen waren. Da lagen sie dann, wie Zeitzeugen einer vergangenen Epoche. Nur dass Guido Knopp ihnen noch keine Sendung gewidmet hatte.

Ayurveda

Indische Heilkunst für alle Lebenslagen. Geahnt hatten wir es ja schon länger. Aber jetzt hatten wir einen Namen dafür, dass Körper, Geist, Seele und überhaupt alle Dinge, die sichtbaren und die unsichtbaren, miteinander zusammenhingen. Ayurveda! Allein schon der Klang des Wortes! Die Heilkunst aus Indien war endlich auch bei uns Abendländlern angekommen. Viele Zeitgenossen zwischen Chemnitz und Wattenscheid schwörten auf Marma-Massagen, Weihrauchpillen und Entschlackung im großen Stil. Und sie spürten nach eigenen Aussagen ganz deutlich, dass dadurch ihre Lebensenergien wieder zurückkehrten. Zugleich fanden sie ihre Mitte, und viele, viele Leiden fanden ein Ende. Denn Ayurveda-Kuren versprachen eine positive Wirkung auf eigentlich alle denkbaren Krankheiten – von Bluthochdruck über Neurodermitis bis zu Rheuma. Die Kraft von Räucherstäbchen, Stirngüssen und Ingwertees schien schier unbegrenzt.

Und so mancher Zeitgenosse, der schon immer seinen Urlaub auf Bali verbracht hatte, fand dort in den 2000ern plötzlich nicht nur Sonne, Strand und indonesische Exotik, sondern auch noch sich selbst. All-inclusive. Etwas nervig wurde dieser Zeitgenosse allerdings, wenn er seinem sozialen Umfeld immer wieder von den Segnungen seiner ganz persönlichen Reinigung erzählte. Da wurde geschwärmt und missioniert, was das Zeug hielt. Auf Partys gab er damit an, ein Kapha-Pitta-Typ zu sein. Und die Gäste, die Pitta eigentlich nur vom Griechen um die Ecke kannten, wandten sich möglichst unauffällig alsbald wieder dem Büfett zu.

Der Erleuchtete suchte sich indes ein anderes Opfer, vor dem er ausschweifend die Ayurveda-Regeln dozierte. »Iss nur, wenn du Hunger hast!«, lautete eine davon. Und als die Zeit gekommen war, wurde auch besagter Erleuchteter am Büfett gesichtet – ganz eins mit sich selbst und dem Nudelsalat.

Badlandschaften

Wellness-Oasen auf sechs Quadratmetern aufwärts. – Oh! Ah! Welch eine Wohltat! Willkommen in den Badezimmern der 2000er-Jahre! Mit den Nasszellen früherer Dekaden hatten diese großzügig geschnittenen Räume rein gar nichts mehr gemein. Bäder waren fortan Designertempel für morgendliche Waschrituale. Beim Durchblättern der einschlägigen Kataloge meinte man fast, die Stätten seien nicht nur zur körperlichen, sondern auch zur seelischen Reinigung bestimmt. Wo sich einst Waschbecken, Dusche und Badewanne auf engstem Raum drängten, gab jetzt die Badarchitektur den Ton an. Platz genug, um nach dem Aufstehen dort unsere morgendlichen Qigong-Übungen zu absolvieren.

Wer von uns hatte denn insgeheim nicht immer schon von einer frei stehenden Wanne mit Whirlpoolfunktion geträumt? Oder von einer begehbaren Dusche, in der ein Wasserfallregen den mit Mosaiksteinchen verzierten Boden berieselte? Neben den zwei Designerwaschbecken eine Handtuchheizung de luxe, unter unseren Füßen eine hölzerne Saunamatte. Die Materialien der Bäder folgten dem Green-Trend: Naturstein, Kies, Holz.

In Fünfsternehotels waren Schlaf- und Badezimmer oft nur durch eine Milchglasscheibe voneinander abgetrennt. Das ließ ganz ungewohnte, nicht immer angenehme Einblicke zu. Aber dennoch waren wir fasziniert vom neuen Bäderluxus. Leider ließen sich viele der Träume nicht unbedingt im eigenen Badezimmer verwirklichen. Das musste aber auch nicht sein. Denn oft genügte schon ein einziges Stück, um das Flair zu sich nach Hause zu holen – wie zum Beispiel die Seifenschale *Molger* von Ikea. Das Teil aus Walnussholz für 99 Cent war dann immerhin unser kleiner Teil vom großen Badeglück.

Bärlauch

Knoblauch der Nuller. Es war wie verhext. Plötzlich kam keine Speisekarte mehr ohne Bärlauch aus, gab es keinen Koch mehr, der seine Speisen nicht mit dieser aromatischen Zutat veredelte. Ähnlichen Anklang fanden in der Nullerküche eigentlich nur noch Mangold, Schwarzwurzel und Zitronengras. Witzigmann mischte Bärlauch in Spinat und empfahl dazu Spiegelei und Speckkartoffeln. In Kerners Kochbuch gab es einen Bärlauch-Latte-Macchiato. Und allerlei Hobbyköche und -autoren widmeten dem Modegemüse gar eigene Kochbücher – mit Rezepten wie Bärlauch-Rösti, Maischolle auf Bärlauch-Soße oder Schafskäse im Bärlauch-Mantel. Mmmh! Auch die Lebensmittelindustrie witterte schnell einen Trend. In den Supermarktregalen fanden wir Löwensenf Bärlauch, Meggle Bärlauchbutter, Buko Wald-Bärlauch-Frischkäse und Nadler Bärlauch Sahne Heringsfilets.

Ihren Erfolg verdankte die Pflanze wohl vor allem einer fehlenden Nebenwirkung. Denn ein strenger Mundgeruch wie beim Knofi blieb gnädigerweise meist aus. Doch der Lauch ohne Hauch konnte auch sonst noch punkten. Er sollte gegen Bluthochdruck helfen, gegen hohen Cholesterinspiegel, Arterienverkalkung und bei der Stärkung des Immunsystems. Kurzum: Wer Bärlauch in der Pfanne hatte, konnte seine Hausapotheke vergessen.

Obwohl. Nicht ganz. Nach dem eigenhändigen Pflücken der Pflanze im Wald wäre sie manchmal sicherlich ganz hilfreich gewesen. Denn Bärlauch lässt sich leicht verwechseln: mit dem hochgiftigen Maiglöckchen.

Bagels

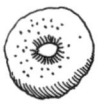

Zeitgeist aus Hefe und Loch. Lange Zeit kannten wir sie nur aus US-amerikanischen Fernsehserien. Dann kamen die Bagels auch zu uns nach Berlin. Oder nach Hannover. Oder Oldenburg. Leckere Hefekringel mit Belag, als Fingerfood perfekt für den Lunch to go und endlich eine echte – und fettärmere – Alternative zum Hamburger. Süß oder pikant: Der In-Snack kam in zahlreichen Geschmacksrichtungen daher. Mit Zimt-Rosinen, mit Sesam, Mohn oder Kürbiskernen. Beim Belag griffen die meisten von uns zu irgendwelchen Frischkäse-Varianten, gern gemischt mit Lachs, Basilikum oder Oliven.

Wer wirklich in sein wollte, bestellte natürlich nicht Frischkäse, sondern cream cheese. Das war zwar dasselbe, aber es schmeckte auf Amerikanisch bestellt trotzdem irgendwie authentischer. So als wäre man bei Murray's Bagels in New Yorks Greenwich Village, 13. Straße, Ecke Sixth Avenue. Und so genossen wir also auch in der Herrenteichstraße in Osnabrück unseren Mittagssnack in der Gewissheit, zur großen Gemeinde der globalen Citymenschen zu gehören. Genialer Geschmacksverstärker.

Ballerinas

Schuhwerk wie aus dem Märchen! Es war einmal eine Zeit, in der alle Frauen – kleine wie große – plötzlich mit zierlichen, flachen Schühchen an den Beinen durch die Gassen sprangen. Die Schühchen sahen ganz formidabel aus, hatten einen ganz flachen Absatz, und vorne waren sie abgerundet mit einem winzigen Schleifchen am Spann. Herzallerliebst! Und so schafften es diese Schläppchen, dass sich ihre Trägerinnen alle wie kleine (oder große) Ballerinen fühlten – oder zumindest wie Brigitte Bardot in den Fünfzigern.

Die unbequemen Absatzschuhe verschwanden derweil ganz hinten in den Schuhschränken, gleich neben den plumpen Sneakers. Was konnten die schon ausrichten gegen solch engelhafte Ballerinas! Und in welch wunderbaren Ausführungen kamen diese daher. Einfarbig oder gemustert. Gepunktet oder kariert. Aus Leder, Kunststoff oder Stoff. Die Schuhmacher dieser Tage ließen sich allerlei hübsche Varianten einfallen, mit denen sie die Kundinnen beglückten. Und bei diesen schlug das Herz sogleich höher. Welch wunderbar bequemes Schuhwerk, so dachten sie, mit dem sie jetzt – passend zu den hautengen Beinkleidern jener Tage – durch ihr Leben gleiten durften. Ab jetzt sollte kein müder Zeh und kein schmerzender Ballen ihnen mehr im Wege stehen. – Doch ach. Was ziepte denn da an der Achillesferse? I wo, der Schmerz war schnell vergessen – und die Blase auch. Doch ach. Wie schade war es doch, als diese wunderbaren Füßlinge gar zu sehr überstrapaziert wurden und die kleinen Füßchen alsbald keinen Halt mehr in ihnen finden sollten. Da sah man doch manche ihrer Besitzerinnen etwas unelegant durch die Gassen ihrer Heimatstädte schlurfen. Und ach, ja ach, so seufzten auch die Jünglinge dieser Zeit! Wo, so fragten sie sich, waren denn all die holden Frauenzimmer mit den wunderbaren Endlosbeinen geblieben? Sie schienen vom Erdboden verschluckt. Doch die Jünglinge waren schlau. Und sie freuten sich über die graziösen Begleiterinnen an ihrer Seite. Denn schließlich blickten die – das flache Schuhwerk an den Füßen – jetzt endlich einmal zu ihnen hinauf! Und so lebten alle glücklich und zufrieden bis ans Ende des Jahrzehnts.

Nachtrag: Hätten die Jünglinge genauer nachgesehen, hätten sie auch die Schwestern der Frauenzimmer – jene mit den Endlosbeinen – entdecken können: in den Schuhgeschäften, drängelnd vor den Regalen mit den Plateaupumps. Aber das war eine andere Geschichte.

Bandanas

Kopftücher für Obercoole. Früher kannte man die Dinger nur aus der Karnevalstruhe vom Piratenkostüm. Oder aus den Führerhäusern von Truckern. In den Nullern sah man Bandanas plötzlich überall, wo die Sonne schien oder Sport getrieben wurde. Kein Wunder. Selten war ein Trend so preiswert – und einfach zu tragen: falten, knoten, cool sein. Für Leute mit zwei linken Händen entwarf die Textilindustrie passenderweise eine vorgeformte Kappe mit anhängendem Stofffetzen zum Zusammenknoten.

Egal ob freihändig gebunden oder mit Hilfestellung: Mit Bandana fühlten sich die Träger umgehend wie ein Rockstar, Harley-Fahrer oder wie Matthew McConaughey – je nach Geschmack. Getragen entfaltete das Tuch ungeahnte Wirkungen. Man war nicht nur mit einem Schlag voll in. Sondern es färbte auch sofort auf das Sprachzentrum ab. Sätze wie »Hey Alter, was geht?« schienen mit eingenäht zu sein. Eine Altersbeschränkung gab es keine – zumal eventuelle Geheimratsecken gnädig verschwanden. Als passendes Schuhwerk kamen einzig und allein Cowboystiefel oder Flip-Flops infrage. Am Strand ging es auch barfuß. Weitere mögliche Accessoires: Dreitagebart, Surfbrett, Caterpillar.

Beim Farbdesign hielten sich die meisten Zeitgenossen vernünftigerweise an das klassische Paisleymuster. Nur Trucker-Typen griffen zu Stars & Stripes, Totenköpfen oder keltischen Kreuzen. Und Mädchen – kleine und große –, die diesen Trend nicht verpassen wollten? Sie hatten die Auswahl unter eigens für sie gefärbten Tüchern – auf einer weiten Farbskala von zartrosé über altrosa bis dunkelpink.

Mag sein, dass die Tücher irgendwann etwas von ihrem Spirit verloren haben. Vielleicht sogar von dem Tag an, als wir sie im Waschmittelregal als Gratiszugabe entdeckten: angehängt an der rosa Perwoll-Flasche *Wolle & Seide*. Tja. Irgendwann ist eben jeder Trend mal durch.

Bauchfreie Oberteile

Nabelschau für Selbstbewusste und Geblendete. In den Nullern suchten wir nicht nur mittels Yoga oder Tai-Chi unsere Mitte. Wer sie gefunden hatte, stellte sie in der Öffentlichkeit auch gern zur Schau. Frauen, die Erfahrung im Umgang mit Crunches und probiotischen Joghurts hatten, lagen dabei klar im Vorteil.

Denn die Moderegeln fürs Tragen von bauchfreien T-Shirts und Tops waren nicht verhandelbar: Das Bündchen des Oberteils musste allerspätestens über dem Bauchnabel enden, und die Hüfthose musste knapp über dem Schambein sitzen. Zugegeben. Dadurch wirkten alle Trägerinnen, als würden sie beim Look-alike-Wettbewerb von Shakira mitmachen wollen. Aber möglicherweise war genau das die Intention der Modedesigner.

Wie immer bei Extremtrends konnten sich im Prinzip nur sehr wenige Frauen den Look leisten. Teenies mit einem Traumkörper bildeten wohl den Kern. Allerdings machten sie sich dadurch nicht nur Freunde. Zu Hause sorgten sich Mütter um die Gesundheit ihrer Töchter, in der Schule fürchtete das männliche Lehrerkollegium um kollektive Verführung. Und bei der Arbeit blickten alt(gedient)e Kolleginnen mit neidischen und abschätzigen Blicken auf die Generation Praktikantin.

Fest stand: Wer in sein wollte, musste so aussehen, als wäre das Shirt eingelaufen. Oder als würde man versuchen, den Size-Zero-Trend auch mal auszuprobieren zu wollen. Auf jeden Fall war es immer wieder beruhigend zu sehen, dass auch andere Frauen nicht regelmäßig zum Bauch-Beine-Po-Training gingen. Zusammen mit den angesagten Hüftjeans führte das dann zum verbreiteten Phänomen der überquellenden Bauchfalte, das die Engländer so bildhaft als Muffin Top bezeichneten.

Als Wiedergutmachung für all die nackten Tatsachen hatten die Designer dann gegen Ende der Dekade endlich ein Einsehen – und entwarfen die Tunika.

Beckhams

Britisches Glamourpaar zwischen Size Zero und Rückennummer sieben. Posh Spice, die singende Spielerfrau, und Becks, das kickende Frisurenmodel, waren *die* Popstars der Nullerjahre. Und *die* Stilikonen für alle Boys und Girls rund um die Welt. Logisch, dass sie die Premier League der internationalen Boulevardpresse im Sturm eroberten.

Egal, wo sich das Ehepaar zeigte, es machte überall eine

gute Figur: auf der Mailänder Modewoche genauso wie beim Shoppen in Beverly Hills oder auf heißen Werbeanzeigen für ihr eigenes Parfum. Zugegeben. Auf dem Fußballplatz verschoss Spice Boy David möglicherweise einige wichtige Elfmeter, aber in Stilfragen traf er definitiv immer ins Schwarze. Metrosexuell bis in den rechten Fuß. Klar, dass er so für Jungs zum ultimativen Vorbild in Stylingfragen avancierte.»Style it like Beckham!« war angesagt. Als er mit weißen Fußballschuhen auftrat, fand das keiner schwul, sondern cool. Als er mit Haarband auf dem Platz auflief, taten das kurz danach auch die Nachwuchskicker bei den Sonntagsturnieren. Und seine diversen Tätowierungen trieben die Kids nur so in die Tattoo-Studios. Becks war in den 2000ern die Nummer eins unter den Fußballer-Popstars.

Und seine Frau Victoria übernahm das Feld für Mädchenträume. Nach der vorläufigen Auflösung der Spice Girls 2001 startete sie eine Solokarriere als Sängerin, Designerin, dreifache Mutter und stilbildende Anführerin der englischen Spielerfrauenclique WAGs (Wives and Girlfriends), was bereits ein Rund-um-die-Uhr-Job gewesen wäre – auch ohne das Comeback der Spice Girls im Jahr 2007. Die größten Erfolge feierte Posh Spice allerdings mit ihrer Figur. Als sie sich die Haare zum modischen Bob abschnitt, soll sie Gerüchten zufolge ein Drittel ihres Körpergewichts verloren haben ...

Es bleibt abzuwarten, wie sich das Yellow-Press-Paar in den Zehnerjahren entwickelt. Selbst wenn ihre bisherigen Karrieren ins Stocken geraten sollten, machen wir uns nicht wirklich Sorgen. Zumindest als Frisurenmodelle bei Udo Walz hätten sie eine Stelle auf Lebenszeit sicher.

Bettelarmbänder

Klunker zum Klimpern. Das Konzept der Armkettchen mit den vielen Anhängern ist alt. Uralt genau genommen. Schon bei den Neandertalern waren Männer die Jäger und Frauen die Sammler.

In den Nullern haben wir diese Arbeitsteilung auf das Verhalten vor Schmuckgeschäften übertragen. Der galante Ehemann wurde zum Jagen neuer Anhänger in den Laden geschickt. Die holde Gattin sammelte die Beute am Handgelenk.

Viele von ihnen hatten ihre Sammelleidenschaft bereits in frühester Kindheit entdeckt – als sie zur Erstkommunion ihr erstes Bettelarmband geschenkt bekamen. Von da an sammelten sie eifrig neue Eroberungen aus Gold oder Silber. Vor allem der Urlaub eignete sich zum Absahnen. Lustig baumelte am Armband dann der Berliner Bär neben dem Tirolerhut und dem holländischen Klompen. Bei großen Mädchen gesellten sich später vielleicht noch ein Eiffelturm und eine Gondel dazu oder auch ein Drache oder Känguru.

Die Idee dahinter war einfach: Zuerst galt es, mit den Augen zu klimpern (»Bittebittebitte!«), anschließend klimperten die Armbänder. Das Revival der Bettelarmbänder dürften wir geschäftstüchtigen Juwelieren zu verdanken haben – von Cartier bis Christ und von Tiffany bis Thomas Sabo. Glücksbringer wie Kleeblätter oder Hufeisen galten als öde und out. In den Nullern konnte es am Handgelenk nicht abgedreht genug zugehen. Da hingen Totenköpfe und Kinderwagen, Gummibärchen und Roboter, Fußbälle und Croissants einträchtig nebeneinander.

Manche Frauen trugen mit den Charms, wie die Anhänger auf Neudeutsch hießen, ihr ganzes Leben zur Schau. Geige, Zeitung, Apfel, Telefon, Sektglas: Beim Anblick dieser Kombination wussten geübte Beobachter sofort Bescheid. Hier stand eine Musikkritikerin vor ihnen, die leidenschaftlicher Big-Apple-Fan war und gern Prosecco trank, während sie mit ihrer besten Freundin telefonierte. Na ja. Oder eine junge Apfelbäuerin mit abgebrochenem Musik- und Germanistikstudium, die nebenbei im Callcenter arbeitete und leidenschaftlich gern auf Flatrate-Partys ging.

Bewegungsmelder

Lightshow in den Vorgärten. Endgültig vorbei schienen die Zeiten, in denen Laternen und Wandleuchten den ganzen Abend unsere Hauseingänge in heimeligen Lampenschein tauchten. Ab jetzt regierte die Technik. Stockdunkel lagen die Anwesen seither da – bis, ja bis sich ihnen ein Passant zu nähern wagte und – klick – schon wurde die Hausfront hell erleuchtet.

Bewegungsmelder! Endlich hatten die Baumarktfans unter uns (sprich: die Männer) samstags wieder ein neues Thema. Welcher Bewegungsmelder war der richtige für ihren Vorgarten? Das Modell 195 Grad Unterputz mit LED-Beleuchtung und Drei-Leitertechnik mit Ansprechhelligkeit von zehn bis 150 Lux und eingebauter Urlaubsfunktion? Oder doch eher die Variante Highline mit Zweisensortechnik, 360 Grad Unterkriechschutz und der stufenlosen Einstellung von Erfassungsweite und Dämmerungswert? Keine leichte Entscheidung, ging es dem Hausherrn doch stets um die Sicherheit seiner Lieben. Und ums Energiesparen, versteht sich. Einbrecher sollten mit der neuen Technik schnell in die Flucht geschlagen werden – auch wenn anderen Hausbewohnern (sprich: Frauen) vielleicht nicht immer ganz klar war, warum ein Dauerlicht weniger Schutz bieten sollte als eines, das erst anging, wenn sich jemand näherte …

Aber das war wahrscheinlich alles Psychologie. Schließlich fühlte sich schon manch unschuldiger Fußgänger in den Nullern wie ertappt, wenn er einfach nur auf dem Gehweg flanierte. Alle paar Meter blitzte bei seinem Abendspaziergang ein Scheinwerferlicht auf, das das dazugehörige Haus samt Nachbargrundstücken grell erleuchtete. Schreckhafte Geister fühlten sich schnell mal in einen *Tatort* versetzt. Schreckhafte Fortysomethings dachten gar an Ilja Richters *Disco* (»Licht aus, Spot an!«).

Im Laufe des Jahrzehnts aber gewöhnten sich alle gezwungenermaßen an die neue Technik. Auch wenn manche Hausbesitzer etwas übertriebenen Eifer an den Tag legten. Sie reizten die Technik gegen Einbrecher auch im Inneren des Hauses weiter aus – mit Bewegungsmeldern samt Kameras, Digitalrekordern und Hotline zur Polizei. Was Herr Schäuble wollte, das konnten sie schon lange! Und zwar nicht nur online!

Biermixgetränke

Radler für Szenegänger. Reinheitsgebot? Vergesst es! Hey, die neuen Mädchenbiere waren voll lecker! Irgendwie spritzig und mega-erfrischend! Ein bisschen herb und ein bisschen süß, genau das Richtige im Biergarten oder am Stadtstrand. Außerdem ließ es sich mit einer Flasche Mixery oder Veltins V+ auch viel krasser chillen als mit einem langweiligen Glas Alsterwasser. Und dann erst Beck's Ice – durchsichtiges Bier! Einfach abgefahren. Der Alkoholgehalt dieser Hopfen-Fantas mochte vielleicht nur um die 2,5 Prozent liegen, aber – hey – der Coolness-faktor in Sachen Gruppendruck lag ganz bestimmt bei 100 Prozent. Und dann auch noch so prickelnd ... Mmmh ... Aber hallo?! Wonach schmeckte das denn? Passionsfrucht? Kaktusfeige? Da wusste man ja noch nicht mal, wie solche Früchte aussahen. Aber egal. So lernte man beim Chillen wenigstens gleich den Einstieg ins Fusion Food. Hammer!

Big Brother

Mutter aller Zoosendungen. Das Überwachungs-TV war der Beweis dafür, dass George Orwell doch nicht recht gehabt hatte. Big Brother is watching us? Von wegen. Es war genau umgekehrt! Wir guckten Big Brother. Na ja, nicht die ganze Nation vielleicht. Es herrschte eher so eine Art Arbeitsteilung. Die Intellektuellen regten sich auf. Und das Prekariat schaltete ein. RTL II und anderen Sendern reichte das für eine Nonstop-Ausstrahlung durch das gesamte Jahrzehnt mit neun Staffeln und anfänglichen Einschalt-quoten von mehr als drei Millionen Zuschauern.

Der Wirbel um das Container-Fernsehen war groß. Noch vor der ersten Folge diskutierte Bedenkenträger-Deutschland über den unlauteren Eingriff in die Privatsphäre, über Werteverfall, Tabubruch, die Würde des Menschen und die Traumatisierung der Kandidaten. Es kam anders. Denn spätestens nach der ersten Staffel hatte ein Großteil des Publikums seine voyeuristische Ader wohl befriedigt. Noch länger wollte man langweiligen Arschgeweihträgern einfach nicht mehr beim Rumsitzen und Rumzicken zugucken. Und schon gar nicht mehr wollte man bei den Sofagesprächen zuhören. Den Höhepunkt hatte ja eh Zlatko geliefert – mit seiner Nachfrage, wer denn Shakespeare sei. Danach war keine Steigerung mehr möglich – weder durch peinliche Gastauftritte von Selbstmarketingexperten wie Guido Westerwelle, Wladimir Klitschko oder Dieter Bohlens Exen noch durch neue Regeln mit Matchmastern, Challenges und Jackpot. Und auch nicht durch die wenigen Skandale vor laufender Kamera wie ein Brustwarzenpiercing, ein bisschen Gefummel oder den »Sieg Heil«-Ruf einer Kandidatin (die sofort rausflog).

Auch die Realtime-Übertragung bei Premiere und später als Livestream auf sevenload änderten nichts an der ausgestrahlten Langeweile. Da wählten sich die Zuschauer dann lieber selber per Fernbedienung aus dem Programm. Und guckten *Elefant, Tiger & Co.* Die Geschichten aus dem Leipziger Zoo waren einfach um Längen spannender als die aus dem Hürther.

Billigflieger

Höhenflüge zu Tiefstpreisen. Seit dem Auftauchen von Germanwings, Ryanair & Co geriet der einstige Luxus des Fliegens zum Vergnügen für alle Schnäppchenjäger, sprich: für uns alle. Der neue Volkssport hieß: Wer fliegt für weniger? Für 29 Euro nach Paris! Für 19 Euro nach Barcelona! Für 16 Euro nach Verona! Plötzlich war alles möglich, zumindest theoretisch. Denn beim eifrigen Online-Buchen am PC merkten wir schnell, dass wir für 16

Euro am 29. Februar um 21 Uhr nur von Bremen nach Bukarest kamen. Aber immerhin! Dort waren wir ja schließlich noch nicht. Also klick. Gebucht! Was war schöner als Fliegen zum Taxipreis? Das dachten sich übrigens nicht nur Privatleute, sondern auch immer mehr Firmen. Die Reisekostenstellen und Controller erlaubten fortan ihren Managern nicht mehr, den Business-Class-Flug mit der Lufthansa zu buchen, sondern verdonnerten sie zum Billigflug ohne Sitzplatzreservierung. So saßen dann die Anzugträger mit den Laptops neben den Funktionsjackenträgern mit den Rucksäcken in mehr oder weniger stiller Eintracht. Morgens um Viertel vor sieben! Denn die Billigflieger-Touris hatten die Morgens-hin-abends-zurück-Trips entdeckt. Ein Tag in Mailand, ein Tag in Zürich, ein Tag in London: Wer wollte das nicht mal erleben? Da spielte es auch keine Rolle, dass die Expresszüge vom Flughafen in die Innenstädte schnell mal das Doppelte vom Flugpreis kosteten. Oder dass der Flughafen Frankfurt-Hahn rund 120 Kilometer von der Frankfurter Innenstadt entfernt lag. Ein paar Opfer mussten wir eben bringen. Schließlich waren wir Abenteurer. Die neue Generation der Billigflieger-Globetrotter!

Bei den abendlichen Angebotsaktionen saßen wir also schweißgebadet Punkt 18 Uhr vor unseren Rechnern, suchten wie Verrückte nach den angekündigten Billigstflügen, fanden sie nicht – und buchten andere, etwas teurere. 139 Euro nach Lissabon hin und zurück war doch schließlich auch ein Schnäppchen. Bei Lufthansa hätten wir dafür bestimmt 1000 Kracher hinlegen müssen! Kollektiv mit vielen Tausend anderen Onlinebuchern ärgerten wir uns dann auch über überlastete Netze. Diese bewirkten, dass kurz vor Buchungsabschluss der PC in schöner Regelmäßigkeit abstürzte und wir zittern mussten, ob uns bei erneutem Versuch nicht jemand unseren Topflug schon weggeschnappt haben würde.

Kam man trotzdem irgendwann zum Zug, lernte man auch viel über die moderne Luftfahrt, zum Beispiel darüber, dass sich ein Flugpreis keinesfalls nur aus dem Preis für den Flug zusammensetzte, sondern auch noch aus Steuern und Flughafengebühren und Gepäckzuschlägen und Kerosinabgaben und Zusatzgebühren und Ticketgebühren und natürlich aus den Bearbeitungsgebühren. Genug? Nein. Wir legten freiwillig noch was drauf: die Klimaschutzabgabe. Denn schließlich lebten wir in den 2000ern. Die Fluggesellschaften, klar, die wollten wir schon austricksen. Aber die Natur, die sollte bitte schön nicht darunter leiden müssen.

Bionade

Ethisches Gewissen in Flaschen. Was haben wir warten müssen auf diesen Augenblick. Lange, viel zu lange schütteten wir wahlweise Apfelschorle oder Cola light in uns rein, bis wir endlich erlöst wurden. Bionade kam. Zuerst in die Szenebars, später auch in Kleinstadt-Cafés und Multiplex-Kinos. Bei der Getränkebestellung konnten wir endlich mithalten mit den Freunden, die Shiraz oder Schöfferhofer Grapefruit orderten.

»Eine Bionade Holunder, bitte!« Na bitte, das war doch was! Mit den vier Worten waren wir nicht länger die Langweiler. Die, die sich stets aufs Neue genötigt sahen, zu erklären: »Ich muss ja noch fahren.« Wer Bionade trank – bitte mit Strohhalm aus der Flasche! – gehörte definitiv zum Kreis der urbanen Szene. Und außerdem war er auch noch biologisch und ethisch korrekt. Schließlich hatte er da eine Brause bestellt, die nicht etwa schnöde gemixt wurde wie Fanta oder Sprite, sondern gebraut – und zwar aus rein natürlichen Zutaten. Zugegeben, auch Zucker ist eine rein natürliche Zutat. Aber trotzdem schmeckte Bionade nicht ganz so süß wie Limonaden. Ganz bestimmt lag das auch an den exotischen Geschmacksrichtungen. Neben der roten Variante mit Holunder gab es gelbe (Litschi oder Quitte), grüne (Kräuter) und orangefarbene (Ingwer). Gefühlt schien die rote allerdings zu rund 99 Prozent des Umsatzes beizutragen. Zumindest hatte man den Eindruck, wenn man um sich blickte.

Und zum Umblicken gab es viele Gelegenheiten. Denn je weiter das Jahrzehnt fortschritt, desto allgegenwärtiger wurde Bionade in unserem Leben. Sie eroberte Getränkekarten und Getränkemärkte und sogar die Speisewagen der Deutschen Bahn. Warum auch nicht? Schließlich passte sie ebenso gut zu Nürnberger Rostbratwürstchen wie zur neuesten Kreation von Sterneköchin Lea Linster. Der einstige Geheimtipp war Mainstream geworden. Schade? Ach was. Schmecken tat die Brause wie eh und je. Nur der ethische Heiligenschein glänzte beim Hochhieven des Kastens im Getränkemarkt vielleicht nicht mehr ganz so stark wie einst bei der Vernissage. Aber darauf konnten wir dann auch gern verzichten.

Bio-Supermärkte

Rewe meets Öko. Schnödes Einkaufen war früher. In den Nullern wurde es zu einer rituellen Handlung. Grün einkaufen war in – was sich nicht auf die Farbe der Gemüse bezog, sondern vielmehr auf CO_2-Neutralität und Nachhaltigkeit, klar. Also gaben wir alle paar Tage unserem grünen Gewissen einen Kick, indem wir zu Basic, Alnatura oder vierlinden aufbrachen. Denn hier konnte man nicht nur kaufen, hier konnte man gleichzeitig Gutes tun. Unser Schritt vom Parkplatz zum Eingang wurde richtig beschwingt, was möglicherweise auch daran lag, dass wir nicht etwa mit Birkenstocks unterwegs waren, sondern mit den neuen Pumps von Belmondo. Einkaufen im Bio-Supermarkt, das fühlte sich ein bisschen so an wie damals zu Kinderzeiten, als wir in unserem Kaufmannsladen Zucker und Mehl noch abgewogen hatten und uns generell in einer heilen Welt bewegten. Zugegeben, in der Gegenwart hatten wir es überhaupt nicht mit loser Ware zu tun, aber es kam ja schließlich auf das Einkaufserlebnis an. Und das stimmte hier zwischen ökologisch korrekten Tomaten, Toastbroten und Tiefkühl-Pommes hundert Pro. Organisch lautete das Zauberwort!

Latzhosenöks trafen wir in den Supermarktgängen glücklicherweise nicht an, was zum Einkaufserlebnis nicht unwesentlich beitrug. Uns begegneten dort eher Marketingladys und Jungunternehmer aus dynamischem Anbau, Frauen der Marke *Sex and the City* und gar nicht so *Desperate Housewives*. Alle da. Ein Mikrokosmos des guten Gewissens. Lohas unter sich eben. Herrlich. Wer sich da nicht wohlfühlte, war selber schuld.

Wenn wir für eine Ananas sieben Euro ausgeben durften – ja, das gab unserem Einkauf einen tieferen Sinn. Schließlich sollte man auch am Geldbeutel deutlich spüren, wenn man einen Kauf tätigte, der weder der herrschenden Jahreszeit noch einer zu rechtfertigenden Transportstrecke entsprach. Und wir wussten selbstverständlich in dem Moment, dass besagte Ananas garantiert von glücklichen Ananasfeldern stammte. Äh, wo wuchsen Ananasse noch mal ...? Na ja, egal. Wir kauften zumindest bewusst. Umweltbewusst und ernährungsbewusst und Eine-Welt-bewusst. Vielleicht nicht ganz so kontobewusst, das mussten wir einräumen. Aber – hey – das waren uns das gute Gewissen und der gute Geschmack doch allemal wert.

Bitterschokolade

Naschwerk mit eingebauter Kindersicherung. Endlich war Schokolade nicht mehr nur etwas für die süßen Kleinen oder für heißhungrige Diätbrecher. In den 2000ern hatten wir plötzlich alle die Lizenz zum Naschen. Und das auch noch guten Gewissens. Was war geschehen?

Des Rätsels Lösung hieß Bitterschokolade. In der Sorte steckte besonders viel Kakao, dafür aber viel weniger Milch und Zucker als in Kinderschokolade oder Vollmilchvarianten. Kinder ließen von diesen herben Sorten freiwillig die Finger. Wir Erwachsenen schmolzen dafür reihenweise hin. In vielen Nullerjahren verzeichneten Herrenschokoladen ein zweistelliges Umsatzplus. Das schmeckte der Industrie – aber uns noch viel mehr. Dunkle Schokolade und dazu ein schöner Rotwein oder ein goldener Whisky – einfach köstlich!

Das Allerbeste aber war, dass wir beim Naschen auch noch unser Herz-Kreislauf-System stärken konnten. Der hohe Anteil an

Flavonoiden sollte das bewirken, behaupteten Wissenschaftler zumindest. Wir glaubten das sofort. Genauso wie der Studie der Universität Kopenhagen, die bewiesen hatte, dass Sorten mit hohem Kakaoanteil den Appetit zügelten. Das stimmte tatsächlich – zumindest der Appetit auf andere Lebensmittel war gestoppt, solange die angebrochene Tafel noch nicht aufgegessen war. Hach, und was hatten die Tafeln für wunderschöne Namen! Schon *die* konnte man sich genüsslich auf der Zunge zergehen lassen: *Privat Schokolade Quevedo Ecuador Edel-Bitter! Xocriolata Chocolat noir supérieur! Feodora Grand'Or Milde Edel-Bitter!* Einfach zum Anbeißen.

Überhaupt schienen wir die Nuller klammheimlich zum Jahrzehnt der Schoko erklärt zu haben. In den Großstädten eröffneten spezielle Schokoläden, wo es exotische Varianten mit Pfeffer, Ingwer oder Chili zu kaufen gab. Juliette Binoche ließ uns in *Chocolat* (2000) das Wasser im Mund zusammenlaufen. Und auf Schokoladenseminaren wurden wir in die Geheimnisse der Verarbeitung eingeweiht, lernten, professionell die Aromen zu bestimmen (»stark bitter«,»fruchtig sauer«,»mit einer Kaffeenote«) und durften selbst eine Tafel gießen. Wer sich für eine dunkle Variante entschieden hatte, war auch hier wieder im Vorteil. Denn er brauchte keine Angst zu haben, dass die Kinder ihm daheim die selbst gemachte Leckerei stibitzten. Falls die Schoko den Weg nach Hause überstanden haben sollte.

BlackBerry

Ultimatives Managerspielzeug der 2000er. Ein Mann mit Black-Berry – da war sich die Businesswelt einig – besaß Einfluss, Macht und Lässigkeit. Ein BlackBerry machte selbst den Vertriebsleiter Südpfalz zu James Bond. Denn die elektronische Brombeere hatte alles, was Männerherzen höherschlagen ließ: ein stylisches Design, eine elegante Silhouette, ein großes Display, eine für Männerfinger geeignete Tastatur und natürlich allerlei technische Funktionen wie Web, Mail, Telefon, Instant Messaging, Kamera, Media Player, Organizer.

Ein Alleskönner im Pocketformat: klein genug, um in der Sakkotasche zu verschwinden, groß genug, um beim Herausholen auf den ersten Blick erkannt zu werden. Und darum ging es schließlich. Hier, so signalisierte das Handheld, war einer, der gehörte zum Club der Wichtigen. Zum Club der Auserwählten, die ihr Leben in Business Lounges verbrachten und ihr Büro in der Jackentasche mit sich herumtrugen. Leider gehörte ein BlackBerryaner auch zum Club der jederzeit Erreichbaren. Zum Club derer, die immer und überall vom Chef oder von Geschäftspartnern gestört werden konnten. Plopp. Schon erschien auf dem Display wieder eine Nachricht. Push-E-Mail hieß das Zauberwort! Plopp. Plopp. Plopp. Der BlackBerry-Besitzer war der ideale Angestellte, der 24/7 für seine Firma erreichbar war: im ICE, auf dem Tennisplatz, in der Badewanne. Feierabend war gestern. Schnell mal mit dem Click Wheel gescrollt, um zu sehen, wer da wieder etwas von einem wollte …

Vom Dauer-Scrollen holte sich manch ein Manager eine Sehnenscheidenentzündung. BlackBerry-Hand statt Tennisarm. Die Zeiten änderten sich eben. Doch solch ein kleines Zipperlein nahm man in Kauf. Zumindest hatte man jetzt die peinliche Zeit des Palms überwunden, auf dem man noch mit Griffel und umständlichem Schrifterkennungsprogramm seine Notizen eingeben musste. Der BlackBerry dagegen war leicht zu bedienen. Die Tastatur funktionierte problemlos. Nur ein einziger Knopf bereitete den meisten Nutzern ein echtes Problem: der zum Ausschalten.

Blasenpflaster

Neues Highlight der Hausapotheke. Endlich mal eine Innovation, über die sich Slingpumps-Trägerinnen und Globetrotter gleichermaßen freuten. Denn der Wundschnellverband versprach endlich Schmerzlinderung für geschundene Füße. Für Druckstellen, Aufschürfungen, Blasen und sogar für alle Ruckediguh-Blut-ist-im-Schuh-Fälle. Shoppingtrips und Stehempfänge, Partys und Pistenvergnügen, Ballettaufführungen und Bergtouren konnten jetzt schmerzfrei überstanden werden. Endlich war Schluss mit Blasen Aufstechen, stündlichem Pflasterwechsel und unfreiwilligen Sitzpausen. Wer hätte gedacht, dass sich die Forscher der Medizintechnik endlich einmal den wahren Leiden der Menschheit widmeten! Das Ergebnis hatte mit Omas Hühneraugenpflaster glücklicherweise nichts gemeinsam. Die Wunderaufkleber der neuen Generation waren mit heilendem Gel gefüllt, wasserfest und lösten sich zudem noch meist von selber wieder ab. Ihre Anwendung war einfach und ließ sich auch mit schmerzverzerrtem Gesicht noch einwandfrei bewerkstelligen. Pflaster kurz in der Hand anwärmen, draufkleben, dranlassen. Das Tollste daran: nicht nur Trekkingschuhe ließen sich anschließend ohne größere Schmerzen drüberziehen – auch Ballerinas, Mary Janes, Ankle-Boots, Slingpumps, Dianetten, Pantoletten, Wedges, Crocs, Bruges und Peeptoes.

Ein weiterer großer Vorteil: Die Blasenpflaster ermöglichten es nun auch Frauen mit Schuhgröße 42 aufwärts,»passende« Schuhe zu finden. Denn dass man beim (weitenden) Eintragen immer mal wieder ein bisschen nachhalf beim Heilungsprozess der Druckstellen, bekam ja keiner mit. Blasenpflaster waren transparent.

Blogger

Wortführer im Web 2.0. Vom Exhibitionisten bis zum Experten: In der Blogosphäre hatten sie alle ein Forum. Ihre Posts wurden gelesen, verlinkt und kommentiert. Kurzum: Blogger waren die neuen Meinungsmacher. Nun ja, nicht alle hatten sich unbedingt gleich eine Prominenz erbloggert wie Stefan Niggemeier (*Bildblog*), Robert Basic (*Basic Thinking Blog)* oder René Walter (*Nerdcore Blog*). Aber dafür hatten sie alle endlich eine neue Möglichkeit gefunden, ihr Mitteilungsbedürfnis auszuleben. Ohne jegliche Zensur, dafür aber mit einer potenziellen Leserschaft von mehr als einer Milliarde Menschen. Da konnte selbst ein *Bild*-Zeitungsredakteur neidisch werden.

Tausende persönlicher Internet-Logbücher stillten unser aller Neugier. Bemerkenswert beispielsweise Claudias Blog unter www.giesen-familie.info. Eintrag vom 27.1.2009: »Toll, dass Charlotte heute Nacht über 5 Stunden am Stück geschlafen hat. Um kurz nach fünf wurde sie gestillt. Und ich war danach fast zwei Stunden wach.*örks*.« Und am 25. November 2008 stand bei »Dem Chris sein Blog« (so der Name) unter blog.im-pott.de: »Meine – 'tschuldigung – Fresse, war das glatt gestern! Als ich morgens aus dem Haus raus bin, fing es grade an zu schneien. Auf dem Schnee habe ich richtig Tempo verloren, da ich mich ja nicht langmachen wollte.(…)« Noch Spannenderes erfuhr der geneigte Leser im Eintrag vom 1. Dezember 2007 im bluebaby.blog.de: »(…) Ich verwende in der Regel ein Bügeleisen, das ca. 80 € kostet und ein bis zwei Jahre brauchbar ist. Wenn es dann wegen Verkalkung kaputt geht, hat es sein Geld verdient und kann ohne Zögern durch ein neues preisgünstiges Dampfbügelgerät ersetzt werden.(…)« Keine Frage: In Weblogs fand das wahre Leben statt. Die Themen drehten sich um alles, was die Menschheit beschäftigte: von Winterreifen bis Frühlingsrollen, von Pingpong bis Pingback, von Gürtelrose bis Guantanamo. Schon bald überschwemmten Spezialjournale das Web: Kunstinteressierte informierten sich in Artblogs, Erleuchtete in Esoterikblogs, Forscher in Wissenschaftsblogs – und Eisbärfreunde in Knuts Blog.

Ab jetzt konnte jeder Computerbesitzer ein Journalist sein. Und zugleich sein eigener Chefredakteur und Herausgeber. Auch hier toppten die Online-Schreiber wieder jeden *Bild*-Reporter um Längen. Wie viele Kindheitsträume gingen da in Erfüllung! Blogger bildeten eine neue Gegenöffentlichkeit, von der Leserbriefschreiber oder Graffiti-Sprayer nur träumen konnten. Das bekamen auch die Unternehmen schmerzlich zu spüren. Denn Blogger waren immer auch Kunden. Und wenn sie sich in ihren Postings ganz ungeniert und unzensiert über miese Produkte, unverschämten Service oder schlechte Arbeitsbedingungen Luft machten, war manch eine Firma nicht wirklich amüsiert. Also installierten einige aufgeschlossene unter ihnen eigene Blogs, in denen die Mitarbeiter ihre Beiträge posten durften. Und die Firmenleitung merkte sogleich, dass so viel Meinungsfreiheit ganz schön wehtun konnte – zumal unter Bloggern eine schnodderige Schreibe zum guten Ton gehörte. Auch einige Politiker übten sich in der neuen Disziplin – allerdings meist mit mäßigem Erfolg. Ganz modern wollte sich Hessens Nachfolge-Ypsilanti Thorsten Schäfer-Gümbel (SPD) geben. Im Hessen-Wahlkampf 2009 verlegte er sich gar aufs Mikroblogging: das Twittern, einen Miniblog, mit dem man ausgewählten Usern maximal 140 Zeichen zuzwitschern konnte. Den Hessen-Wählern reichte dann übrigens ein einziges Zeichen, um ihre Meinung kundzutun: das Kreuz auf ihrem Wahlzettel, mit dem sie die Hessen-SPD in ein historisches Tief stürzten. Womit eindrucksvoll bewiesen war, dass Bloggen durchaus nicht immer überzeugen muss – zumindest dann nicht, wenn die Empfänger blocken.

Blumenbroschen

Romantik zum Anstecken. Bis dato kannten wir die Seidenblumen eigentlich nur von Königin Beatrix oder aus Rosamunde-Pilcher-Filmen. Doch plötzlich waren sie überhaupt nicht mehr tantig, sondern trendig. Und wie. Was mal wieder an Carrie Bradshaw lag. In *Sex and the City* bezirzte sie mit einer angesteckten Riesenblüte nicht nur einen Lokalpolitiker, sondern gleichzeitig auch alle ihre weiblichen Fans. Was Carrie trug, das musste man einfach auch haben. Und im Gegensatz zu Manolo Blahniks ging das bei Blumenbroschen doch recht einfach. Für nur 2,90 Euro peppten wir also unseren Nuller-Look auf. Die Teile aus Seide, Kunstfaser oder gehäkelter Baumwolle schmückten ein Jahrzehnt lang unsere Tops und Mäntel, Haargummis und Haarbänder, Taschen und

Hüte, Federmäppchen und Portemonnaies. Und handwerklich begabte Zeitgenossinnen filzten sogar selber. Wahrscheinlich fehlte uns allen in Zeiten von iPod, Xbox und Allgemeinem Gleichbehandlungsgesetz einfach ein bisschen Mädchenkram. Womit konnte man denn schon einen besseren Kontrapunkt zum Stacheldraht-Tattoo auf dem Oberarm setzen als mit einer zarten Seidenblume am Revers des Kurzjäckchens? Und irgendwie spürten wir wohl auch, dass auf Dauer die roten Aids- und die rosa Brustkrebs-Schleifen einfach mal Konkurrenz brauchten. Die hauchzarten Blümchenbroschen hatten jedenfalls den Durchbruch geschafft. Und mit ihnen kam sich auch die taffeste Nullerin ein bisschen vor wie die Hauptdarstellerin in einem Jane-Austen-Film. Die elfenhaften Kunstblüten machten aus abgeklärten Businessfrauen heillose Romantikerinnen, aus schnodderigen Schulmädchen feine Ladys. Und aus nervenden Zicken – äh – nervende Zicken mit Blumenbrosche.

Bob der Baumeister

Echt Hammer. In einer Welt zwischen Buddel der Raupe, Heppo dem Kran und Rollo der Dampfwalze eroberte der kleine Bauarbeiter schnell die Regale der Spielzeugläden und die Herzen der Vorschulkinder. In den Kinderzimmern stapelten sich seither sprechende Baumaschinen, Werkzeugkisten und Bauarbeiterhelme.

Bob lehrte kleine Jungs, was man mit Hammer, Säge und Schraubstock alles anstellen konnte: Modelleisenbahnen aufbauen beispielsweise, Vogelscheuchen reparieren und Heizkörper anbringen. Und vor allem lehrte er sie, dass all die Baumaschinen mit ihren grinsenden Gesichtern echte Freunde des Menschen waren! Yo!

Hoffentlich, so bangten viele Eltern, bewahrten sich ihre Söhne diese aufgeschlossene Haltung gegenüber der Technik. Später dann, als große Jungs, würden ihnen ein tropfender Wasserhahn oder ein abgestürzter Computer mutmaßlich keine größeren Probleme bereiten. Ihre Samstage würden die ausgewachsenen Söhne natürlich ausschließlich bei Obi und Hornbach verbringen. Aber das dürfte deren Freundinnen nicht sonderlich stören. Schließlich kämen ihre Kerle anschließend gut gelaunt nach Hause, sagten:»Yo, wir schaffen das!«, und eine Stunde später war die Badezimmerarmatur ausgewechselt. Dann grinste vielleicht nicht der Werkzeugkasten, aber die Freundin umso mehr.

Body-Mass-Index

Magische Zahl für Models und minderjährige Mädchen. Ein schlanker Körper war *das* Statussymbol jener Jahre. Wobei zur Bewertung der eigenen Masse merkwürdigerweise nicht mehr nur das Augenmaß, eine Waage oder das Warnzeichen eines enger werdenden Hosenbunds half. BMI-Anhänger lechzten nach wissenschaftlicher Unterfütterung. Und die bekamen sie. Also ermittelten sie fortan wöchentlich ihren BMI. Ganz einfach Körpergewicht durch das Quadrat der Körpergröße teilen (kg/m^2) – und fertig war die Depression.

Im Gegensatz zu Strahlensätzen, Logarithmen und linearen Funktionen stellte der BMI zudem eine Formel dar, mit der auch 16-jährige Mädchen problemlos rechnen konnten. Und sobald eine Zahl herauskam, die höher als 19, also an der Grenze zum Untergewicht, lag, mussten sie ihre Atkins- oder Hollywood-Stardiät natürlich unbedingt fortsetzen. Minimize me stand auf dem Essensplan! Schließlich waren die Teilnehmerinnen bei *Germany's Next Topmodel* ja auch alle superschlank. Okay, dafür wussten die vielleicht auch nicht, wie wahnsinnig lecker so ein Double Chocolate Muffin bei Starbucks schmeckte.

Bei einem BMI von 20 aufwärts musste man eben mal wieder einen großen Bogen um die heimische Body Balance Comfort Körperanalysewaage machen. Aber das war ja nicht unbedingt schlecht. So ein großer Bogen verbrauchte bestimmt … sagen wir 350 Kalorien. Mindestens. Da konnte man dann nachmittags noch mal schnell bei Ben & Jerry's vorbeigehen. Echt fett.

Botox

Gesichtslähmung für 350 Euro. Aufmerksam verfolgte die Nation den Stand der Forschung über Botulinumtoxin in der einschlägigen Fachliteratur von *Elle* bis *Myself*. Rein theoretisch, versteht sich. Denn man selbst hatte es natürlich keineswegs nötig, sich die Stirn glatt spritzen zu lassen. Obwohl es im Jahrzehnt von 11. September und Finanzkrise zugegebenermaßen genug Anlässe für Sorgenfalten gab: Benzinpreisschock! Mehrwertsteuererhöhung! Paris Hilton! Aber alles in allem konnte man doch froh sein über die eigene Denkerstirn. Wer das nicht so sah, sollte sich einen Pony schneiden lassen und fertig (Frauen waren hier eindeutig im Vorteil).

Wie gesagt. Jünger auszusehen, das hatten wir nicht nötig. Wir doch nicht. Auf gar keinen Fall. Niemals! Zumindest jetzt noch nicht. Klar, Barbie war in den Nullern auch 50 Jahre alt geworden, ohne dass man es ihr ansah. Aber wollte man mit 50 wirklich so aussehen? Blondes Gift dank Nervengift? Nein, danke! Später konnte man das ja mal probieren, wenn die Schönheitschirurgie auch schon Langzeiterfahrungen gesammelt hatte. So ab Mitte der Nuller vielleicht … Bei der Freundin eines Freundes jedenfalls hatten die Spritzen echt Wunder gewirkt. Die konnte berechtigterweise seit fünf Jahren ihren 39. Geburtstag feiern. Und auch diese blöde Zicke von Arbeitskollegin sah seit ihrem Kurzurlaub plötzlich so entspannt aus … Der Gruppendruck in Sachen Optik trieb uns unnötigerweise noch mehr Sorgenfalten ins Gesicht.

Doch damit sollte irgendwann Schluss sein, beschlossen wir. Schließlich hatten wir beim Aussehen ja immer schon ein wenig nachgeholfen. Mit Anti-Faltencremes und Make-up und,

und, und. Man musste eben mit der Zeit gehen. Botox war doch im Prinzip nichts weiter als das neue Q10. Und so wagten wir's. Und – was sollen wir sagen? Alles ging glatt! Und es sah auch so aus. So stirnfaltenfrei fühlte man sich gleich viel beschwingter. Komplimente bekam man merkwürdigerweise keine. Aber man wollte schließlich auch nicht so aussehen, als hätte man sich Botox spritzen lassen. Um Himmels willen. Nein, es ging nicht darum, jünger auszusehen – nur frischer und ausgeruhter. In etwa so ausgeruht wie nach dreijährigen Flitterwochen in der Südsee. Und das fiel eben nur Insidern auf. Und vor allem einem selbst, und das war das Wichtigste.

Hach. Das hätte man schon viel früher machen sollen, auch wenn es stimmte, dass man die Stirnmuskeln danach nicht mehr so recht bewegen konnte. So what? Mit Botox behandelte Männer sahen das gar als Vorteil. Sie hatten sich schließlich schon immer ein Pokerface gewünscht. Und Frauen konnten die fehlende Mimik durch erklärende Rhetorik ausgleichen.»Ach Schatz, ich fühl mich heute nicht gut. Migräne.«Wenn an dieser Stelle früher ein demonstratives Stirnrunzeln die Glaubwürdigkeit unterstützt hatte, musste nach Botox der Wortschatz einfach etwas verfeinert werden.»Es fühlt sich so an, als würde ein Vogelschwarm durch meinen Kopf schwirren. Ja. Ein riesiger Schwarm Krähen. Ein riesiger, Hölle lauter Schwarm Krähen, die krächzen und wild mit den Flügeln schlagen ...« Solange die Kiefer- und Zungenmuskulatur noch funktionierte, hatte die Botox-Behandlung also keine einschneidenden Nebenwirkungen.

An das wiedererlangte straffe Spiegelbild gewöhnten wir uns allzu schnell. Und selbstverständlich wollten wir diesen Kick immer wieder erleben – spätestens wenn nach ein paar Monaten die Wirkung wieder nachließ. Die nächste Botox-Party wartete immer irgendwo. Und die nötigen 350 Euro sahen wir als gute Investition in den Schönheitswettbewerb, der rund um uns tobte. Wenn man bedachte, wie teuer ein Facelift beim Chirurgen gewesen wäre ... Aber das würden wir ja sowieso nicht machen lassen. Das hatten wir nicht nötig. Wir doch nicht. Auf gar keinen Fall. Niemals!

Brangelina

Hollywoods Lovestory des Jahrzehnts. Nach *E-Mail für dich* (1998) und *Notting Hill* (1999) in den Neunzigern lieferten Brad Pitt und Angelina Jolie eindeutig die beste romantische Komödie der Nullerjahre ab. Selbst *Keinohrhasen* konnte da nicht mithalten. Das Drehbuch des hochkarätigen Liebesfilms mit versteckter Gesellschaftskritik ließ keine Zuschauerwünsche offen: ein verheiratetes Sexsymbol als männlicher Hauptdarsteller, ein bisexuelles Sexsymbol als weibliche Hauptdarstellerin, eine angedichtete und immer wieder dementierte Affäre der beiden am Filmset, eine geplatzte Ehe und in der Folge ein Leben zu zweit als Übereltpaar zwischen der Hall of Fame und den Slums der Dritten Welt. Bei seinen Welttourneen durch Kambodscha, Äthiopien, Vietnam, Namibia und Frankreich nahm das UNHCR-Powerpärchen stets nicht nur Beifall und bewundernde Blicke in Empfang, sondern zusätzlich noch ein bis zwei Kinder mit nach Hause. Ganz hervorragend auch die Besetzung der verlassenen Ehefrau, die Jennifer Aniston oscarverdächtig verkörperte.

Alles in allem also bestes Entertainment für die ganze Familie – egal ob leiblich, adoptiert oder Regenbogen.

Britney

Popstar zwischen Aufstieg und – Oops! – Entzug. Born to make us happy? Zumindest zeitweise schaffte Britney Spears das ja auch. Aus der Unschuld vom Lande wurde ein umjubelter Weltstar, der uns abwechselnd Ohrwürmer und Skandale bescherte.

Nach ihrem Durchbruch 1999 mit … *Baby One More Time* startete die gerade 18-Jährige in den Nullern voll durch. Ganz nach dem Motto *Gimme More* brachte sie zwischen 2000 und 2008 fünf neue Alben raus, verkaufte insgesamt mehr als 145 Millionen Tonträger und sahnte Grammy, Echo, Bambi, zwei Emmys und viele weitere Music Awards ab.

Auf Britney war einfach immer Verlass – zumindest wenn es darum ging, die Klatschspalten zu füllen. Und dafür brach sie alle Rekorde. Zungenkuss mit Madonna! Blitzhochzeit in Las Vegas! Blitzannullierung! Hochzeit, Kinder, Scheidung, Sorgerechtskrieg! Fahrverbot mit Kindern an Bord! Schädelrasur! Höschenskandal! Vormundschaft durch ihren Vater! Drogen, Alkohol, Entziehungskuren. Ach, Baby! Wer auf Skandale stand, der hatte inzwischen längst Amy Winehouse. Dafür brauchten wir keine Popprinzessin wie dich. Nicht noch one more time!

Bunte Fußballschuhe

Das Ende der Schwarzarbeit auf dem Platz. Black war plötzlich nicht mehr beautiful. Mit Beginn der Nullerjahre wollten die Fußballer endlich ein modisches Statement setzen. Ein individuelles, mit dem sie sich endlich nicht mehr nur durch die Rückennummer von ihren Teamkameraden unterschieden. Farbige Fußballschuhe! Trendsetter war natürlich wieder David Beckham, der mit weißen Tretern auf dem Grün auflief. Und da Becks die unangefochtene Stilikone des Jahrzehnts war, folgten in den nächsten Jahren viele Men in White: Ruud van Nistelrooy, Roy Makaay, Ronaldinho und Bastian Schweinsteiger.

Noch bunter trieben es andere. Lukas Podolski lief sogar manchmal in Rot auf, Marcelinho in Blau, Giovane Elber in Gold. Und Zinédine Zidane setzte auf Gelb. Das ließ seinen Kopfstoß gegen Italiens Materazzi (oben azzuro, unten bianco) bei der Sommermärchen-WM 2006 doch gleich viel eleganter wirken! Und männlich zugleich. Ein wunderbarer Kunstgriff.

Insgesamt allerdings erschienen die bunten Treter doch ziemlich, nun ja, metrosexuell vielleicht. Höchstens. Die Spieler jedenfalls wirkten so, als rissen sie sich um eine Hauptrolle im Kinofilm *Männer wie wir*. Und Franck Ribéry mit seinen rosa Schühchen fehlte im Prinzip nur noch das Tutu. Besonders die rosa und weißen Schuhe erinnerten doch stark an Ballettschläppchen. Wahrscheinlich versprachen sich ihre Träger, damit leichtfüßig über den Platz zu tänzeln. Passend dazu hatte ja schon Beckham seine langen Haare mit dem legendären Elastikband gebändigt. Ein Dutt wäre womöglich die passendere Alternative gewesen. Generell jedenfalls war in den 2000ern zu erwarten, dass in den Stadien bald die Pawlowa-Flanke oder die Nurejew-Grätsche Einzug hielten. Tänze um die Eckfahne gab es ja schon genug. Und den sterbenden Schwan im Elfmeterraum auch. Es war ein echter Jammer. Den Kult um den Schuh hätten die Herren des Rasens besser ihren Kolleginnen um Bundestrainerin Silvia Neid überlassen. Denn hey! Frauen durften sich ja von Geburt an den Kopf über Schuhe zerbrechen. Und dieses angeborene Privileg galt nicht nur bei der Keilsandale mit Korkabsatz und goldfarbener Zierleiste, Fesselriemchen und goldfarbener Innensohle von Prada. Sondern erst recht bei der *V-Konstrukt III GCi FG Women* mit seitlicher Schnürung, DuoCell im Fersenbereich und injizierter Nockensohle mit integrierter Heel-Unit von Puma. Aber Männer? Die trugen ja auch nicht zum dunklen Hugo-Anzug rosa Kenneth-Cole-Treter. Und das war gut so.

Businesstrolleys

Arbeit auf Rädern. Plötzlich sah man sie überall, die schwarzen Pilotenkoffer mit ausziehbaren Griffen: unten waren je zwei Rollen dran, oben je ein Anzugträger. Und so rollten sie dann gemeinsam durch Bahnhofshallen, Flughafenlounges und Fußgängerzonen.

Die Erfindung machte Sinn, schließlich hatte sich das papierlose Büro entgegen aller Prophezeiungen auch zu Beginn des neuen Jahrtausends noch nicht durchgesetzt. Da freute sich so mancher Geschäftsmann über ein wenig Entlastung. Denn nicht nur auf dem Münchner Flughafen konnte sich der Weg von der Bahnstation bis zum Gate ziemlich in die Länge ziehen. Und wer sein Handgepäck locker hinter sich herziehen konnte, hatte zudem auch noch die andere Hand frei fürs problemlose Balancieren eines Latte to go.

Noch schwieriger als vorher gestaltete sich höchstens das Verstauen der Pilotentrolleys in den Ablagefächern der Flugzeuge. Mit den Griffen waren die Aktenungetüme noch sperriger als ohnehin schon. Zusätzlich vertrug sich so mancher Fußbodendreck auf den Rollen sicherlich nicht wirklich mit dem danebenliegenden beigefarbenen Cashmeremantel. Aber es gab schließlich immer Gewinner und Verlierer.

Nur eine Frage blieb offen: Warum stählten Manager ihre Muskeln im Fitnessstudio, wenn sie das Ergebnis ihrer Arbeit nicht unter Beweis stellen konnten? Nun ja. Vermutlich stellten sie es ja unter Beweis – bloß nicht auf den Gängen des Münchner Flughafens, sondern an den Stränden von Ibiza.

Castingshows

Fernsehformat für talentfreie Träumer und schadenfrohe Zuschauer. Wer hätte gedacht, dass die halbe Nation nur darauf wartete, endlich entdeckt zu werden! Und die andere Hälfte sah ihr bei dieser Selbstüberschätzung liebend gern zu. Warhols Prophezeiung, in Zukunft würde jedermann für 15 Minuten Weltruhm erlangen, war dabei, in Erfüllung zu gehen. Berühmt sein! Auf der ganz großen Bühne stehen! In Hollywood! Einmal der neue Justin Timberlake sein oder die neue Britney Spears! Oder zumindest der neue Paul Potts oder die neuen No Angels! Die alle waren ja auch bei Castingshows entdeckt worden. So etwas in der Art – ein unentdecktes Talent – spürte man doch auch in sich selbst. Der Traum vom Leben im Scheinwerferlicht schien vielen Nullern zum Greifen nah. Leider vor allem den Nullen unter den Nullern. Denjenigen, die den Begriff Ich-AG wohl etwas falsch verstanden hatten.

Das hatten wir nun davon, dass wir nach bestem Super-Nanny-Prinzip unsere Kinder alle zu selbstbewussten Menschen erzogen hatten. Die Grenze zum Größenwahn schien wohl leider schneller überschritten als gedacht. Besonders in Krisenzeiten, in denen sich den Showteilnehmern nicht gerade prickelnde Alternativen boten. Statt Kurzarbeitergeld oder Arbeitslosengeld II versuchte man dann doch lieber den großen Durchbruch bei *Deutschland sucht den Superstar (DSDS)* oder *Germany's Next Topmodel (GNTM)*. Da winkten dicke Platten- oder Model-Verträge und dann natürlich ein fettes Vermögen. Auf anderem Wege war da schlecht ranzukommen, zumal die eigenen Börsenspekulationen nach dem Zusammenbruch der New Economy ja auch keinen wirklichen Reichtum versprachen.

Also griff man beherzt zum Mikrofon und sang (*DSDS, Popstars, Star Search*), tanzte (*You can dance*) oder poste (*GNTM, Die Talentsucher*). Oder schauspielerte (*Bully sucht die starken Männer*). Oder zauberte (*The next Uri Geller*). Oder laberte (*Ich kann Kanzler*). Oder aß Würmer (*Dschungelcamp*). Man erlebte Recalls, Challenges und Zickenkriege und bekam dazu noch die einmalige Chance, sich vor einem Millionenpublikum zu blamieren, von der Jury fertiggemacht und anschließend auch noch rausgewählt zu werden. So viel Demütigung gab es sonst nirgendwo. Und mit etwas Glück gewann man zwar vielleicht nicht unbedingt den Wettbewerb, aber die Herzen der TV-Gemeinde – so wie *DSDS*-Liebling Daniel Küblböck oder Prol-Model Gina-Lisa. Und Max Mutzke wurde ja schließlich auch bei *Stefan sucht den Super-Grand-Prix-Star (SSDSGPS)* entdeckt!

Castings vor laufender Kamera boomten das ganze Jahrzehnt über. Alle möglichen (und unmöglichen) Talente wurden so entdeckt, selbst *Der Star-Praktikant* oder der Star-Friseur (*Top Cut*). Und das ProSieben-Wissensmagazin Galileo suchte sogar *Deutschlands bestes Kochbuch*. Allerdings erreichte die Sendung keine Mega-Einschaltquoten. Das mag an den Kandidaten gelegen haben. Denn *Jamies Kochschule, Basic Cooking* oder *Dr. Oetkers Schulkochbuch* brachen bei der Kritik der Jury weder zusammen noch in Tränen aus. Mit so wenig Emotionen ließ sich dann doch keine Quote machen – trotz der Top-Nullerkombi aus Castingshow und Kochen.

Chai

Würztee mit Wellnessanspruch. Mit Zutaten wie Kardamom, Zimt, Ingwer, Nelken und schwarzem Pfeffer glich der Yogitrunk einem Weihnachtstee für alle Jahreszeiten. Der Geschmack kam nicht nur bei überzeugten Ayurveda-Anhängern an, sondern auch bei stinknormalen Starbucks-Besuchern, die eine Alternative zu Macchiatos und Cappuccinos suchten. Und natürlich bei Supermarktkunden, die im Teeregal mehr suchten als einen *Sommernachtstraum* oder *Heiße Liebe* aus Fruchtstückchen. Milford, Meßmer und Müllermilch boten ihnen fortan mit ihren Chai-Variationen von Latte bis Vanille endlich ein neues Geschmackserlebnis. Der indische Tee war so süß und scharf wie ein Bollywood-Starlet – und das ließen sich nicht nur Männer gern schmecken! Wer Chai im Café bestellte, bewies zudem mit dieser einen Silbe das rechte Gefühl für Zeitgeist. Denn die Tasse Tee vereinigte gleich mehrere Nuller-Trends: Wellness, Bio und Ayurveda. Klar, dass da alle Trendsetter gern zugriffen – zumal der Chai den Nachhaltigkeitsanspruch erfüllte. Beim Trinken entfachte er ein nachhaltiges Feuer in der Magengegend. Sehr angenehm in kalten Nuller-Wintern! Und nicht nur das. Denn schließlich ging es beim Trinken nicht ums reine Wärmen oder ums schnöde Aufpushen von Abendländlern. Das indische Heißgetränk konnte mehr, viel mehr. Es regte den Geist an, brachte neue Energie und steigerte damit so ganz nebenbei auch noch die Lebensfreude. Wenn das mal nicht ein echter Gewinn war. Denn so sparte man sich mit einer einzigen Tasse Chai eine ganze Stunde Tai-Chi. Und wen das in den 2000ern nicht überzeugte, dem war nun wirklich nicht zu helfen.

Chatrooms

Unterhaltung mit Unbekannten im Netz.
Lillifein92 vom 23.10.09 um 9:23 Uhr
Hey, Ihr! Sagt mal, wisst ihr was chatrooms eigentlich genau sind?

Hab da unterschiedliche Sachen drüber gehört und mich gefragt ob es da nich jemand gibt, der mehr weiß. Danke! Ciao

_auskenner007 vom 23.10.09 um 9.28 Uhr
Das verstehe ich nicht, Lillifein. Was meinst Du? Du bist doch in einem Chatroom! Was genau suchst du denn?

nullerhero vom 23.10.09 um 9.29 Uhr
Chatforen gibt es eigentlich zu allen möglichen Themen, vom Schulhofchat bis zum Börsenchat. Bekannte Foren sind zum Beispiel ICQ oder StudiVZ oder andere Netzwerke. Ich mache bei unterschiedlichen Foren mit. Meistens muss man gar kein Mitglied sein. Welche Themen interessieren Dich denn, Lillifein?

Lillifein92 vom 23.10.09 um 9.32 Uhr
Ich suche einfach nach netten Mädels zum Quatschen. wo man so über alles mögliche redet, was einem im Kopf herumgeht, Musik und Kino und liebe udn so.

quasselstripper vom 23.10.09 um 9.34 Uhr
Liebe und so??????? Da gibt es einige Chatrooms! wie siehts du denn aus, Lillifein?? vielleicht könten wir einen privaten Chtroom aufmachen

_auskenner007 vom 23.10.09 um 9.36 Uhr
Hey Quasselstripper. Keine Anmache im Netz. Chatiquette einhalten. Und zwar pronto.

quasselstripper vom 23.10.09 um 9.39 Uhr
sorry. war ja nur ne frage

Johannabeere vom 23.10.09 um 9.42 Uhr
Da gebe ich auskenner echt recht. Halt dich zurück, Quasselstripper. Ist dein Nickname etwa Programm????? Lillifein: Ich finde, man kann zum Beispiel sehr nett bei Frauenzimmer chatten oder auch bei bym. Das ist das Forum von brigitte young miss. Kannstu ja mal draufgehen.

Lillifein92 vom 23.10.09 um 9.46 Uhr
Dankeschön Johannabeere! Ich werde gleichn mal auf die Seiten gehen! hört sich gut an. danke niochmal!!!!

Pilatessi vom 23.10.09 um 9.47 Uhr
Ich kann auch die Erdbeerlounge empfehlen. Bin fast täglich da

drin. Da kann man echt über alles quatschen. Von der Gerüchte-
küche bis zur diät;-)) Macht krass spass! CU!
nullerhero vom 23.10.09 um 9.53 Uhr
Bei Mädchenchats kann ich natürlich nicht wirklich mitreden.
Aber ich habe auch noch eine Frage zu Chats. Sagt mal, warum
kann in Chatrooms eigentlich niemand mehr richtiges Deutsch
schreiben? Da wimmelt es immer nur so von Rechtschreibfehlern.
Das nervt.
_auskenner007 vom 23.10.09 um 9.57 Uhr
Das stimmt. Wahrscheinlich gibt sich keiner mehr Mühe, weil man
ja sowieso anonym bleibt. Und beim schnellen Tippen schleicht
sich nun mal auch der ein oder andere Fehler ein. Quick and dirty
halt …;-)
Pilatessi vom 23.10.09 um 10.01 Uhr
Ich finde hauptsache is doch, das das rüberkommt was man sagen
will.
nullerhero vom 23.10.09 um 10.02 Uhr
Das finde ich nicht. Wenn jeder so denken würde, bräuchte man
sich nicht mehr zu wundern, warum sich alle so über die Pisa-
Ergebnisse aufregen …
_auskenner007 vom 23.10.09 um 10.04 Uhr
Punkt für Dich, Nullerhero! Du hast recht. Ein bisschen Chatiquette sollte man schon einhalten.
Lillifein92 vom 23.10.09 um 10.05 Uhr
Chatiquette? Was isn das?????
nullerhero vom 23.10.09 um 10.07 Uhr
Das kommt von Etikette im Chat. Man sollte immer noch höflich
bleiben. Nicht so wie Quasselstripper vorhin … Oder diese
Trolle, denen es nur ums Provozieren geht und nicht wirklich um
die Sache.
quasselstripper vom 23.10.09 um 10.10 Uhr
echt krass wenn hier keiner spass versteht. muss mir wohln andern
chatroom suchen.

Ciabatta

Italienische Lebensart zum Knuspern. Was uns in den Achtzigern das Baguette und in den Neunzigern das Fladenbrot war, war uns in den Nullern das Ciabatta. Unglaublich eigentlich, dass ein neues Brot bei uns, im Land der 1000 Brotsorten, noch eine Chance hatte. Aber andererseits waren wir eben weltoffen – vor allem für alles, was aus Bella Italia kam.

Dem ein oder anderen hierzulande mochte das Hefeweizenbrot anfangs vielleicht etwas fade vorgekommen sein. Doch mit der Zeit gewöhnte sich so gut wie jeder an den Geschmack. Weniger war eben mehr! Und das Ciabatta knabberten wir ja sowieso am liebsten wegen der leckeren Kruste. Ganz wunderbar aromatisch machten wir uns die Leckerei, indem wir sie kräftig in Olivenöl tunkten und großzügig mit Salz und Pfeffer (aus der Mühle natürlich!) würzten. Fertig war die Mittelmeerküche für Anfänger.

Anfangs kannten wir das Knusperbrot nur vom Italiener und aus der Trendgastronomie. Wenig später konnten wir es auch bei unserem Bäcker kaufen – oder bei Rewe und Aldi. Der große Vorteil beim Einkauf im SB-Markt war auch, dass man den gewünschten Artikel nicht aussprechen musste. Andererseits:»Tschiabatta« verstand man ja mittlerweile in der ganzen Republik. Wir hatten das schon längst eingedeutscht.

Und natürlich – wir waren schließlich in den Nullern – hatten wir die Auswahl zwischen diversen Geschmacksrichtungen: natur oder mit Oliven, mit Thymian oder Walnüssen, mit eingebackenen Kräutern oder getrockneten Tomaten.

Und noch einen Vorteil hatte das Brot mit dem lustigen Namen *Pantoffel* (wegen der Form): Es passte im Prinzip zu allem. Möchtegernköche konnten also richtig Eindruck schinden – beim *Perfekten Dinner* genauso wie bei der zwanglosen After-Work-Einladung mit Kollegen. Sobald ein Gang mit Ciabatta angereichert war, hatten sie den Beweis erbracht, dass sie wussten, wie man heutzutage kochte.

Also buken sie Ciabatta-Lasagne, machten Ciabatta-Auflauf und kombinierten das Brot mit allem, was der Kühlschrank hergab: mit Rucola, Parmaschinken oder Gorgonzola. Mit Salami, Frischkäse oder Lachs. Oder mit einer Kombination von allem. Mit Ciabatta ging eigentlich alles – außer Toast Hawaii vielleicht. Obwohl. Fusion Food war ja in. Vielleicht galt das auch für die Fusion aus Siebzigern und Nullern.

Clubschiffe

Kreuzfahrten 2.0. Mit dem Auftauchen der schwimmenden Ferienclubs sank das Durchschnittsalter von Kreuzfahrern so langsam auf das von *Traumschiff*-Schauspielern. Auf Aida, Carnival & Co. ging es dementsprechend etwas lässiger zu, als es die Etikette des Captain's Dinner vorsah. Die Generation Smoking machte hier der Generation Sneakers Platz. Und die erwartete auf großer Fahrt in die DomRep oder nach Dubai nicht nur Shuffleboard-Spiele, Bingo und Fünf-Gang-Menüs, sondern auch Spinning, Spa und Sushi. Und Sex on the Beach. Als Drink, versteht sich.

Coaching-TV

Personal Training auf der Fernsehcouch. Tine Wittler, Katharina Saalfrank, Peter Zwegat & Co. begeisterten selbst RTL-Zuschauer für das Konzept des lebenslangen Lernens. Egal, worum es ging, um unsere Wohnung, Kinder, Schulden, Aussehen oder Firma: Die Bildschirmexperten halfen uns in allen Lebenslagen raus aus dem Schlamassel. Und wir vertrauten ihnen. Bei Erziehungsproblemen wusste *Die Super Nanny* Rat, bei Geldsorgen lernten wir, wie wir *Raus aus den Schulden* kamen, bei Einrichtungsfragen verfolgten wir den *Einsatz in 4 Wänden*, und in Sachen Styling hörten wir auf *Bruce*. Unternehmer bekamen sogar branchenspezifische Unterstützung aus dem TV. *Rach, der Restauranttester* half Gastronomen, *Der Hotelinspektor* räumte bei Herbergsbesitzern auf, und Kleinunternehmer freuten sich, dass *Hagen hilft*.

Gleichzeitig lernte der Rest des Fernsehpublikums zwischen Flipchart-Analysen und Vier-Augen-Gesprächen eine wichtige Lektion. Nämlich die, dass es immer andere gibt, die es noch viel schlimmer getroffen hat. Wer arbeitslose Versandhaus-Shopaholics mit 100.000 Euro Rückständen bei ihrem Weg *Raus aus den Schulden* beobachtete, machte sich plötzlich keine Sorgen mehr darüber, dass die eigene EC-Karte letztens bei H&M nicht angenommen wurde. Und im Angesicht wüster Verunglimpfungen und Schlägereien bei der *Super Nanny* erschien das Gezicke der eigenen Kinder doch recht harmlos. Coachingshows erfüllten also voll und ganz ihren Zweck. Die Fernsehlehrer steigerten unser Wohlbefinden – und wir ihre Einschaltquoten. Bleibt abzuwarten, wie lange das gut geht. Falls das Erfolgsmodell irgendwann nicht mehr ganz so gut funktionieren sollte, ließe sich wenigstens noch eine letzte Sendung des Formats platzieren. Titel: *Weiterleben ohne Coachingshows*.

 **Coffeeshops**

Energietankstellen in der Innenstadt. Starbucks, Woyton & Co. boten Koffeinabhängigen die verdiente Auszeit zwischen Shopping und Geschäftsterminen. Um in einen der heiß umkämpften Loungesessel fallen zu können, nahmen wir auch gern eine Viertelstunde Wartezeit vor dem Tresen in Kauf. Die brauchten wir schließlich auch. Denn die Entscheidung beim Bestellen fiel nicht leicht. Sollten wir einen Caffè Latte mit Sojamilch nehmen oder lieber einen Vanilla Latte light? Einen White Caffè Mocha oder einen Caramel Macchiato Frappé? Der Besuch einer Kaffeebar heizte nicht nur unseren Blutdruck an, sondern definitiv auch unsere Entscheidungsfreude. Für Wien-Besucher war das ja nichts Neues. Sie wissen schon …»Was darf's sein, die Dame? Ein kleiner Schwarzer, ein großer Schwarzer, ein kleiner Brauner, ein großer Brauner, eine Schale Gold, ein Verlängerter, eine Melange, ein Einspänner oder ein Kaffee verkehrt?«

Stimmt eigentlich. Im Prinzip waren die neuen Coffeeshops nichts anderes als Wiener Kaffeehäuser in modern – nur dass wir dort statt des *Neuen Wiener Journals* des Fin de Siècle lieber *Vanity Fair* oder *InTouch* lasen. So genossen wir unseren frisch Gebrühten und dazu unsere Toasties, Brownies oder Paninis in gemütlicher Runde zwischen Liebespaaren und Touris, Webdesignern und freien Journalisten, Außendienstlern und Inneneinrichtern, Studentinnen und Müttern der Studentinnen. Manchmal wurde es ziemlich eng zwischen H&M-Tüten, Laptops und Kinderwagen. Wer im Gewusel gar keinen Platz mehr fand, wich mit seinem Pappbecher to go gern nach draußen aus. Dort gab es nicht nur Aschenbecher und Wärmepilze, sondern auch Ruhe vor der dröhnenden Espressomaschine.

Drinnen dagegen genossen die Besucher den herrlichen Duft von frisch gemahlenen Bohnen. Irgendwoher kannten sie den doch …? Ach ja, aus den einstigen Eduscho-Filialen. Ein Jammer, dass die sich im Kaffeetrinkerland Deutschland nicht durchsetzen konnten – so ganz ohne Jede-Woche-eine-neue-Welt-Tchibo-Zusatzsortiment. Es musste an der Stehtisch-Atmosphäre der einst schmucklosen Läden gelegen haben. Die strahlte ja leider nur den Charme eines VEB Heißgetränke aus …

Also hießen wir die San Francisco Coffee Company und alle anderen amerikanischen Kaffeeversorger mit offenen Armen willkommen – eine Geste, die uns ansonsten eher fremd war. Doch Anti-Amerikanismus hin oder her. Ein kräftiger Espresso-Shot versöhnte doch für vieles. Und wir lernten sogar freiwillig neue Vokabeln. Die Thekenbedienung hieß ab sofort Barista, ein Moccacino war übersetzt eine heiße Schokolade mit Espresso. Und wer bei Starbucks einen kleinen Kaffee haben wollte, musste ihn »tall« bestellen – im Gegensatz zu den noch größeren Größen »grande« (mittel) und »venti« (groß). Die Globalisierung hatte eben ihre eigenen Regeln.

Cosmopolitan

The next Caipirinha. Seit *Sex and the City* galt der Cosmopolitan unangefochten als der offizielle Drink zur Serie. Sein Name war Programm: *SatC*-Fans und andere Frauen, die den rosafarbenen Aperitif bestellten, fühlten sich bereits vor dem ersten Schluck so kosmopolitisch wie Carrie und ihre Freundinnen. Und mindestens so sexy! So, als würden sie mit ihrer puren Anwesenheit alle Männer restlos umhauen. Leider haute sie der Trendcocktail manchmal selber um. Denn obwohl er so süß rosa daherkam, knallte er ziemlich. Das musste an den Zutaten liegen – genauer gesagt an dem Mix aus 3 cl Wodka Zitrone, 1 cl Cointreau, 2 cl Cranberrysaft, 1 cl Limettensaft und 1 Spritzer Lifestyle. Perfekt dazu passten Cashew-Nüsse, Manolo Blahniks und zwei Aspirin am Morgen danach.

Ein kleiner Kater kam übrigens das ein oder andere Mal schon direkt nach dem Barbesuch. Da fühlte sich nämlich manche Großstädterin plötzlich gar nicht mehr so kosmopolitisch wie gedacht. Dann nämlich, als sie versuchte, vor der Tür des Clubs so nonchalant wie Carrie schnell mal ein Taxi heranzuwinken. Bis da mal eins vorbeikam, dauerte es hierzulande gern auch schon mal länger. Möglicherweise sogar so lang wie eine Folge *SatC* auf ProSieben.

Cranberrys

Globalisierung im Obstregal. Die roten Beeren aus den USA erlebten in den 2000ern hierzulande ihren Durchbruch. Vielleicht lag es daran, dass Deutschland, die frischgebackene Nation der Hobbyköche, nach neuen ungewöhnlichen Zutaten lechzte. Oder auch daran, dass der Wodka-Cranberrysaft-Mix im Cosmopolitan seit *Sex and the City* absolut hip war.

Fest stand jedenfalls: Die vitaminreiche Kranbeere mit dem säuerlich-herben Aroma traf Geschmack und Zeitgeist. Und daher mischten wir sie munter in Müslis und Chutneys, Shakes und Muffins. Und jeder Dr.-Oetker-Backmischungskäsekuchen wurde mit ein paar eingebackenen Cranberrys zum Trendgebäck der Kaffeetafel. Mutige Zeitgeister schreckten selbst vor bizarreren Anwendungen nicht zurück. So gab es damals auch die ein oder andere Anti-Aging-Gesichtsmaske, die dank der Kranbeeren Stressfalten lindern sollte. Allerdings schworen nicht nur Trendsetter auf das Heidekrautgewächs – sondern auch Nephrologen und Apotheker. Denn mit seiner antibakteriellen Wirkung half es ganz nebenbei auch, Blasenentzündungen vorzubeugen. Und zu Risiken und Nebenwirkungen fragten wir unseren Arzt oder Gemüsehändler.

Crocs

Trendige Allzweckschuhe ohne Sexappeal. Markenzeichen: quietschbunt, rutschfest, hässlich. Der Kultschuh aus Colorado kam wie eine Kreuzung aus Birkenstocks, Clogs und Adiletten daher. Und so eroberte er im Nu die deutschen Haushalte. Zugegeben: Er passte perfekt zu vielen Gelegenheiten: zum *Big-Brother*-Gucken etwa oder zum Autowaschen, zum Müllruntertragen oder zur Gartenarbeit. Aber wer noch ein Quäntchen Stil beweisen wollte, hätte ihn nach der Gartenarbeit besser schnellstmöglich wieder ausgezogen. Die Verfechter der Kultschuhe dachten jedoch nicht daran. Schließlich hielt die Herstellerfirma für jeden von ihnen das passende Modell bereit: Cayman für 08/15-Füße, Alice für Damen, Batman für kleine Jungs, Beach für Boccia-Spieler, Mammoth für Frostbeulen und – kein Witz – Cloud für Diabetiker(!).

Alle Modelle versprachen Bequemlichkeit, ultraleichten Tragekomfort und – Glückwunsch! – die Absorption von Schweiß. Schließlich ging der Markenname Crocs auf Krokodile zurück, die sich gleichermaßen an Wasser und Land wohlfühlen. Für ihre Eleganz dagegen waren die Tiere ja eher nicht bekannt.

Gut geeignet schienen die Treter auch für Metzger oder Bademeister. Mitglieder einer anderen Fangemeinde, Ärzte und Krankenschwestern nämlich, mussten allerdings gezwungenermaßen kürzertreten. Im Sommer 2008 kritisierte die Berufsgenossenschaft für Gesundheitsdienst und Wohlfahrtspflege in Deutschland die Crocs im Dienst. Sie böten zu wenig Halt und könnten sich dem Fuß nicht richtig anpassen. Noch weiter gingen die Österreicher. In Wiener Operationssälen wurden die Plastiktreter sogar gänzlich verboten. Eine Studie hatte herausgefunden, dass sich die Schuhe elektrostatisch aufladen und somit hochsensible Apparate stören könnten. Ganz abgesehen von den Störungen, die sie bei hochsensiblen Ästheten eh schon hervorriefen.

Datingbörsen

Partnersuche auf Knopfdruck. Die Zeit der Rendezvous war definitiv vorbei. Wer sich in den Nullern verabredete, der hatte ein Date und traf seine Verabredungen online. Datingcafe, Neu.de, Parship und viele andere Plattformen sorgten dafür, dass wirklich jeder ein Date haben konnte. Welch eine wunderbar neue Form, sich zu verlieben! Modern und unverbindlich und gar nicht mehr so peinlich wie einst die Partnerschaftsanzeigen, von denen man niemandem erzählen mochte außer der besten Freundin.

Andererseits war Online-Dating gewöhnungsbedürftig. Man musste ein Foto einstellen und ein Profil über sich anlegen. Das mit dem Foto war für manche Zeitgenossen schon eine Herausforderung für sich. Das mit dem Profil aber eine noch viel größere, wie die User schnell feststellen konnten. Ihnen war vorher gar nicht bewusst, dass sie von so vielen »Schmusekatzen« und »Traumprinzen« umgeben waren!

Manch eine Plattform versuchte, den Singles Hilfestellungen bei der Selbstbeschreibung zu geben, indem sie als Leitfaden Fragen stellte: »Was essen Sie am liebsten zum Frühstück?«, »Wie sieht Ihr perfekter Tag aus?« »Ihr Lebensmotto?« Doch auch das half nicht unbedingt beim Herausarbeiten der jeweiligen Persönlichkeit. Die Antworten offenbaren nämlich, dass ganz Deutschland morgens beim Aufwachen am liebsten bei Milchkaffee und Croissants im Bett kuschelte, abends mit einem Glas Rotwein am Strand den Sonnenuntergang betrachtete und als Lebensdevise »Carpe diem« wählte – oder alternativ »Träume nicht dein Leben, sondern lebe deinen Traum«. Ach ja, und egal, wie alt die Kontaktsuchenden waren, sie waren auf jeden Fall »jünger aussehend«. Wie zum Beweis stand ein zehn Jahre altes Porträtfoto neben dem Text. Überhaupt bot das Internet-Dating viele Möglichkeiten zum Schummeln. »Geschieden« schien da für manch einen verheirateten Mann die rechte Umschreibung seines Familienstands zu sein. Und manch eine Frau mit Kleidergröße 44 hat durchaus das Wort »schlank« als treffende Umschreibung ihrer Figur gesehen.

Doch es gab auch die anderen. Die Ehrlichen. Die auf der Suche nach dem schnellen Kick. Und natürlich die auf der Suche nach dem großen Glück. Wenn die dann den großen Schritt vom Datingcafé ins Café um die Ecke gewagt hatten, erlebten sie nicht selten eine harte Landung. Die virtuelle Wolke sieben konnte sich schneller verziehen, als man dachte.

Aber vielleicht waren die eigenen Erwartungen auch einfach nur zu hoch. Schließlich kann sich nicht bei jedem Pärchen auch Amor mit seinem Pfeil eingeloggt haben wie bei Meg Ryan und Tom Hanks im Hollywood-Klassiker *E-Mail für dich*. Wenn aber doch, dann war das ganz großes Kino. Und zwar im echten Leben. Carpe diem!

Dieter Bohlen

Singer-Songwriter-Sprücheklopfer der Nation. Der Dieter aus Tötensen war einfach supi – zumindest fand das die Mehrheit der Nuller. Braun gebrutzelt, selbstverliebt und grenzwertig witzig verkörperte er für *Bild*-Zeitungsleser und RTL-Zuschauer anscheinend den deutschen Traum: vom Diplom-Kaufmann zum Bühnenstar! Das war ja mal eine megageile Karriere. Tja. Da konnten sich *Spiegel*-Leser und arte-Zuschauer noch so sehr echauffieren: Was Bohlen in den 2000ern anpackte, wurde zweifelsohne ein Erfolg. Keiner hatte so viel Gespür für den Mainstream und so wenig Gespür für Diskretion. Der perfekte Erfolgsmix.

Schon zu Beginn des Jahrzehnts startete er mit dem Comeback von *Modern Talking* erfolgreich ins *Year of the Dragon* durch. Von 2002 an sorgte er als Castingdirektor bei *Deutschland sucht den Superstar (DSDS)* mit seinen Verbal-Ohrfeigen für Lacher und Aufreger (»Entweder ich hab' BSE oder deine Stimme macht mich wahnsinnig.« – »Du hast Blutgruppe null für Musik, da wird nie was draus!«). Zugegeben: Die angeblichen Aufregersprüche waren eher lahm als lustig, aber in der werberelevanten Zielgruppe kamen sie an. Und das war das Einzige, was zählte. Politisch korrekt waren ja schließlich alle anderen (bis auf Borat).

Bohlen dagegen sagte *Nichts als die Wahrheit*. Vor allem natürlich in seiner Autobiografie, die wir peinlicherweise damals alle verschlungen haben. Und weil wir uns schämten, uns über Teppichluder und Penisbruch zu amüsieren, erhoben wir das Werk kurzerhand zum Kult. Schon *musste* man es einfach gelesen haben. Schließlich war es jetzt Literatur, was man spätestens daran erkannte, dass das Werk 2003 den Medienpreis *Goldene Feder* erhielt. Da kamen selbst Bohlens andere Literaturerfolge nicht ran (wie *Nur die Harten kommen in den Garten!* und *Der Bohlenweg: Planieren statt Sanieren).*

Doch nicht nur mit seinen Büchern und *DSDS*-Auftritten feierte Bohlen Triumphe – sondern auch weiterhin mit allem, was er musikalisch anpackte: zum Beispiel Songs für Yvonne Catterfeld zu schreiben, für die *DSDS*-Sieger Alexander Klaws und Mark Medlock und das *DSDS*-Ensemble. Das Lifestylemagazin *GQ* kürte den Superjuror kurzerhand zum Man of the Year 2003. Überhaupt räumte der Dieter in den Nullern fast alles ab, was zu haben war: den Bambi, den Bravo Otto in Platin, zwei Echos und sogar 125.000 Euro beim Prominentenspecial von *Wer wird Millionär?.*

Das einzige Gebiet, auf dem er damals keinen Durchmarsch feiern konnte, waren seine Beziehungen. Mit Naddel klappte es nicht, mit Estefania auch nicht. Wer nach Carina kommt, war noch offen. Aber er schien sich wohl auch bei Frauen nur an sein bewährtes Konzept zu halten: Nicht alles auf einen einzigen Erfolgstitel setzen! Und immerhin: Seinem Typ blieb er ohne Frage immer treu. So treu übrigens, dass es einen schon wundern konnte, warum sich die gegen ihn erhobenen Plagiatsvorwürfe nur auf seine Musik bezogen ...

Digitale Bilderrahmen

Diashow ohne Extraeinladung. Statt wie früher nur ein Bild pro Rahmen auf der Kommode betrachten zu können, ließen sich dort plötzlich die gesamten Urlaubsfotos von der Weltreise unterbringen. Und dann auch noch vor diesem beleuchteten Hintergrund und in super Qualität. Langeweile im Wohnzimmer kam so selbst bei schlechtem Fernsehprogramm nicht mehr auf.

Digitale Bilderrahmen waren in deutschen Wohnzimmern die neueste Spielerei und ein echter Hingucker. Anfangs faszinierten sie nur Technikfreaks, später dann auch deren Eltern und alle Verwandten. Denn die bekamen nicht selten zu Weihnachten oder zum Geburtstag ein solches Teil geschenkt. Sobald das Präsent dann auf dem Sekretär von Onkel Norbert stand, gab es dem stolzen Besitzer sogleich den Anstrich von stylischem Silver Surfer. Und dazu war nicht ein einziger Computerkurs notwendig. Respekt!

Zugegeben: Best Ager freuten sich am meisten über das Geschenk, wenn die Fotos bereits aufgespielt waren. Denn das Herumfuchteln zwischen PC und USB-Kabeln überließ man doch gern dem Neffen. Zumal ja bei manchen Modellen zusätzlich noch die Fotos auf die Auflösung des Rahmens herunterzurechnen waren. Mit so viel Technik wollte man sich dann doch nicht selber abgeben.

Aber natürlich nahm man auch diese Installation wieder gern zum Anlass für eine der beliebten Kaffeeeinladungen. Ähnlich wie beim Kauf eines neuen DVD-Rekorders versammelte sich dann die ganze Familie um den Wohnzimmertisch und beobachtete bei Kaffee und Käsekuchen entspannt die eine arme Socke der Verwandtschaft beim fieberhaften Installieren. Je nach Ausstattung des Geräts und des Verwandten ging die Sache schnell oder eher schleppend über die Bühne. Und so manch kompliziertes Gerät funktionierte leider auch dann noch nicht, als Tante Ilona die Aufschnittplatte zum Abendbrot hereinbrachte.

Nicht selten mussten die Hobbyinstallateure eben erst noch üben – auch wenn es um die Geschwindigkeitseinstellung der automatischen Diashow ging. Da überschätzte so mancher Geek die Aufnahmefähigkeit des menschlichen Gehirns. Die verstörten Betrachter saßen dann ratlos vor dem neuen Rahmen und rätselten darüber, ob es sich bei den Motiven noch um die Urlaubsfotos handelte oder schon um das Urlaubsvideo.

Weniger professionell wirkte es auch, wenn in einem querformatigen Rahmen alle Hochkantbilder im 90-Grad-Winkel erschienen. Um den niedlichen Enkelsohn beim Eisessen zu bestaunen, musste man sich da manchmal ganz schön verbiegen. Aber so verdrehte die neue Technik wenigstens allen Nutzern den Kopf. Gewollt oder ungewollt.

Digitalkameras

Megaspaß mit Megapixeln. Mit der Digitalkamera war Fotografie zum Volkssport geworden. Jeder hatte eine. Und meistens war es eine Lumix.

Beim Vergleich unserer Lifestyle-Kameras lieferten wir uns wahre Pixelschlachten. Vier! Sechs! Zehn! Dreizehn! Das Pixel-Reizen machte riesig Spaß. Und wir ließen uns auch nicht davon abhalten, nur weil uns irgendwelche Besserwisser von der *Stiftung Warentest* vor hohen Pixelzahlen warnten. Die könnten angeblich zu höherem Bildrauschen führen und damit zu schlechterer Qualität. Ach was … Wir wollten doch nur unseren Spaß! Und bei der Qualität *unserer* Fotos fiel ein bisschen Bildrauschen gewiss nicht auf – so viel war sicher. Viel wichtiger war da schon der Zoomfaktor – und natürlich die Größe des Displays! Und wenn der Apparat dann auch noch so nette Gimmicks hatte wie einen optischen Bildstabilisator oder eine Smile-Detection, dann strahlten wir zufrieden. Cheese! Die Digicam passte in jede Hosentasche oder Clutch. Und deshalb nahmen wir sie natürlich auch überallhin mit. Und knipsten, was das Zeug hielt. Kostete ja nichts pro Bild. Die misslungenen Aufnahmen konnten wir ja nachher löschen. Bloß machte das merkwürdigerweise niemand. So kamen in den Ferien locker mal 300 Fotos pro Urlaubswoche zusammen. Ausdrucken wollte die kaum noch jemand, höchstens als Fotobuch für besondere Anlässe. Um Freunden seine Urlaubsfotos zu zeigen, brachte niemand mehr Fotoalben mit. Die 737 Bilder von der türkischen Riviera mussten alle am Laptop bestaunt werden. Und bei den Nachtaufnahmen abends beim Raki hatten die Leute auf den Fotos garantiert immer rote Augen, weil man einfach noch nicht dazu gekommen war, die Fotos zu retuschieren.

Immerhin einen Vorteil hatte das Bildergucken am Computer aber doch. Die Diashow am Laptop lief wesentlich zügiger ab als einst die handgesteuerte zu Hause vor der Leinwand im Hobbykeller.

DVD-Rekorder

TV-Technik zwischen Video und Blu-ray. Zugegeben: Gebraucht haben wir das Teil nicht wirklich. Um uns ab und zu *Indiana* oder *Bridget Jones* anzugucken, hatten wir ja einen DVD-Player. Und zum Aufnehmen stand da noch der Videorekorder – auch wenn wir ihn eigentlich nicht mehr benutzten. Das Umstöpseln der Scartkabel funktionierte nicht immer so problemlos wie anfangs gedacht. Irgendwann aber gab es die DVD-Aufnahmegeräte praktisch nachgeschmissen. Sogar bei Lidl und Plus. Also zogen auch wir irgendwann los und kauften die neueste Technik fürs Wohnzimmer.

Ein Fehler, wie sich schnell herausstellte. Denn es fehlte doch stets die Zeit, sich mit der 140-seitigen Bedienungsanleitung auseinanderzusetzen. Und der Quick Guide warf bei der Inbetriebnahme mehr Fragen auf als der Rekorder Programmplätze hatte. Natürlich gab es Ausnahmen von dieser Regel: Sie betrafen Männer. Und zwar alle. *Sie* hatten mit der Installation selbstverständlich keinerlei Probleme. Schade nur, dass die Partnerinnen dieser Männer das nicht mitbekamen. Denn nach dem Kauf eines jeden solchen schwarzen Teils fürs Wohnzimmer lief definitiv nichts mehr – meist noch nicht mal das neue Gerät.

Noch schlimmer hatte es unsere Eltern getroffen. Trotz bester Vorsätze gaben sie regelmäßig bereits beim Durchblättern der Gebrauchsanleitung auf. Showview? EPG? Timeshift? Pah, so etwas brauchten sie doch gar nicht. Sie kauften sich einen DVD-Rekorder (oder einen Camcorder oder ein Handy) auch nur aus einem einzigen Grund: um endlich mal wieder die Kinder oder Enkel zu sehen. Denn die waren die einzigen, die das neue Gerät anschließen, programmieren und erklären konnten.

Man gab es ja nicht gerne zu. Aber die Strategie unserer Eltern war die überlegene. Denn in Sachen TV-Technik hatte sich das lebenslange Lernen ja zugegebenermaßen nie wirklich gelohnt. So war es auch diesmal. Nur wenige Monate nach der Familienzusammenführung um den neuen DVD-Rekorder kamen die ersten Blu-ray-Player. Und als wir Kinder und Enkel ihnen davon vorschwärmten, hörten wir nur: »Seht ihr! Wie gut, dass wir uns mit dem ollen DVD-Mist nicht weiter beschäftigt haben!«

eBay

Neues Hobby, in das wir uns total reinsteigerten. Irgendwann saß jeder von uns mal am PC und vertickte was: gut erhaltene Babykleidung, originalverpackte Star-Wars-Figuren, antike Stühle. Bei eBay wurde man einfach alles los: Bücher, Briefmarken und Beautygutscheine, Handys, Haushaltsgeräte und Heimwerkerbedarf, Münzen, Möbel und Musikinstrumente. Beim Ausmisten des Kellers oder Speichers ließ sich plötzlich noch richtig Geld machen.

Und wer auf der Suche nach Raritäten war, für die er alle Flohmärkte der Welt abgesucht hatte, wurde hier mit einem Klick fündig. Die seltene Porzellanuntertasse, die vergriffene *Jerry-Cotton*-Ausgabe, das Vintage-Dior-Kleid? Maximalgebot eintippen, bieten, warten. Selbst Adelstitel, die eigene Jungfräulichkeit oder das freie Tätowierrecht auf dem Rücken des Verkäufers waren im Angebot. Aufgeweckte Hausfrauen hatten als Powerseller fortan den idealen Nebenjob gefunden – inklusive super Verdienstmöglichkeiten, individuellen Arbeitszeiten und ohne meckernden Chef.

Die Regeln des elektronischen Bietens mussten wir uns anfangs allerdings erst aneignen. Aber wir lernten schnell. Zum Beispiel, dass man nicht ständig sein Angebot erhöhen musste, sobald man – pling! – überboten wurde. Oder dass sich Profis erst kurz vorm Ende einschalteten. Und außerdem lernten wir noch eins: zu verlieren. Denn meist hieß es ja:»Drei, zwei, eins – seins!«In letzter Sekunde wurde man wieder ausgestochen.

Vor allem aber lernten wir, unser selbst gesetztes Limit nie, wirklich niemals zu überschreiten. Was wir natürlich trotzdem machten – um auch endlich mal den Zuschlag zu erhalten. Als wir dann das gelieferte Paket fünf Tage später in Empfang nahmen, spürten wir den inneren Triumph. Ha! Gewonnen! Ich! Und dass wir für das Zeug einen weit überhöhten Preis gezahlt hatten, war dabei egal. Und zwar völlig. Wenn's doch nicht passte, konnten wir es ja einfach selber wieder bei eBay reinstellen – und hoffen, dass ein anderer Freak noch mehr dafür bot.

A B C D **E** F G H I J K L M N O P Q R S T U V W X Y Z   69

Emos

Gefühlsechte Außenseiter mit Hang zu dunklen Gedanken und noch dunklerem Augen-Make-up. Emo – als Kürzel für Emotional – stand in den Nullern für eine merkwürdige Mischung aus Gothic und Manga. Und für eine Jugendszene, zu der praktisch niemand gehören wollte.

Melancholie und Apathie umschwebten die traurig dreinblickenden Gestalten mit ihren Röhrenhosen, Chucks und pinkfarbenen Sternchen-Shirts. Was unter ihrem kinnlangen asymmetrisch geschnittenen Pony vor sich ging, war ihr Geheimnis. Klar war nur, es waren trübe Gedanken, denen sie nachhingen – auch wenn der Pony von Mädels gern mit knallbunten Schleifen, Bändern und Hello-Kitty-Spangen zurückgehalten wurde. Überhaupt sahen weibliche Emos oft so aus, als hätten sie die gesamte Accessoireabteilung bei H&M leer gekauft. Lippenpiercing, Nagellack und Kajal gehörten allerdings auch für männliche Emos zum Standard-Outfit. Insgesamt schienen der schrille Look und die dunkle Seele nicht recht zusammenzupassen. Emos erinnerten immer ein wenig an weinerliche Dragqueens auf einer Gothic-Party.

So beförderte man sich natürlich megaschnell ins Abseits. Und wurde für Skater, Rapper, Punks und andere Subkulturen zum Hassobjekt Nummer eins. Der Parodie-Song *I must be Emo* erreichte bei YouTube rund sechs Millionen Klicks. »I must be emo/I'm dark and sensitive with low self esteem/The way I dress makes everyday feel like Halloween/I have no real problems but I like to make believe/I stole my sister's mascara/ Now I'm grounded for a week/...«

Vermutlich war Emo ja auch einfach eine logische Entwicklung der Nuller. Wenn man mit Tokio Hotel sozialisiert wurde, alle um einen herum obercool waren und man dann auch noch in der Schule *Die Leiden des jungen Werther* durchnahm, dann ... ja dann musste man sich doch einfach die Nägel lackieren und die Augen schminken, traurige Gedichte schreiben und

Funeral for a Friend auf Repeat-Funktion im ipod hören, oder?!
Zumindest für Emos war das völlig klar. Aber dazu gehörte ja
niemand.

Energiesparlampen

Grünes Gewissen zum Einschrauben. Die klimapolitische Lage
war ernst. Sehr ernst. Die Pole schmolzen. Der Meeresspiegel
stieg. Das Ozonloch weitete sich aus. Und als wenn das alles noch
nicht ausreichen würde, kletterte auch noch der Ölpreis ins Uner-
messliche. Auf diese Misere verlangte unser ökologisches Gewissen ganz dringend eine Antwort. Und wir fanden sie: Energiespar-
lampen. Mit ihnen konnten wir der klimapolitischen Katastrophe
entgegenwirken.

Ja! Hier ging es nicht etwa darum, einfach immer nur zu
reden. Hier ging es darum, etwas zu ändern. Und das taten wir.
Wir drehten unsere alten Glühbirnen aus den Fassungen und die
neuen umweltfreundlichen Leuchten rein. Bis zu 19.000 Betriebs-
stunden konnten die brennen. Eine herkömmliche Birne brachte
es nur auf schlappe 1000. Und außerdem, so lernten wir, war die
Lichtausbeute der ökologischen Leuchte viel größer. Nicht nur
fünf Prozent des elektrischen Stroms wurden in Licht umgewan-
delt, sondern satte 25 Prozent. Wir sparten also richtig viel Energie. Und wir taten es gerne.

Und die, sie sich weigerten, mussten halt gezwungen werden. Dafür sorgte dann schon die Europäische Kommission, als sie
2009 beschloss, die Stromfresser bis 2012 schrittweise aus dem
Handel zu nehmen und gegen die sparsamen Varianten zu ersetzen.

Doch damit nicht genug. Denn wenn das mit den Energie-
sparlampen noch nicht half, das Klima vollständig zu retten, dann
gingen wir noch einen Schritt weiter: Wir schalteten kurzerhand
den Stand-by-Schalter an unserem Fernseher aus. Ha! Das musste
uns die übrige Welt erst mal nachmachen!

ABCD**E**FGHIJKLMNOPQRSTUVWXYZ   71

Euro

Neues Geld, das alle Münzbeutelbesitzer zu Starterkids machte. Am 1. Januar 2002 war es so weit. Endlich konnten wir an der Tanke unsere neuen Geldstücke aus dem 20 Mark teuren Plastikbeutelchen loswerden – oder die frisch aus dem Geldautomaten gezogenen Scheine. Einen Tag später verwandelten sich die Fußgängerzonen in wahre Shoppingparadiese, denn beim Blick auf die Preise hatten wir das Gefühl, überall hätten H&Ms und Aldis aufgemacht. Doch leider verflüchtigte sich die Euphorie schnell – spätestens mit dem Eintreffen unserer ersten Gehaltsabrechnung. Oder auch als wir mit dem Umrechnen anfingen. Wie war das noch gleich? Eine Autowäsche hatte früher 4,90 D-Mark gekostet. Und jetzt? 4,90 Euro. Genau wie eine Kartoffelsuppe. Teuro! Die Nation war mitten in einer gefühlten Währungskrise. Da konnten die Warenkorbberechner noch so laut widersprechen. Wir wussten schließlich, was wir im Portemonnaie hatten.

Doch der Euro war nicht nur Grund zur Aufregung, sondern auch zur Weiterbildung. Mit dem neuen Geld lernten wir viel fürs Leben – zum Beispiel dass die Ein-Euro-Münze auch als Chip in die Einkaufswagen passte, dass niemand 500-Euro-Scheine annahm und dass der Schnorrerspruch »Haste mal ne Mark?« keineswegs eins zu eins in die neue Währung übersetzt werden konnte. Und außerdem lernten wir, Griechen und Spanier aus tiefstem Herzen zu bemitleiden. Denn die hatten beim Umrechnen in ihre alte Währung lange nicht so einen lässigen Job wie wir. Die Beträge gedanklich zu verdoppeln war doch um einiges einfacher, als jeden Posten immer mit 340,75 oder 166,39 multiplizieren zu müssen.

Gegen Ende des Jahrzehnts waren wir Euro-Europäer allerdings mal richtig froh über unsere Währung. Denn mit ihr konnten wir plötzlich und unerwartet richtig billig shoppen gehen – in New York! Und nach dem Finanzcrash rockten wir sogar London. Auf diesen Moment hatten wir lange gewartet. Aber irgendwann musste sich die Treue zur Währungsunion ja mal auszahlen. Und das tat sie 2009 definitiv. In Cent und Euro. So sorry ...

Extensions

Traummähne in vier Stunden. Langhaarfrisuren waren für Frauen fast die gesamten 2000er über die einzige Möglichkeit, vor der Stilpolizei zu bestehen. Da mussten natürlich viele Fashion Victims mit rausgewachsenem Meg-Ryan-Schnitt zu Extensions greifen, klar. Besonders beliebt schienen die Fake-Strähnen beim Gina-Lisa-Fanclub (»Zack die Bohne«) zu sein. Möglicherweise war der Besuch beim Haarverlängerer ja auch mit einer Zehnerkarte im Sonnenstudio und einem Abo von *InTouch* gekoppelt ... Wer also den eigenen Haarschnitt etwas frisieren wollte, sparte sich 2000 Euro zusammen – und ließ sich dann mittels Luftdruck, Ultraschall oder Laserbeamer meist blond gefärbtes echtes indisches Tempelhaar in den Schopf einbauen. Als man die Prozedur dann hinter sich hatte, wurde der Bob wieder modern. Doch das störte glücklicherweise die klassische *Sunpoint*-Kundin wenig. Und in der *InTouch* konnte man die Seiten mit den Frisurentrends ja einfach überblättern.

Filzen

Neues Hobby von Kindergartenmüttern. Nachdem in den 1990er-Jahren bereits alle Haushaltsgegenstände per Serviettentechnik verschönert worden waren, entstand in vielen Familien ein unangenehmes Vakuum. Womit, so fragten sich die Eltern unruhig, sollte man fortan die Omas, Opas, Tanten und Onkel beschenken? Das Filzen füllte diese Lücke auf vortreffliche Weise. Mit dieser neuen Kreativtechnik ließen sich endlich wieder vielseitige Geschenke für die Verwandtschaft und wertvolle Spenden für den Weihnachtsbasar basteln: Broschen und Stulpen, Eierwärmer und Pantoffeln, Hüte und Taschen. Nichts war von der Stange, alles mit eigener Hand aus Märchenwolle, Wasser, Kernseife und viel Geduld erstellt. Endlich hatten wir eine sinnvolle neue Freizeitbeschäftigung gefunden!

A B C D E **F** G H I J K L M N O P Q R S T U V W X Y Z   73

Nun ja, es war ja eigentlich nicht so, dass Mütter von Kindergarten- und Grundschulkindern unbedingt eine Beschäftigungstherapie brauchten. Aber ein bisschen was Eigenes schadete auch nie. Also wagten sich kleine und große Hobbykünstler frisch ans Werk. Wobei die Kleinen relativ schnell die Freude am Filzen verloren. Es dauerte ihnen einfach zu lange. In der Zeit konnten sie doch viel besser mit den Nachbarskindern Ritterburg oder Frisiersalon spielen. Mama lernte derweil ihr neues Hobby per Learning by Doing. Erst musste die Rohwolle gekämmt, dann ausgelegt, zurechtgezupft und dachziegelartig übereinandergestapelt, anschließend mit heißem Wasser besprenkelt und eingeseift, plattgedrückt, gewalkt und zum Schluss ausgewaschen werden. Leider nahm diese Prozedur mächtig viel Zeit in Anspruch. Wobei das für die Hobbykünstlerinnen ja kein wirkliches Problem darstellte. Sie erinnerten sich einfach ans gute alte Multitasking. Und so befüllten sie während des Filzens die Waschmaschine, buken Muffins und checkten ihre beruflichen Mails. Abends dann hatten sie frische Wäsche, zwölf leckere Küchlein, eine nach vorn geschobene Projektdeadline, vier krumme Eierwärmer und zwei Kinder, die strahlend ihrem Vater zuriefen: »Guck mal, Papa, die haben wir selber gefilzt!«

Flachbildschirme

Kinoleinwand für zu Hause. Das war tatsächlich mal eine echte Revolution – sowohl technisch als auch gefühlt. Die Röhre war tot, es lebte der Flatscreen. Ingenieure, Inneneinrichter und Augenärzte klatschten gleichermaßen Applaus. Und der Rest von uns musste sich beim gemütlichen Gammeln auf dem Sofa so langsam von unserem »Mach mal die Kiste aus!« verabschieden. Denn, hey, ab jetzt war der Fernseher gar keine Kiste mehr.

Und im Büro konnten wir die Kiste unseres Computers gut auf dem Fußboden verstecken. In Sichthöhe dagegen erfreuten sich unsere Augen an einem formschönen Flatscreen. Zu Beginn der Nuller wies kein anderes Büromöbel einen derart hohen Neidfaktor auf. Manch ein Manager lugte verstohlen auf den Flachbildschirm seiner Geschäftspartner (»Warum der, warum nicht ich?«). Es herrschte eine gnadenlose Zweiklassengesellschaft: Leute mit Flachbildschirm waren in. Alle anderen out. Diskussion unnötig.

Lange warten auf den Aufstieg in die erste Klasse musste glücklicherweise niemand. Denn Flachbildschirme wurden schnell billiger – und irgendwann selbst auch für städtische Behörden bezahlbar. Flatscreener vom Sachbearbeiter bis zum Vorstandschef freute es. So sah ihr Arbeitsplatz gleich nicht nur viel schicker aus. Sie hatten sofort auch viel mehr Platz – für Papierstapel, Ordner, Ablagefächer und natürlich für ihren neuen Laptop.

Zu Hause musste man die alten Röhrenfernseher zum Sondermüll fahren. In die Wohnungen zogen LCD- und Plasmatechnik ein. Männer freuten sich wie kleine Kinder. Denn der bevorstehende Kauf eines neuen Fernsehers gab ihnen endlich mal wieder Gelegenheit, in Ruhe zu fachsimpeln – über Overdrive-Technik, native Bildschirmauflösung und die jeweiligen Vorteile der digitalen Ansteuerung über DVI, HDMI oder DisplayPort. Egal, wofür sie sich im Media Markt dann entschieden: Zu Hause konnte sich die ganze Familie über gestochen scharfe Bilder und Riesen-Bildschirmdiagonalen freuen. Kinoerlebnis daheim. Willkommen in Köln-Hollywood!

Derweil arbeiteten die Entwicklungsabteilungen der Gerätehersteller an immer neuen Innovationen zum optimalen Kinoerlebnis. Große Chancen hätte sicherlich eine zusätzliche Tonspur mit Schmatzgeräuschen von Popcorn-Essern, dem Rascheln von Gummibärchentüten sowie vereinzeltem Handyklingeln gehabt.

Flip-Flops

Badelatschen mit Schnodder-Charme. Wer in den Sommern der Nullerjahre etwas auf sich hielt, hatte mindestens ein Paar Flip-

Flops im Schuhschrank. Im Nachhinein betrachtet, weiß man auch nicht mehr so recht, warum. Schließlich machten die Zehenspreizer zugegebenermaßen eine echt hässliche Figur. Da konnte man noch so tolle Beine haben. Die Unisex-Treter verkürzten sie optisch auf Hobbitgröße. Männer mochten es nicht anders gewohnt sein. Aber Frauen, die freiwillig auf schmeichelnde Beinverlängerer verzichteten ... ein ungelöstes Großstadtmysterium.

Beim Gehen machten die Dinger manchmal auch gern unangenehme Schmatzgeräusche, igitt. Wirklich bequem waren sie leider auch nicht. Und so ganz ohne Fußbett und Halt offenbarten sie schonungslos Knick-, Spreiz- und Senkfüße aller Art. Aber egal. Wer behauptete denn, dass Trends auch ästhetisch sein mussten? Den Gegenbeweis waren zuletzt ja erst die Ugg Boots angetreten. Also schlurften Männer und Frauen mit den Flip-Flops lässig über die Champs-Élysées, Fifth Avenue oder Via Condotti, aber auch über Sternstraße (Bonn), Stresemannstraße (Bielefeld) oder Nordhäuserstraße (Erfurt).

Tapfere Alt-New-Economisten trugen sie gar zur Arbeit in der Agentur. Als irgendwann aber jeder Adilettenträger mit ihnen herumlief, konnte man sie einfach nicht mehr sehen. Und tauschte sie ohne große Wehmut wieder gegen Sneakers und Sandalen ein. Nur an lauen Sommerabenden hatten sie ab und zu noch mal einen kurzen Auftritt: im Biergarten. Aber da konnte man ihren Anblick ja auch gnädig unter den Biertischen verstecken.

Fotobücher

Gebundene Erinnerungen für Digiknipser. Was war das früher für ein Prozedere mit dem Anlegen von Fotoalben. Man musste den Film erst mal entwickeln lassen, etwa die Hälfte der Bilder aussortieren, sich ein Album kaufen und dann einen verregneten Sonntag abwarten, an dem man nichts, absolut gar nichts Besseres vorhatte. Schließlich war es so weit. Man holte ganz hinten aus dem Schrank die Fotoecken vor, suchte nach einem weißen Buntstift oder Edding und los ging's. Vor lauter In-Erinnerung-Schwelgen kam man meist kaum dazu, die Fotos wirklich einzukleben und sich auch noch lustige Kommentare zu überlegen. Aber wenn man dann zum Schluss das Ergebnis sah und durch das halb fertige Album blätterte, wusste man, dass man hier etwas gestaltet hatte, das der Nachwelt einen klitzekleinen Eindruck von der eigenen Existenz geben konnte.

In den 2000ern funktionierte das alles etwas anders. Fotokarte in den Rechner stecken, Bilder in Sekundenschnelle runterladen, beim Fotobuch-Bearbeitungsprogramm auswählen, platzieren, bearbeiten und bei Bedarf Kommentare eintippen. Nach einer Woche kam dann das professionelle Büchlein zu Hause an. Es sah großartig aus. Total professionell. Und die Qualität der Fotos – einfach umwerfend! Aber trotzdem. Irgendwie fehlte einem etwas, wenn man das Fotobuch in der Hand hielt. Vielleicht die Fingerabdrücke auf den glänzenden Fotos. Oder aber das Gefühl, dass einem beim Durchblättern bestimmt gleich ein paar Fotos entgegenkamen, die sich von den Fotoecken gelöst hatten. Und ganz sicher vermisste man das Rascheln der transparenten Trennseiten mit diesem vergilbten Spinnenmuster.

Hach ja! Möglicherweise erkennen die Fotobuchmacher ja diese Marktlücke für ewig gestrige Nostalgiker auch irgendwann. Dann nehmen sie vielleicht in ihre Produktpalette auch ein Fotobuch *Gute alte Zeit (1990er-Jahre und früher)* auf. Mit dem Service *Maximal drei herausfallende Fotos inklusive*. Oder mit integrierter MP3-Datei *Trennblätter-Rascheln*.

Fotohandys

Der schnelle Klick für jedermann. Schuhtick, Potsdamer Platz. Pumps im Sonderangebot. Klick. Senden an: Christiane. Text: »Kaufen??? Nur 65,90! Schnäppchen! Jule«. Kreißsaal, Werthmannstraße. Neuer Erdenbürger angekommen. Klick. Senden an: alle. Text: »Leon ist da. 50 cm, 3350 g. Wir können unser Glück noch gar nicht fassen! Monika und Georg«. Schlanitzenalm, Österreich. Kühe auf der Weide. Klick. Senden an: Klaus. Text: »Grüße aus dem Muuu-rlaub! Birgit«.

Die Kamera war auf einmal überall mit dabei. Sie passte in jede Hosentasche, erst recht in jeden Rucksack und sogar in jede Clutch. Wegzudenken? Warum denn? Seitdem erlebten wir überall dasselbe Bild, wo Prinzen, Päpste oder Popstars auftauchten. Jubelnde Zuschauer hielten ihre Arme hoch. Zum Winken und Händeschütteln, klar, aber eben auch zum Fotografieren. Klick. Dokumentation per Telefon. Ich war dabei – alles klar?! Selbst die Fraktion der Foto-Nostalgiker kam auf ihre Kosten. Auf den Mobiltelefonen konnten sie eine besondere Einstellung aktivieren: Beim Druck auf den Auslöser ertönte dann der Summer aus guten alten Analogtagen.

French Nails

Nude-Look an den Fingern. French Manicure war der Nagellack, der nicht wie Nagellack aussehen sollte. Dafür sorgte er für stilvoll gepflegte Hände allerorts. So damenhaft, so edel, so Weltbürgerin. Selbst Frauen, die früher niemals Lack an ihre Nägel ließen, machten den Trend begeistert mit.

Für die Spezialmaniküre mit den weißen Nagelspitzen musste man sich allerdings so richtig ins Zeug legen. Männer und andere Ahnungslose machten sich keinerlei Vorstellung davon, wie viel Zeit es kostete, Nägel zu behandeln, die so natürlich wie möglich aussehen sollten. Also: Nach dem Reinigen, Schneiden, Feilen und Nagelhautentfernen fing die Arbeit an. Unterlack applizieren und trocknen lassen, anschließend zwei Schichten rosé oder beigefarbenen Lack auftragen, nach dem Trocknen direkt unter den weißen Nagelrändern spezielle halbmondförmige Schablonen aufkleben, die Ränder darüber mit weißem Lack bepinseln und über alles Schutzlack auftragen. Zugegeben, die Prozedur erforderte mächtig Geschick. Frauen mit Feinmechanikerlehre oder

Uhrmacherausbildung waren eindeutig im Vorteil. Ohne diese Vorbildung musste man ab und zu auch mal mit verrutschten Halbmond-Schablonen und schiefen Nagellinien leben.

Frauen, die diesen Frust vermeiden wollten, kauften sich – je nach Geschmack und Geldbeutel – bei Ihr Platz künstliche Frenchnägel oder ließen Profis ran. Genug trendige Maniküre-Studios hatten ja gerade eröffnet. Und wer weiterhin Petras Nagelstudio um die Ecke besuchte, bekam zum Aufpreis in die weiß bemalten Fingernagelränder gern ein paar Swarowski-Kristalle eingesetzt. Berufsgruppen, die bei der Arbeit geschickte Finger brauchten, griffen bei dieser Nail Art besonders gern zu – obwohl sie lange Krallen ganz offensichtlich bei ihrer Arbeit behinderten. Warum das so war, blieb das ewige Geheimnis von Kassiererinnen, Friseurinnen und Sekretärinnen.

Frühstücksbrettchen

Wiedergeburt eines Küchenklassikers, auf dem schon Opa einst seine Stulle schmierte. Die Brettchen in seiner Küche waren allerdings grau in grau und schon völlig zerkratzt vom vielen Abwaschen und Fleischwurst Abschneiden für Dackel Waldi. Später kamen andere Generationen, die ihre Brote statt auf Hartplastik lieber auf Keramik schmierten und noch lieber Joghurts und Müslis löffelten. Brettchen brauchte da niemand mehr.

Mit der Zeit verschwanden die deshalb auch – zuerst aus dem Blickfeld, dann aus der Küche, zum Schluss aus dem Gedächtnis. Bis 30 Jahre später irgendein Nostalgiker auf die Idee kam, Opas Frühstücksbrettchen mit der grau melierten Unterseite neu aufzulegen. Retrotrend eben. Schön künstlerisch verfremdet mit neuen bunten Oberflächen: mit dem Stadtplan von London drauf oder mit Schutzengeln oder pinkfarbenen Königswappen oder mit Sprüchen wie *Beleg mich*.

Verkauft wurden die Neuauflagen selbstredend nicht bei Hertie, sondern in den Geschenkeshops der Fußgängerzonen.

Dort flanierten die Enkel der Fleischwurstbrot-Opas vorbei, sahen ihre alten Bekannten wieder, dachten:»Ach, wie schön war es doch damals«, und kauften mit den Brettchen kurzerhand ein Stück Kindheit. Zusätzlich griffen auch die Urenkel zu – die, die ihre Urgroßväter mit den Fleischwurstbroten gar nicht mehr kannten. Aber Frühstücksbrettchen: Wie fett war das denn? Und so stapelten sich in den Küchen von Twenty- bis Fortysomethings Opas aufgemotzte Brettchen. Ein Fleischwurstbrot dürfte sich darauf allerdings kaum jemand gemacht haben. Dafür hatte in den Nullern einfach niemand mehr Sinn. Aber die Sushis vom Supermarkt – die sahen darauf doch einfach genial aus.

Gehirntrainer

Anti-Aging für den Kopf. Johannes Heesters setzte die Maßstäbe. Und die Best Ager taten alles, um mithalten zu können. Eine echte Herausforderung. Um körperlich fit zu bleiben, schwang die ZDF-Zielgruppe ja schon längst die Nordic-Walking-Stöcke im Stadtwald. Nun aber konnte sie sich auch geistig verausgaben – und zwar weit über dem peinlichen Memory-Niveau.

Ihre Personal Mentaltrainer hießen Dr. Kawashima, Dr. Grips und Dr. Brain. Die lieferten den Silver Surfern das lang ersehnte Profi-Workout – auf PC-Spielen, versteht sich. Per Touchscreen und Touchpen löste die Generation 70plus seitdem eifrig Rechenübungen, Wort- und Textaufgaben sowie Konzentrationstests aller Art. Es wäre ja gelacht, wenn man damit Alzheimer nicht ein Schnippchen schlagen könnte!

Bei Gesprächen mit Freunden vom Golfclub, Kirchenchor oder bei Seniorentreff.de blieb man so immer auf der Höhe. Und den nervenden Nichten oder Neffen konnte man locker beweisen, dass man noch lange nicht daran dachte, sich zu verabschieden – höchstens in das schicke Mehrgenerationenhaus, das im Viertel gerade gebaut wurde.

Geländewagen

Ultimatives Statussymbol der Nuller. Was früher der Hummer auf dem Teller, war jetzt der Hummer in der Garage. Die Helden der Straße in ihren *Cayennes*, *GLKs* und *Tiguans* waren los! Sexappeal und Sozialneid bekamen sie kostenfrei mitgeliefert.

Auf ihrer Fahrt im heimischen Gelände hatten die stylischen Spritfresser dann auch zahlreiche Herausforderungen zu bestehen, die sie aber locker meisterten. Mit einer Watttiefe von 30 Zentimetern bewältigten sie etwa ganz locker alle Pfützen vorm Getränkemarkt. Mit einer Bodenfreiheit von 27 Zentimetern stellten für sie die Bodenwellen der verkehrsberuhigten Zonen kein Hindernis mehr da. Und mit einer Steigfähigkeit von 45°/100% bezwangen sie die Tiefgaragenausfahrten der City ganz locker – im Gegensatz zu den dortigen Parktaschen.

Das Flirten an der Ampel gestaltete sich da allerdings schon etwas komplizierter. Die anderen Autos schienen irgendwie alle tiefergelegt zu sein. Doch der fehlende Blickkontakt schadete nicht wirklich. Schließlich waren hier Lonely Cowboys unterwegs – auf der Jagd nach Freiheit und Abenteuer. In früheren Zeiten mochte es gereicht haben, dafür eine Marlboro zu rauchen. In Zeiten militanter Nichtraucherhorden musste man sich andere Wege suchen. Und man fand sie. Im *Commander*, im *Highlander*, im *Pathfinder*. Allein bei den Modellnamen wussten Außenstehende doch, mit wem sie es hier zu tun hatten!

Obwohl. Oft genug saß auch einfach eine durchgestylte, perfekt frisierte Yummy Mummy im SUV, die gerade ihre Tochter vom Ballettunterricht oder ihren Sohn vom Hockeytraining abholte. Labrador und Golftasche schienen eh serienmäßig mitgeliefert worden zu sein.

Gegen Ende des Jahrzehnts aber war Schluss mit wuchtig. Finanzkrise, Benzinverbrauch und der Green-Trend forderten ihren Tribut. Die 2500 Euro staatliche Abwrackprämie wurden nicht in die Megaspritfresser investiert, sondern in die kleinen Kompakten.»Liebling, wer hat das Auto geschrumpft?«, mochte es da aus so mancher Garage geschallt haben. Aber was tat man nicht alles der Umwelt zuliebe. Für die Klimaerwärmung wollten wir nicht verantwortlich sein. Und daher warteten wir geduldig auf den Smart-SUV mit Elektroantrieb.

Gerichtsshows

TV-Spektakel mit echten Richtern und echt schlechten Laiendarstellern. Vom Diebstahl bis zum Kindesentzug, von der Nötigung bis zum Mord: *Richterin Barbara Salesch* und *Richter Alexander Hold* konnte so leicht nichts schrecken – auch nicht die miserabelsten Schauspieler um sie herum. Diese waren in ihrer Rolle als Täter oder Zeugen (stets aus dem Migrations-, Hartz-IV-, Prostituierten- oder Immobilienmaklermilieu) für Gefühlausbrüche, Geschrei und Zwischenrufe während der Verhandlungen zuständig. *Das Strafgericht*, *Das Familiengericht* und *Das Jugendgericht* stellten 1-a-Locations für 1-a-gestellte Streitfälle dar. Wenn auf dem Bildschirm gerade ein Schönheitschirurg mit der Giftspritze ermordet wurde, ging das Bügeln einfach viel leichter von der Hand. Und auch das Essenkochen machte gleich doppelt so viel Spaß, wenn dabei parallel ein Pizzeriabesitzer als Mafiakiller verleumdet wurde. Wer wollte da noch behaupten, dass Hausarbeit nicht auch mal spannend sein konnte?! Ohne Fernsehgericht hatte man beim Staubwischen jedenfalls früher keine Gänsehaut bekommen – zumindest nicht wegen des Nervenkitzels.

Googeln

Simplify your life mit einem Klick. Mit der weltgrößten Suchmaschine fanden wir plötzlich in Sekundenschnelle Antworten auf Fragen, von denen wir früher nicht gewusst hätten, wie und wem wir sie überhaupt stellen sollten. Und dazu brauchten wir nur ein paar Buchstabenkombinationen in den PC einzutippen. »BMI ausrechnen«, fertig. Oder »Schni Schna Schnappi«. Oder »Ich-AG gründen«, »Taschen Marc Jacobs«, »Zack die Bohne«, »Mindestlohn Zeitarbeit«, »Facebook Log-in«, »Personal Trainer Nürnberg«, »Rezept Zitronengras«, »Bohlen Penisbruch«, »Vogelgrippe Symptome«, »Ohoven Schlauchboot« und so weiter ... Google brachte einfach in allen Lebenssituationen schnell Klarheit.

Verständlich, dass die globale Webgemeinde Google schnell zu ihrer Nummer eins machte. In Deutschland adelte der Duden 2004 sogar das Wort *googeln*, indem er es in seine 23. Ausgabe und damit in den allgemeinen Wortschatz aufnahm. Und ausgerechnet Google selber protestierte. Weil nach Ansicht der Firma der Begriff auch dann gebraucht wurde, wenn andere Suchmaschinen im Spiel waren. So what?, fragte sich da Otto Normal-User staunend. Zumal hierzulande Googles Befürchtung sowieso nicht zutraf. Bei uns hatte das amerikanische Unternehmen bis 2008 bereits einen Marktanteil von 90 Prozent erobert. Yahoo folgte mit läppischen drei Prozent weit abgeschlagen auf Platz zwei.

Und also googelten wir munter weiter. Dumme Suchanfragen gab es nicht, peinliche auch nicht. Und wer googelte, der fand. Immer wieder amüsant waren auch die Korrekturvorschläge. Bei der Suche nach »Tageszeitungen Auflagenverluste« kam die nette Frage »Meinten Sie: Anlagenverluste?«.

Die hierzulande am häufigsten eingetippten Begriffe in den Nullern lasen sich zugegebenermaßen allerdings reichlich lahm: »Routenplaner«, »Telefonbuch«, »Wetter« und sogar das Wort »Test« landeten in den Jahresrankings stets weit oben, genau wie »Berlin« und »Hamburg« und neue Angebote im Web wie »Wikipedia«, »eBay« oder »YouTube«. Äußerst beliebt war zudem das Eintippen des eigenen Namens in die Suchmaschine. Ego-Googeln mutierte zum Volkssport. Nach einer Umfrage des Branchenverbands Bitkom im Jahr 2008 suchte bereits mehr als ein Drittel aller Deutschen im Web nach sich selbst. Manche davon wahrscheinlich nicht, ohne rot zu werden. Denn das Internet – und hier vor allem die Bilder-Suche – hatte ein noch besseres Gedächtnis als alle Tiere bei *Elefant, Tiger & Co.* zusammengenommen. Das wussten auch mehr und mehr Personalchefs. Und so klopften sie gern ihre Kandidaten vor dem persönlichen Kennenlernen per Suchmaschine ab. Man konnte ja nie wissen – aber Google schon! Eigentlich könnte man sagen: Wer beim Googeln nicht fündig wurde, dem konnte kaum noch geholfen werden. Höchstens mit einem Stoßgebet zum Heiligen Antonius.

Green

Buzzword aller Gutmenschen. Green – das stand in den Nullerjahren für alles, was uns ein grünes Gewissen bescheren sollte: für CO_2-Neutralität und Nachhaltigkeit, für Umweltschonung und Gesundheit, für nachwachsende Rohstoffe, fairen Handel und grundsätzlich für alles, was die Welt besser machen sollte, und zwar nicht nur für uns, sondern – ganz wichtig! – auch für unsere Kinder und Enkel.

Grün war beautiful – vor allem bei der extra neu entdeckten Zielgruppe der kaufkräftigen Lohas, die beim Shoppen nicht nur auf Qualität achteten, sondern gleichzeitig einen Lifestyle of Health and Sustainability pflegten. Das waren Leute, die sich beim Christmas-Shopping in New York nicht nur über ihre drei Paar neu gekauften Jimmy Choos Gedanken machten, sondern ebenso über ihren CO_2-Fußabdruck, den sie durch den unverantwortlichen Trip hinterließen.

Diese Denke machte Schule, und alle Branchen versuchten, die Lohas zu umgarnen: Green Food und Green Fashion machten die Runde, Green IT und Green Design, Green Automotive und Green Hotels. Ein Trend, der sicherlich auch die Zehnerjahre überstehen wird. Ein Evergreen eben.

Grüner Tee

Fernöstliches Wellnessgetränk für Frauen und Frauenversteher.
Dem Trunk mit so schönen Namen wie Kabusecha, Mao Feng
oder Chun Mee wurde eine wunderbare Heilkraft zugeschrieben.
Unglaublicherweise sollte er gegen allerlei Beschwerden helfen –
von Darmträgheit über Karies bis zu Alzheimer. Doch damit nicht
genug. Wer grünen Tee bestellte, bewies nämlich gleichermaßen
Gesundheitsbewusstsein und Zeitgeist. Schwarzer Tee dagegen
war ganz klar out. Den tranken höchstens noch Omas (mit Zitrone) oder Briten (mit Milch).

Mit einer Tasse grünem Tee dagegen ließen sich trendige
Zeitgenossen gern in Szenecafés sehen, unter ihnen besonders
viele Lohas. Geschmack und Gesundheit, so ihr Credo, ließen
sich durchaus verbinden. Wer brauchte da schon einen Latte
macchiato. Pah! Schnödes Koffein. Obwohl. Auch grüner Tee
enthielt Koffein – im Gegensatz zum damals ebenfalls beliebten
Rooibostee. Aber wer behauptete denn, dass Koffein nicht auch
zur inneren Balance beitragen konnte! Eben.

So verwunderte es denn auch nicht, dass grüner Tee es
selbst bei Starbucks, dem Kaffeetempel jener Jahre, auf die Ge-
tränkekarte geschafft hatte – unter dem vielsagenden Namen *Zen*
und mit den Zutaten Minze und Zitronengras. Der Durchbruch
als Kultgetränk war also geschafft.

Doch ach, so lange sollte der Trend nicht anhalten. Die
Konkurrenz wartete schon. Weißer Tee! Allein schon wegen der
Farbe war er den anderen Arten klar überlegen. Kein anderer Tee
konnte mit so viel Transparenz und Reinheit aufwarten. Trendsetter munkeln bereits, Weiß wäre das neue Grün. Doch das muss das
neue Jahrzehnt erst noch zeigen.

Gummistiefeldesign

Farbtupfer für trübe Tage. Was fristeten Gummistiefel doch früher für ein Aschenputteldasein! Ihr Image entsprach in etwa dem von eingeschlafenen Füßen, und beim Kauf fiel den meisten von uns die Auswahl nicht schwer. Jäger griffen zu Bundeswehrgrün, Nordseeurlauber zu Ostfriesengelb, andere zu einem von beidem. Das war's. Sobald wir ausgewachsen waren, reichte ein Paar fürs ganze Leben. Doch was hatten wir da verpasst – zumindest die Frauen unter uns! In den Nullern wurden die langweiligen Treter endlich zu Trendsettern. Gummistiefel galten von nun an als modisches Accessoire. Die neuen Designs zogen Shoppingqueens in die Schuhläden.

Der britische Gummistiefel-Hoflieferant Hunter machte aus seinen Regentretern trendige Must-haves, indem er die Farbpalette seiner Produkte auf die Skala eines Regenbogens erweiterte. Schlichte unifarbene Modelle von limonengrün bis lila und von hellblau bis orange machten die Auswahl plötzlich schwer. Auch andere Hersteller lebten ihre Kreativität aus – mit gestreiften, karierten, getigerten oder gepunkteten Modellen. Mit Herzchen, Blümchen, Sternchen, Totenköpfen, Äpfeln oder Zebrastreifen auf den Boots. Der Fantasie waren keine Grenzen gesetzt – und der Kauflaune auch nicht.

Mit der neuen Errungenschaft an den Füßen konnte den gestiefelten Ladys kein Wetter mehr etwas anhaben. Regen-, Hagel- oder Schneeschauer? Wunderbar! Auf schönes Wetter pfiffen sie. Und das sollte jeder sehen – und zwar nicht im Fichtelgebirge, sondern auf der Fifth Avenue. Denn dort gehörten die Trendtreter schließlich hin. Oder auch auf Kaufingerstraße, Kö oder den Ku'damm. Gummistiefel trug man schließlich nicht mehr zum Ostfriesennerz, sondern zur Röhrenjeans oder zum Minirock – je nach Wetter, Laune und Selbstbewusstsein.

Wer ehrlich war, musste zugeben, dass der Regen eigentlich nur als guter Vorwand diente, um das neu erstandene Modell endlich vorzuführen: beispielsweise auf einer Vernissage der neuen

Galerie oder in der Premiere eines Peymann-Stücks im Berliner Ensemble.

Und echte Fashionistas entdeckten zusätzliche Einsatzmöglichkeiten. Vor der Autowaschanlage brauchten sie beim Hantieren mit dem Hochdruckreiniger endlich keine Angst mehr vor Spritzwasserflecken zu haben. Und auf dem Spielplatz hatten Mütter, Patentanten und Omas ab sofort keine Ausrede mehr, wenn es darum ging, mit in die Sandkiste zu steigen und Kuchen zu backen.

Allein zur Jagd schienen die farbenfrohen Modelle nicht ganz so gut geeignet. Andererseits. Einen Versuch wäre es wert gewesen. Beim Anblick einer Jägerin mit pinkfarbenen Hunter-Boots hätte sich das ein oder andere Reh vielleicht totgelacht.

Halloween

Importiertes Grauen aus den USA. Das Fest zum Fürchten legte hierzulande eine astreine Karriere hin. Landauf, landab wurden Kürbisse geschnitzt und organisierte Gruselpartys gefeiert. Die Kinder, verkleidet als Vampire, Feen, Fledermäuse oder Gespenster, feierten im Oktober eine weitere Karnevalssaison und sammelten unter lauten »Süßes oder Saures«-Rufen ihre Herbstkamelle in der Nachbarschaft ein. Die ganz Kleinen freuten sich über Kindergartenpartys mit selbst hergestellter Ekelbowle und Würmerpudding. Der Handel freute sich über eine zusätzliche Ankurbelung des Umsatzes kurz vor dem Weihnachtsgeschäft. Und der Rest der Bevölkerung freute sich über einen willkommenen Anlass, ein paar Freunde zur Kürbissuppe einzuladen.

Doch oh weh. Es wurden auch andere Stimmen laut. Gläubige Christen und überzeugte Anti-Amerikaner etwa lehrte Halloween tatsächlich das Fürchten. Unisono wetterten sie über die heidnische Tradition und reflexartig über die schnöde Kommerzialisierung. Und sie sorgten sich um die Verdrängung von Reformationstag oder Allerheiligen. Sankt-Martin-Fans gruselte es zudem bei dem Gedanken, das hiesige Brauchtum könnte überrollt werden.

Doch den Rest der Bevölkerung scherte das wenig. Gegen Ende des Jahrzehnts ebbte die anfängliche Euphorie für Halloween sowieso langsam etwas ab. Und wahrscheinlich hatten wir in den letzten Jahren gelernt, dass sich die Globalisierung eh nicht aufhalten ließ. Das war überall zu spüren. Etwa als die amerikanischen Super-Bowl-Ergebnisse in den deutschen Nachrichten verkündet und erste Thanksgiving-Dinner auch zwischen Hamburg und München veranstaltet wurden. Trotzdem brauchen die Globalisierungsskeptiker den Verlust der nationalen Identität wohl nicht zu fürchten. Zumindest so lange nicht, bis wir den Tag der Deutschen Einheit nicht am 4. Juli feiern. Und das ist – trotz des Obama-Hypes Ende der Nuller – nicht ernsthaft geplant.

Handy-Headsets

Knopf im Ohr für Autofahrer und Angeber. Zugegeben: Anfangs war der Anblick von telefonierenden Zeitgenossen ohne Handy etwas gewöhnungsbedürftig. Und nicht selten zweifelten wir die Zurechnungsfähigkeit von Menschen an, die tief in sich versunken laute Selbstgespräche zu führen schienen. Meist bemerkte man ja erst später die baumelnde Schnur, die Ohr und Sakkotasche verband.

Ganz sicher aber war von Anfang an eins: Headsets wirkten auf die Besitzer wie enorme Egobooster. Die ersten Nutzer kamen sich alle mindestens so wichtig vor wie die Bodyguards von Madonna. Ersatzweise auch wie die von Gerhard Schröder. Wer einen kleinen Lautsprecher im Ohr versteckte und wichtige Botschaften in ein Mobilmikrofon sprach, war sich seiner eigenen Wichtigkeit eben bewusst. Das dürfte so manches Selbstbehauptungs-Coaching erspart haben – und vielleicht auch die ein oder andere Viagra-Pille.

Doch der anfängliche Exklusivitätscharakter ging schnell

verloren. Als nicht mehr nur McKinsey-Berater und Manager verkabelt durch die Flughafengänge eilten, sondern jeder Zehntklässler mindestens ebenso lässig durch die Fußgängerzonen schlenderte, war klar: Der Trend ist angekommen.

Eine Enttäuschung ganz anderer Art erlebten die Headsetter, als sie bemerkten, dass sie die Hände beim Freitelefonieren nicht wirklich frei hatten. Denn um eine optimale Verständigung mit dem Gesprächspartner zu sichern, mussten sie das vor dem Hemdkragen baumelnde Mikrofon meist noch mit einer Hand feinjustieren. Und auch ein anderer Nachteil wurde schnell offensichtlich. Wer sein teures Handy in der Tasche versteckte, konnte damit gar keinen Eindruck schinden. Also kramte man das Teil freiwillig wieder heraus – und hatte flugs beide Hände voll.

Wer in sein wollte, musste eben leiden. Oder aber er griff zu einer anderen Strategie – zu der des Fakens. Dazu musste er sich einfach ein weißes Freisprechset zulegen und fortan den Knopf nicht mehr aus dem Ohr nehmen. So dachte jeder Passant, dass er gerade iPod hörte. Und damit war man in den Nullerjahren definitiv sakrosankt.

Handyschmuck

Ohrringe fürs Mobiltelefon. Das Konzept war einfach: Frauen telefonieren gern. Und diamonds are a girl's best friend. Logisch also, dass glitzernde Anhänger fürs Handy ein Kassenschlager werden mussten. So baumelten fortan Puschel, Kristalle, Kreuze, Perlen, Glücksbringer und Heilsteine an den Unterwegstelefonen. Schulmädchen kauften die Accessoires gern bei Six, große Mädchen gern auch bei Louis Vuitton oder Swarowski. Allein der Moshi-Trend aus Japan mit den beim Anruf blinkenden Anhängern konnte sich hierzulande nicht so recht durchsetzen.

Ansonsten aber ließen wir kaum etwas unversucht, um unseren liebsten Begleiter ins rechte Licht zu rücken. Wir betteten ihn in ein niedliches Handytäschchen oder trugen ihn statt einer XXL-Kette an einem Neckstrap um den Hals. Peinlich, meint ihr Männer? Nun ja. Aber bestimmt nicht peinlicher, als das edle Teil stolz am Handygürtel zu tragen oder es in eine Handysocke des Lieblingsfußballclubs zu stecken. Aber schließlich muss wohl jedes Jahrzehnt seine Peinlichkeiten hervorbringen. In den Siebzigern mochten das die Häkeltoilettenrollenhalter gewesen sein. Und man kann kaum beurteilen, ob die Handysocken der Nuller da eine Steigerung darstellten oder doch eher nicht.

Hape

Publikumsliebling der Nation. Schon damals mit deinen Hurz- und Königin-Beatrix-Parodien hatten wir dich ja ins Herz geschlossen, Hape. Aber einen ganz festen Platz dort hast du dir erst in den Nullerjahren erobert. Damals, als du dein breit gefächertes Talent entfaltet hast! Als du uns gezeigt hast, dass du viel mehr als reinen Klamauk und ein tolles Bühnenprogramm abliefern konntest, sondern auch großartige Moderationen (*Die 70er Show*, *Let's Dance*), vergnügliche Interviews (*Hape trifft!*), lustige Filme (*Samba in Mettmann, Ein Mann, ein Fjord!*) und natürlich das perfekte Rollenspiel. Als finnischer Rap-Sänger und litauischer Fußballtrainer, als unverschämter Taxifahrer Günther Warnke, als niederländische Paartherapeutin Evje van Dampen, als kleinstädtische Schlagerdiva Uschi Blum und natürlich in deiner Paraderolle als rasender Reporter Horst Schlämmer. Vor allem aber liebten wir dich, weil du – wie wir – ein Suchender warst. Einer, der es schaffte, uns nicht nur zum Lachen, sondern auch ins Grübeln zu bringen. Mit dem Bestseller *Ich bin dann mal weg* über deine Pilgerreise auf dem Jakobsweg hast du uns zutiefst bewegt – viele von uns sogar so sehr, dass sie sich ebenfalls auf den Weg zu Gott und zu sich selbst gemacht haben.

Für diese deine Verdienste hast du in den 2000ern zu Recht alles an Auszeichnungen abgeräumt, was es gab: unter anderem mehrmals den Deutschen Fernsehpreis und den Deutschen Comedypreis, zahlreiche Goldene Schallplatten, den Adolf-Grimme-Preis, den Bambi und die Goldene Kamera.

Hape, du warst einfach absolut Kult! Und konntest dir bei uns alles erlauben. Du konntest in peinlichster *Charleys-Tante-*Manier als Uschi Blum bei *Wetten, dass …?* auftreten und unter tosendem Applaus den Schlager *Sklavin der Liebe* singen. Du konntest dich offen zu deiner Homosexualität und zu deinem Lebensgefährten bekennen, ohne dass du Sympathiepunkte im deutschen Kleinbürgertum eingebüßt hättest. Und – noch viel unglaublicher in den 2000ern: Du hast es in der Rolle von Horst Schlämmer als einziger Kandidat ever geschafft, beim Prominenten-Special von *Wer wird Millionär?* den Stuhl mit Günther Jauch zu tauschen. Hape, wir lieben dich! Und zwar selbst im Kostüm mit Überbiss, Schnappatmung und Alkoholproblem.

Harry Potter

Fantasy-Vergnügen für Muggels in der ganzen Welt. Der Hogwarts-Express brachte uns direkt von Bahnsteig 9 3/4 in King's Cross nach Hogsmeade, wo wir gemeinsam mit Harry Potter die unglaublichsten Abenteuer erlebten. Wir tauchten ein in eine faszinierende Zauberwelt mit Kobolden, Hauselfen und Dementoren, mit Sprechendem Hut, Fahrendem Ritter, Eulenpost und Flohnetzwerk und sogar mit einem Zaubereiministerium! Wir drückten unserem Helden die Daumen bei den Quidditch-Spielen auf fliegenden Besen, verteidigten mit ihm den *Stein der Weisen*, zitterten mit ihm in der *Kammer des Schreckens* und standen ihm bei allen Kämpfen gegen den dunklen Lord Voldemort bei. In uns hätte Harry Potter einen mindestens so treuen Freund gehabt wie in Ron und Hermine.

Der Junge mit der Nickelbrille und der blitzförmigen Narbe auf der Stirn verzauberte alle: Leser, Kinozuschauer und Karnevalskostümverleiher, Buchhändler, Bestsellerlisten und Bankberater – zumindest die seiner Schöpferin Joanne K. Rowling. Denn die wurde mit mehr als 400 Millionen verkauften Exemplaren weltweit sogar reicher als die Queen. Und um so etwas Unglaubliches zu erreichen, brauchte man wohl wirklich die vereinten magischen Kräfte von Zauberstäben, Spickoskop und natürlich vom Spiegel Nerhegeb.

Heidi Klum

Dauerlächelnde Marketingmaschine aus Bergisch Gladbach. Heidi ließ es in den Nullern so richtig rocken. Gefühlt lächelte sie uns mindestens von jedem zweiten Werbeplakat und von jedem zweiten Illustriertencover an (abwechselnd mit Kate Moss). Sie modelte für die Victoria's Secret Show, entwarf Parfums, Schmuck und Schuhe. Sie lächelte für Douglas, Birkenstock, VW und McDonald's. Und in der Katjes-Werbung zeigte sie beim Zehennägellackieren mit Fruchtgummis als Zehentrenner, wie Models trotz Süßigkeiten ihren Body-Mass-Index hielten. Ihr Lächeln verkaufte eben alles. Und das liebten wir – ganz besonders wohl Ric Pipino, ihr erster Ehemann, und natürlich Seal, ihr zweiter. Neben ihrer Model-, Moderatorinnen- und Marketingkarriere bekam sie nebenbei vier Kinder, und wir waren uns ziemlich sicher, dass sie auch im Kreißsaal während der Geburt gelächelt haben dürfte.

Ganz besonders hingen wir an ihren Lippen und Hüften, als sie auf ProSieben zusammen mit Peyman und Bruce (oder Rolf) *Germany's Next Topmodel* suchte. Ihre Urteile zwischen Livewalks, Go-sees und Challenges waren schnell Legende, vor allem sprachlich. »Heute machen wir *einer* der schönsten Fotoshootings, die wir je gemacht haben«, verkündete sie strahlend. Ein andermal zeigte sie sich erstaunt »dadrüber, wie schwierig es heute für die Mädchen war, auf *diese drehende* Scheibe zu posieren«. Und der Klum'sche Komparativ war tausendmal besser »*als wie*« Bastian Sicks Dativ, der ja bekanntlich dem Genetiv sein Tod war.

Egal. Wer so toll laufen konnte, der musste nicht auch noch toll sprechen. Und außerdem hatte Heidi schließlich Seal schon mal zum Karneval mit nach Deutschland gebracht! Drei Sätze konnte die Modelmami zudem garantiert fehlerfrei am Stück aufsagen: »Nur eine von euch kann Germany's Next Topmodel werden. Nur eine kann Werbeverträge von C&A und Maybelline Jade im Gesamtwert von 200.000 Euro gewinnen. Und nur eine kann es auf den Titel der deutschen *Cosmopolitan* schaffen.« Und bei diesen Sätzen, da war Heidi mal wirklich ganz bitterböseernst. Ansonsten dauerlächelte sie weiter. Und das war gut so. Denn schließlich brauchte Deutschland solch eine Botschafterin in der Welt ganz dringend. Okay, an Claudia Schiffer wird Heidi wohl nie heranreichen. Aber als willkommener Kontrapunkt zu Angela Merkel machte sie einen super Job.

Hello Kitty

Glamourmieze mit Spaltungspotenzial. Das süße Kätzchen mit den süßen Augen, der süßen Stupsnase und der süßen Schleife im Haar war überall, wo sich Japanerinnen aufhielten – oder kleine Mädchen im Alter zwischen fünf und 39 Jahren, die knapp aus dem Lillifee-Alter herausgewachsen waren. Gäste von Mädchen-Geburtstagen hatten damals keinerlei Probleme, ein passendes Geschenk für die Gastgeberin zu finden. Denn Hello Kitty war einfach überall: auf Shampoos, Schlüsselbändern und Schneekugeln, Spardosen, Schmuckkästen und Stiftdosen, Strandlaken, Schlössern und Schreibblocks, Shirts, Schals und Scheren, Schirmen, Stempeln und Schürzen. Und auf rund 22.000 weiteren Produkten.

Man konnte noch nicht einmal sicher sein, dass einen nach einem Nervenzusammenbruch das Glitzerkätzchen nicht auch auf der Couch der Psychiaterin anstarrte. Und das musste dann – traurigerweise – nicht mal eine Halluzination gewesen sein.

Hörbücher

Schmökern auf dem iPod. Die Audiobooks waren eine wirklich clevere Antwort der Verlage auf unsere Unterwegsgesellschaft – und natürlich auch auf die Pisa-Ergebnisse in Sachen Lesekompetenz.

Also griffen wir alle irgendwann zu den Buch-CDs oder luden uns die schönsten Bücher aus dem Internet runter – bevorzugt übrigens die, die wir nie gelesen hätten: Ratgeberbücher etwa wie *Schlank im Schlaf*. Oder auch Dieter Bohlens Autobiografie. Einfach einlegen, einschalten, fertig. Das war praktisch. Und man brauchte dafür noch nicht einmal ein ruhiges Plätzchen oder saubere Hände. Und so wurden Christian Brückner, Rufus Beck und Hannelore Hoger unsere ständigen Begleiter weit ab vom Lesesessel (der – wenn wir ehrlich waren – eh schon als Vintage durchging).

Passende Hörbücher gab es eigentlich für jede Gelegenheit. Yogis hörten auf der Fahrt zur nächsten Unterrichtsstunde Richard David Prechts *Wer bin ich – und wenn ja, wie viele?* Im Taxi Mama lief auf der Strecke zwischen Musikschule, Schwimmbad und Logopädin *Wenn du es eilig hast, gehe langsam* von Lothar J. Seiwert. Und jede Diät wurde erfolgreicher, wenn man beim Kochen einfach die CD *Feuchtgebiete* von Charlotte Roche einlegte.

Hotspots

Office to go. Die kabellosen Zugangspunkte ins Internet sorgten für ein wirklich mobiles Arbeiten – mit Anschluss zu den Kollegen im Büro und zum World Wide Web. Ab sofort waren wir weder an unseren Schreibtisch in der Firma noch an den in unserem Homeoffice gefesselt. Stattdessen saßen wir ganz lässig mit dem Notebook im Coffeeshop-Office unserer Wahl. Und da erledigten wir beim Macchiato unsere Mails, buchten beim Espresso die nächste Geschäftsreise oder bestellten beim Cappuccino über Amazon den neuesten Managementratgeber.

Unser Büro war plötzlich fast überall. Bei Starbucks und McDonald's, auf Flughäfen und Bahnhöfen, in Krankenhäusern und Biergärten. Und sogar im ICE. Und dies war mal ein echter Fortschritt der Deutschen Bahn. Denn so ermöglichte sie ihren Geschäftsreisenden eine moderne Form der nonverbalen Kommunikation und bewahrte deren Mitreisende vor lautem Geplapper am Handy. Denn die waren ja nicht wirklich scharf darauf, mitzukriegen, wie Herr Senfter vor dem Rollout wegen der aktuellen Sales asap Frau Stabutzke kontakten soll, weil die dazu ein Excel-Sheet angelegt hat, in dem genau stand, wie alle Stores am PoS performt hatten.

Doch leider hatte die schnelle Verbreitung der Hotspots auch Nachteile. Denn das wachsende Netz der Einwahlpunkte ließ die Ausrede nicht mehr gelten, dass man es leider nicht mehr ins Office geschafft hätte. Aber wozu auch? Das Büro brauchten wir doch sowieso nur noch, um in der Teeküche mit der netten Kollegin aus dem Marketing ein Expertengespräch über die neueste Folge von *DSDS* zu führen. Na ja, oder um uns in der Kantine vom Ciabatta-Panini-Muffin-Bagel-Mampf der Coffeeshops zu erholen.

Fest stand: Mit den Hotspots verschwammen Arbeit und Freizeit immer mehr. Aber wir Vertrauensarbeitszeitnehmer sahen das natürlich auch als Challenge. Um unsere Work-Life-Balance aufrechtzuerhalten, lernten wir effektives Multitasking vom Feinsten: In die Webkonferenz wählten wir uns einfach vom Waschsalon aus ein. Und so konnten wir nach 90 Minuten einen Doppelerfolg verbuchen. Nicht nur das Projekt war fertig, sondern auch noch die Wäsche. Sauber, oder?

Hot-Stone-Massagen

Wellness meets Esoterik. Hach, was war das für ein wohliges Gefühl, wenn die warmen Basaltsteine mit aromatischen Ölen sanft über unseren Körper glitten. Wie von Zauberhand schienen sie allen Druck von uns zu nehmen! Wir spürten, wie sich unsere

Energiezentren harmonisierten und wie wir nicht nur körperlich, sondern auch seelisch und geistig neue Kräfte sammelten.

Die Schamanen der Indianer wussten schon, warum sie Steinen solche unglaublichen Selbstheilungskräfte zuschrieben! Das schien auch bei unseren verspannten europäischen Körpern zu wirken, die im Day Spa – umhüllt von weißen Laken und Enya-Klängen – von allen Verspannungen befreit wurden. Und von diesen Verspannungen hatten sich – weiß Gott – genug in unserem stressigen Alltag angesammelt. Bei manch einem mochten sie vom Nordic Walking gekommen sein oder vom Pilates, bei anderen vom stundenlangen Schleppen des Notebooks in der Umhängetasche, bei wieder anderen vielleicht vom Dauerzocken mit der Xbox.

Doch die Warmsteinmassage löste all unsere Schmerzpunkte auf wunderbare Weise auf, kurbelte unsere Durchblutung an und ließ die Energie gleichsam grenzenlos durch unseren Körper fließen. Okay. Dazu hätten wir vielleicht auch einfach eine Runde spazieren gehen können. Oder eine Folge Rosamunde Pilcher gucken. Aber diese Heilmethoden standen bei den indianischen Schamanen definitiv nicht zur Debatte.

Hüfthosen

Tiefergelegte Beinkleider für große und kleine Jungs und Mädchen. Für Dicke und Dünne auch. Und für Durchtrainierte und Schwabbelige. Und für Junge und Junggebliebene. Und überhaupt für alle eigentlich. Anfangs mochte man noch das Gefühl gehabt haben, zur falschen Größe gegriffen zu haben. Und so mancher Hypochonder befürchtete, sich sogleich eine Nierenbeckenentzündung zuzuziehen. Doch mit den Jahren gewöhnte man sich an den neuen Sitz und die neue Silhouette. Und mehr noch. Wenn wir Filme vergangener Jahrzehnte auf DVD guckten, schienen uns Hosen, die perfekt in der Taille saßen, völlig altmodisch zu sein. Wie konnte man nur …?!

Die Hüfthose hatte den Durchbruch endgültig geschafft. Jeans, Anzughose und sogar Röcke wurden ab sofort ganz weit unten getragen.

Auch ihr Anblick von hinten zog allerlei Blicke auf sich. Denn die tiefe Taille legte über dem Steißbein so manches Arschgeweih-Tattoo oder so manchen String frei. Im günstigsten Fall kamen damit alle auf ihre Kosten. Die Trägerinnen steigerten ihr Selbstbewusstsein. Die Männer hatten was zu gucken. Und die Geschmackspolizei genug zu lästern.

Im Laufe der 2000er rutschte die Taille peu à peu immer weiter nach unten. Es stand zu befürchten, dass irgendwann die Ergebnisse des Brazilian Waxing der Öffentlichkeit vorgeführt wurden – oder sogar die Erfolge der Beckenbodengymnastik aus dem Yogakurs.

Glücklicherweise kam es so weit dann doch nicht. Der High-Waist-Jeans sei Dank. Und den Tuniken natürlich.

Immunabwehrtropfen

Neue Konkurrenz für Aspirin, Nasivin & Co. Bei Erkältungen vertrauten viele Nuller nicht länger den Forschungslabors der Pharmariesen, sondern lieber den Schamanen Afrikas oder den Naturheilverfahren der Mönche. Schließlich wollten sie ihren Körper nicht länger mit Chemie belasten. Biologische Arzneien waren daher absolut in! Schließlich setzte man als biologisch verantwortlicher Elternteil ja auch schon bei diversen Schürfwunden der Kinder auf die heilsame Wirkung der Globuli-Kügelchen. Klar, dass alle biologisch verantwortlichen Zeitgenossen auch bei eigenen Wehwehchen wie Husten, Schnupfen und Heiserkeit lieber auf Homöopathisches zurückgriffen. Kapuzinerkresse, Sonnenhüte und Senföle würden es schon richten, da war man sich sicher. Das klang doch auch lang nicht so beängstigend (und belastend!) wie Dextromethorphanhydrobromid, Acetylsalicylsäure oder Ephedrinhemisulfat. Eben. Das weitverbreitete Mantra lautete: »Rein pflanzlich!« Dass auch Fliegenpilze und Maiglöckchen rein pflanzlich waren, kam niemandem in den Sinn. Zumal man zu Risiken und Nebenwirkungen eh lieber den Medizinmann als den Apotheker fragte ...

Falls sich also trotz regelmäßigen Konsums probiotischer Joghurts ein Kratzen im Hals einstellte, hieß es, schnell zu handeln. Umgehend mussten Esberitox, Echinacea, Meditonsin oder Umckaloabo her, um die Erkältung bereits in ihren Anfängen zu stoppen.

Nun ja, stoppen ließ sie sich dann meist doch nicht. Aber sie war garantiert nicht so schlimm wie bei der Behandlung mit schnöder Schulmedizin. Da war man sich sicher. Und aus langjähriger Homöopathieerfahrung, wie sie sich nur Laien in Windeseile so profund aneignen konnten, wusste man ja auch, dass eine Erstverschlimmerung immer ein gutes Zeichen dafür war, dass die Medizin wirkte.

Und gegen diese Argumentation kam fraglos kein Schulmediziner an.

Intimrasur

Unten-ohne-Look nicht nur für Brasilianerinnen. Der Trend zur Intimzonenglatze verbreitete sich über *Sex and the City*, Fitnessstudio-Umkleiden und Saunas. Und natürlich über Charlotte Roches Bestseller *Feuchtgebiete,* in dem sich die gar nicht so geschickte Protagonistin Helen nach einer missglückten Totalrasur im Krankenhaus wiederfand. Besonders viele Anhänger hatten die nackten Tatsachen in der Generation Praktikum. 40-Pluserinnen waren klar in der Minderheit. Dafür entschieden sich auch mutige Männer der Metrosexuellenfraktion für ein Ende der haarigen Angelegenheit. Im Endeffekt war die Frage, ob weniger mehr war, wohl Geschmackssache (im Bett auch im wahrsten Sinne des Wortes).

Handwerklich brauchte man für den Hollywood Cut ein

klein wenig Geschick (Do it yourself mit Gillette, Veet & Co.) oder alternativ eine hohe Schmerztoleranzgrenze beim professionellen und megaangesagten Brazilian Waxing mit Warmwachs, Holzspachtel und der richtigen Atemtechnik (»Jetzt bitte tief einatmen!«). Frauen, die vorher mal einen Hechelkurs zur Geburtsvorbereitung belegt hatten, waren eindeutig im Vorteil. Aber wer richtig nackt sein wollte, musste eben leiden. Zumal der Besuch im Waxing-Studio ja auch nette Spielarten des Unten-ohne ermöglichte. Warum nicht mal einen Landing Strip ausprobieren? Oder ein Freestyle-Muster? So ein Haartattoo hatte einen riesigen Vorteil: Es sah genauso geil aus. Aber wenn man es überhatte, dann wuchs es ganz von allein wieder raus und machte Platz für Neues. Ein bisschen Abwechslung in dem Bereich hatte ja noch nie geschadet.

iPod

Walkman reloaded. Das Lieblings-Gadget der Nuller wurde zum Erkennungszeichen unserer Generation – wie einst der Zauberwürfel in den Achtzigern oder die Tamagotchis in den Neunzigern. iPod, das war Nuller-Zeitgeist to go! Und alle wollten dabei sein. So wurde der tragbare Hit-Abspieler zum absoluten Verkaufshit. Schon im Frühjahr 2007 verkaufte Apple das 100-millionenste Exemplar. Bis Ende des Jahrzehnts kamen mehr als 60 Millionen weitere dazu.

Die weißen Ohrhörer des tragbaren Mediaplayers bestimmten ab sofort unser Stadtbild in den Citys dieser Welt – von der Fifth Avenue über die Wangfujing bis zur Leopoldstraße. Wenn man in der U-Bahn locker an seinem ClickWheel oder an der Kabelfernbedienung herumspielte oder wenn man mit der Shake-to-Shuffle-Funktion den iPod touch einfach schüttelte, um den Zufallsgenerator auszulösen: So cool waren wir noch nie. An dieses Gefühl kam höchstens noch das Marlboro-Feeling vergangener Zeiten heran, als man vor dem Anzünden der Zigarette lässig die Streichholzschachtel schüttelte. (Damals im letzten Jahrtausend, als man noch öffentlich rauchen durfte.)

In den 2000ern konnten alle mit dem Kultplayer ihren Sinn für Stil unter Beweis stellen – übrigens selbst dann, wenn sie gerade Eminem oder Yvonne Catterfeld hörten – oder Charlotte Roches Hörbuch *Feuchtgebiete*. Mit unserem kleinen Outdoor-Begleiter schindeten wir automatisch Eindruck. Bis zu 36 Stunden konnten wir angeblich damit nonstop Musik von der Playlist hören – oder alternativ sechs Stunden Video gucken. Ausprobiert hatten wir das noch nicht. Meist reichte ja die halbe Stunde bis zur Arbeit und zurück aus. Na ja, oder die paar Stunden beim Shoppen. Oder die auf dem Weg in die Lounge, in den Coffeeshop, zum Public Viewing …

Apple bot jedem Musikfan das passende Modell: Puristen reichte möglicherweise der Shuffle mit 1 GB Speicher. Frauen konnten den Nano passend zum jeweiligen Outfit wählen – in einer der Regenbogenfarben aus der PACE-Flagge. Und mit dem Modell Touch konnten sich Techies auch Musikvideos und Kurzfilme anschauen. Jogger freuten sich, dass sie mit den neuen Leichtgewichten weniger als 100 Gramm mit sich rumtragen mussten – und nicht mehr einen dicken Discman. Ganz besonders froh werden Nordic Walker über diese Innovation gewesen sein. Schließlich hatten sie ja gar keine Hand frei. Für Groupies von U2 oder Xavier Naidoo gab es Sondereditionen, ebenso wie für Harry-Potter-Fans und Johann-Sebastian-Bach-Liebhaber. Und mit dem iPod *Product Red* ist Apple ein besonders genialer Marketing-Schachzug gelungen. Die Käufer konnten mit dem knallroten Teil nicht nur High-End-Songs hören, sondern gleichzeitig auch noch High-End-Gutes tun. Bei dem Charity-iPod flossen nämlich zehn Dollar des Kaufpreises an die Aidsstiftung. Ultimativ Nuller! Denn Charity war mega-in. Und zusätzlich gab der knallrote Player auch optisch tausendmal mehr her als die abgegriffenen Aids-Schleifen.

Jackie-O.-Sonnenbrillen

Verdunklungsgefahr mit Stil. Die schwarzen Gestelle mit den untertellergroßen Gläsern erlebten Mitte des Jahrzehnts ein Riesen-Comeback. Und sie waren der Beweis dafür, dass Brillen nicht unbedingt schmal und eckig sein mussten, um damit Punkte auf dem Trendometer zu sammeln. Landauf, landab griffen Frauen zu den XXL-Modellen. Die passten einfach perfekt zu den revivalten Kostümen im Sixties-Style, aber auch genauso gut zu Hängerchen und Leggings. Die ehemalige First Lady Jackie Kennedy-Onassis diente dabei als Stilikone – zumal ja Laura Bush auch keine wirkliche Konkurrenz darstellte.

Doch die Riesenbrillen konnten noch mehr, als nur aus gewöhnlichen *Glamour*-Leserinnen sexy Ladys in Black zu machen. Die Teile waren nämlich nicht nur schick, sondern auch enorm praktisch. Für Promis als Paparazzischutz, klar. Aber auch für deutsche Durchschnittsdiven. Schließlich sparte man sich so die Sonnencreme fürs Gesicht. Und nach einer durchzechten Nacht brauchte man sich über geschwollene Augen keine Gedanken zu machen. So scheint es ratsam, die Brillen noch weiter aufzubewahren, auch wenn ihr Trendpotenzial längst ausgereizt ist. Auf künftigen Karnevalsfeten geben sie eine perfekte Verkleidung ab – als Puck, die Stubenfliege, aus *Biene Maja*.

Jakobsweg

Pilgerpfad mit Popstatus. Was kein Papst je geschafft hatte, gelang Hape Kerkeling. Die Deutschen begeisterten sich plötzlich fürs Pilgern – zunächst einmal bequem vom Sofa aus. Bei Erscheinen 2006 verschlang Deutschland nahezu kollektiv Kerkelings Buch *Ich bin dann mal weg*. Der Reisebericht von seiner Wanderung über den Camino Francés verkaufte sich in dem Jahr so gut wie kein anderes Buch hierzulande. Insgesamt gingen mehr als drei Millionen Exemplare über die Ladentheken.

Das Buch rührte die Nation. Weil es unsere spirituelle Sehnsucht weckte. Weil es anrührend einfach geschrieben war und zugleich ganz große Wahrheiten berührte. Und natürlich weil es von einem Entertainer stammte, der sich schon zuvor in unser Herz gespielt, gesungen und klamaukt hatte. Stellvertretend für uns alle machte sich Hape auf den Weg von Saint-Jean-Pied-de-Port bis Santiago de Compostela – und auf die Suche nach Gott, Glaube, Religion und sich selbst.

Er fand viele Antworten und gute Freunde. Wer von uns wäre nicht auch gern mit Anne aus England und Sheelagh aus Neuseeland unterwegs gewesen? Oder wer hätte nicht auch gern gelästert über Schnabbel oder über die Österreicherin, die stets auf der Suche nach einem G'schäfterl war? Manche Leser waren angesteckt. Sie beließen es nicht beim Lesen. Sie gingen zu Jack Wolfskin, packten ihren Rucksack und begaben sich auf Hapes Spuren.

Der Kerkelingeffekt setzte ein. Plötzlich wimmelte es auf dem Camino nur so von Deutschen. Statt 8.100 (2006) waren es ein Jahr später schon 14.000. Hape ließ auch unsere Nachbarn an seinem Pilgerweg teilhaben. Im Frühjahr 2007 erschien *Ik ben er even niet* in Holland. Und es dauerte nicht lange, bis andere auf den Pilgertrend aufsprangen. Zuerst rief ProSieben *Das große Promi-Pilgern* mit den üblichen Verdächtigen aus (Oli Petszokat, Katy Karrenbauer & Konsorten), dann zog das Kino nach mit *Saint Jacques … Pilgern auf Französisch* und *88 – Pilgern auf Japanisch*. Im Herbst 2007 legte Harald Schmidt sein neuestes Buch vor. Titel: *Sex ist dem Jakobsweg sein Genitiv*. Und im April 2009 ging die erste deutsche Fachmesse für Pilgerreisen an den Start: *Pilgus – a pilgrim's first step*. Erkenntnis des Jahrzehnts: Der Jakobsweg war das Mekka der Deutschen geworden.

Joggerkinderwagen

Trendaccessoire für Eltern auf der Überholspur. Der Buggy mit drei Rädern, hinten zwei, vorne eins, eroberte die Trendbezirke der Großstädte und galt zudem als einzig denkbare Alternative zu den stylischen Bugaboo-Wägelchen. Sportlich, wendig, gut. Das fanden zumindest die Mütter und Väter, die ihren Nachwuchs im Offroad-Flitzer durch den Stadtpark pushten. Mama (oder Papa) joggte. Das Kind bekam seinen ersten Geschwindigkeitsrausch. Derweil bewiesen moderne Eltern sich und der restlichen Welt, dass man tatsächlich alles haben konnte: Kind, Körper und Coolness.

Meist gehörte auch noch Kapital dazu. Denn für so ein Dreirad mit patentierter Schnellfalttechnologie, Sonnenverdeck und Fünf-Punkt-Sicherheitsgurt konnte man schon mal 500 Euro auf den Tisch blättern. Aber das war es wert. Zumal die Wagen ein wunderbares Vehikel für elterliche Selbstverwirklichung waren. Keine Mutter, kein Vater musste wegen Kinderdienst mehr zu Hause versauern und vor dem Fernseher und neben der Chipstüte dick und doof werden.

Die mobilen Flitzer machten den Babysitter unnötig und sorgten außerdem für Abwechselung und Sauerstoffzufuhr – bei Eltern und Kind. Bewegung und frische Luft waren doch schließlich der Schlüssel für die Entwicklung. Da machte es auch nichts, wenn das Kind im Lauftempo Bäume, Wiesen und Blumen nur als verschwommene Grünstreifen wahrnahm. Dafür wurden seine Körperfunktionen beim Passivjoggen einem Härtetest unterzogen. Denn beim regelmäßigen Anstupsen des Buggys alle paar Meter konnte der Sprössling zugleich seinen Gleichgewichtssinn und seine Magenresistenz unter Beweis stellen. Das schiebende Elternteil wiederum konnte seine Geschicklichkeit üben. Denn beim Schieben auf holprigen Pfaden hieß es Obacht geben. Elchtest-Gefahr! Nicht dass die schnittige dreirädrige Konstruktion umkippte, nur weil da ein Stock den Weg blockierte! Fazit: Babys, die eine Kindheit im *Hartan Skater*, *Quinny Jogger Freestyle* oder *TFK Joggster III* überstanden, brauchten keine Achterbahnfahrt der Welt mehr zu fürchten. Aber wie viele Schumis in diesen Rennwagen heranwuchsen, muss die Zukunft erst noch zeigen.

Jumbotoilettenpapierrollen

Neuer Komfort in Kneipen & Co. Wer abends mal ganz gern auf die Rolle ging, hatte noch im letzten Jahrzehnt eigentlich stets dasselbe Problem: akute Papierknappheit. Das war auf den Toiletten genauso wie davor – am Ständer mit den bunten Werbepostkarten. Die Fächer mit den richtig guten Motiven waren immer leer. Für Papier schien zu gelten: Ob bedruckt oder gerollt, was begehrt war, war immer weg. Einige Gäste waren da ganz schön von der Rolle.

Erlöst wurden sie erst im ersten Millenniumsjahrzehnt. Mit einer Idee, die zugleich einfach und genial war. Statt Hunderter Minirollen hing in den Kabinen einfach eine einzige große Rolle, so groß wie ein Autoreifen. Und so waren alle Probleme auf einen Schlag gelöst.

Die Hersteller der Werbepostkarten hätten sich ein Beispiel am Erfindergeist der Hygieneartikelindustrie nehmen sollen. Warum nicht auch Free Cards auf Endlosrollen anbieten? Aber für diese Innovation braucht man wahrscheinlich noch ein, zwei Jahrzehnte.

Junggesellinnenabschiede

Frei laufende Hühner in der City. Früher kannten wir die Hen Nights ja nur als britische Tradition aus den einschlägigen Romantic Hochzeit-Comedys. Logisch, dass sich da auch immer mehr Girlies aus Göttingen oder Gera so einen netten Gackerabend mit ihren Freundinnen wünschten. Da sollte noch mal jemand behaupten, die Globalisierung hätte nichts Gutes hervorgebracht! Schließlich hatten wir ja auch schon den US-Brauch mit den protzigen Diamantringen zur Verlobung weitgehend vereinnahmt.

Warum also nicht auch die Brautpartys aus dem Land von Queen und Kate Moss übernehmen? Die wichtigsten Accessoires hatte man eh schnell zusammen: ein Dutzend Freundinnen, noch mehr Sektflaschen und ein Plastikdiadem von Six für die Braut. Schon konnte es losgehen – am liebsten eingekleidet in Einheits-T-Shirts mit Aufschriften wie *Big Mistake* oder *Ab morgen habe ich zwei Gehälter*. Wer behauptete da noch, dass man Karneval nicht auch außerhalb der Session feiern konnte?!

Kombiniert wurden die speziellen Girls' Days dann meist noch mit peinlichen Spielchen und Aufgaben. Da musste die Braut dann fremden Männern Herzchen mit Lippenstift aufmalen, Boxershorts einsammeln oder Polizisten küssen. Haha. Oder man flog gleich als gut gelaunte Truppe mit dem Billigflieger nach London – ins Herz aller Hen Nights. Die anderen Fluggäste erinnerten sich noch Jahre später an solche Begegnungen der gewöhnungsbedürftigen Art.

Da mochte sich manch einer nach dem guten alten Polterabend zurücksehnen. Zumindest so lange, bis ihm wieder einfiel, dass auch der ja ziemlich grenzwertig war. Diese selbst ernannten Spaßvögel, die statt eines Porzellantellers gleich eine ganze Toilettenschüssel zerdepperten oder einen Container voll Sperrmüll auf dem Hof des Brautpaars ausleerten, waren ja auch nicht wirklich lustig gewesen.

Da waren die Junggesellen- und -gesellinnenabschiede in Strip- oder Karaoke-Bars ja fast noch erträglicher. Und die Mädchen, die den Abend als Mottoparty feierten und alle als Teufelinnen, Engelchen oder Piratinnen rumliefen, bereiteten sich unbewusst bereits hervorragend aufs Eheleben vor. Denn auch die Kindergeburtstage in den Nullern liefen ja alle als professionelle Mottopartys ab. Wer damit schon Erfahrungen hatte, war später eindeutig im Vorteil. Und selbst das Plastikdiadem konnte man hervorragend wiederverwenden. Auf den Prinzessinnen-Partys der eigenen Töchter.

Kai-Pflaume-Tolle

Tim und Struppi als Trendsetter des Friseurhandwerks. Die längeren, nach oben gegelten Haare auf dem Oberkopf wurden zu *der* Herrenfrisur des Jahrzehnts. Sehr wahrscheinlich waren sie auch das Einzige, was Kai Pflaume, Bastian Schweinsteiger und Dieter Bohlen miteinander verband.

Faux-hawk – so nannten die Angelsachsen den Schnitt, einen falschen Mohawk, also. Anders übersetzt: einen Irokesenschnitt für Feiglinge. Die Haare waren lang nicht so lang wie beim klassischen Iro, und die Seiten musste sich auch niemand abrasieren lassen. Eigentlich war alles nur angedeutet. Aber möglicherweise genau das machte den Schnitt zum Liebling der Männer – vom metrosexuellen Trendsetter bis zum Mainstreamer. Ganz vorsichtigen Naturellen bot der Kopfschmuck sogar die Möglichkeit zum situationsbedingten Umstyling. Morgens versicherungsangestelltentauglich glatt zur Seite gekämmt, abends ausgehtauglich hochgegelt.

Aber selbst wenn das Hahnenkämmchen immer aufrecht stand, passte es ohne Probleme zu jedem Outfit: von der Trainingsjacke mit der Aufschrift »Hamburger« bis zum Sakko von Paul Smith. Losgetreten hatte den Trend natürlich mal wieder David Beckham – so wie alle Männerfrisurenmoden der Nullerjahre. Als er bei der Fußball-WM 2002 mit dem Faux-hawk auftrat, wollte jeder so aussehen. Der Begriff Gucci-Punk machte die Runde. Gucci-Punk, hey! Welcher Nuller wollte da nicht dazugehören? Das war ja wohl der perfekte Mix aus Stil und Provokation.

Also gehörten ab sofort Gel, Wachs und Haarspray zur morgendlichen Herrentoilette. Die Dosen standen im Bad gleich neben dem *Joop!-Jump*-Aftershave, dem *Boss-Bottled*-Deo und der Tube *L'Oréal Men Expert Vita Lift*. Und da sollte noch mal jemand behaupten, den metrosexuellen Mann gab es nicht wirklich!

Kaiserschnitt

Geplante Niederkunft per Outlook-Kalender. Der Kaiserschnitt wurde in den Nullerjahren zum begehrten Must-have von Trendsetterinnen im gebärfähigen Alter. 2007 kam hierzulande fast jedes dritte Baby so zur Welt – 60 Prozent mehr als noch zehn Jahre zuvor! Das musste an der Vorbildfunktion der weiblichen Stilikonen liegen. Was Angelina Jolie und Claudia Schiffer hatten, das wollte man auch – ob das nun eine It-Bag war oder ein Kaiserschnitt.

Wehen waren definitiv out. Schmerzen auch. Alles, was über das Anstrengungsniveau von Spinning hinausging und was sich nicht mit Yoga wegatmen ließ, galt es zu vermeiden. Dafür nahm man übrigens auch gern die Operationsnarbe am Bauch in Kauf. Später am Strand von Ibiza trug man sie dann als eine Art Lifestyle-Tattoo. Die unsichtbare Inschrift: »Seht her, ich bin Mutter und habe trotzdem diese Hammerfigur!« Eigentlich logisch, dass sich da manch eine werdende Mutter insgeheim über die Steißlage ihres Ungeborenen freute. So hatte man die perfekte Ausrede zum medizinisch notwendigen Kaiserschnitt.

Sobald das Baby zum vereinbarten Termin geholt worden war, ließ sich allerdings gar nichts mehr planen – egal ob am Herd (Eva-Herman-Fraktion) oder am Schreibtisch (Rachida-Dati-Fraktion). Ab jetzt bestimmte das neue Familienmitglied die Agenda. Statt Staubsaugen oder Strategiemeetings waren jetzt Still- und Schreimarathons auf der Tagesordnung. Statt nine-to-five hieß es 24/7. Das ließ sich in keinem Outlook-Kalender der Welt auch nur annähernd realistisch darstellen. Und die OP-Risiken wurden locker ausgeblendet. Eine Taktik, die sich später noch auszahlen würde – nämlich dann, wenn man sich für diverse Schönheitsoperationen entschloss.

Kamine

Unser kollektiver Beitrag zur Vergrößerung des Ozonlochs – und zur Konjunkturbelebung der Schornsteinfegerbranche. Lange genug hatten wir im TV die Pärchen in den Liebesfilmen angeschmachtet, die vor offenem Kamin kuschelten. Ach, das war ja sooo romantisch! Solch ein prasselndes Feuer wollten wir auch haben. Vor dem Radiator der Zentralheizung mochte selbst bei Kerzenschein und gutem Rotwein doch nicht die rechte Stimmung aufkommen.

Also entschlossen sich viele Häuslebauer zum Einbau einer Feuerstelle. Die Auswahl an offenen Kaminen und Kaminöfen war riesig: altdeutsch, Countrystyle oder funktionell modern, Empire, Art déco oder Bauhaus – alles war möglich. Und wie gemütlich das Wohnzimmer plötzlich im Feuerschein wurde! Die Abende vor dem TV bekamen eine ganz neue Qualität, wunderbar. Die Männer durften ab jetzt auch außerhalb der Grillsaison zündeln. Und die Frauen hatten endlich keine kalten Füße mehr. Alles gut also.

Um wie viel schöner gestalteten sich auch die Spaziergänge bei klirrender Kälte. Wie zu alten Zeiten kringelten sich dann über den Dächern der Stadt kleine weiße Rauchzipfel in den Winterhimmel. Drinnen vorm Kamin war es so gemütlich, dass man jeden Augenblick auch Santa Claus oder Mary Poppins im Wohnzimmer erwartete.

Das Vergnügen konnten zwar nicht alle Zeitgenossen teilen. Doch wer sich keinen Abzug einbauen lassen konnte, musste dennoch nicht frieren. Dekokamine mit Bioalkoholflamme heizten einem genauso kräftig ein. Und wem selbst das noch zu aufwendig war, der bestellte eine schöne Alternative bei Amazon. Die DVD *Kaminfeuer Impressionen* für 5,95 Euro bot 61 Minuten lang prasselnde Kamin-Romantik auf dem Flachbildschirm. So hatte man sich das lästige Holzschleppen gespart. Und warm ums Herz wurde einem trotzdem.

Karrierecoaches

Super-Nannys für Manager. Angestellte mit Ambitionen nutzten nicht länger nur Ellenbogen und Personalentwicklungsmaßnahmen – sondern auch Hilfe von außen. Denn selbst gestandenen Mannsbildern wurde es in den Nullern nicht als Zeichen von Schwäche ausgelegt, wenn sie sich coachen ließen. Im Gegenteil. Professionelle Unterstützung war in. In anderen Lebensbereichen hatten wir uns längst daran gewöhnt. Politiker engagierten Spin-Doktoren, Antriebsschwache einen Personal Trainer, Kleinunternehmer den Kabeleins-TV-Coach Stefan Hagen und Eltern je nach Bedarf einen Psychologen, Ergotherapeuten oder Logopäden.

Zugegeben: Einige Manager mochte die Suche nach einem persönlichen Karriereberater schon Überwindung gekostet haben. Üblicherweise glaubte diese Berufsgruppe ja meist nur das, was sie per PowerPoint präsentiert bekam. Dennoch war ihnen das Prinzip des Coachings keinesfalls fremd. Wer mit seinem Projekt, seiner Abteilung oder seiner Firma in Schwierigkeiten steckte, analysierte im Benchmarking ja auch Stärken und Schwächen, um sich an den besten Konkurrenten zu messen. Zudem mochte den ein oder anderen die leise Angst vor einem Burn-out in die Arme eines Karriereberaters getrieben haben. Oder die Angst vor Mobbing. Oder die Angst vor den hypermotivierten High Potentials aus den Goldfischteichen des eigenen Unternehmens. Genug Gründe, um Hilfe zu suchen, gab es also allemal.

Die allermeisten Führungskräfte aber wagten selbstverständlich aus innerer Einsicht den Schritt. Denn wer sich selbst mit den Augen eines anderen sehen konnte, brachte fürs lebensnotwendige Selbstmarketing im Betrieb schließlich beste Voraussetzungen mit. Und darum ging es letztlich. Die Schmalspuranalyse sollte schließlich den eigenen Aufstieg ebnen und Platz machen auf der Überholspur. Na ja, formuliert hätte es so natürlich niemand. Fragte man die Betroffenen, so ging es ihnen ohne Frage ausnahmslos um eine Standortbestimmung, klar. Der Coach war dazu da, mit ihnen gemeinsam herauszufinden, wie sie aufgestellt waren, was sie motivierte, was sie eigentlich erreichen wollten – und warum das so nicht funktionierte. Und natürlich auch, um sie in ihrer ganzen Authentizität richtig zu positionieren in der Firma.

Jawoll! Authentizität war superwichtig in den Nullern! Und da viele Angestellte nicht mehr so recht wussten, was nach diversen Managementtrainings und Persönlichkeitsworkshops an ihnen eigentlich noch authentisch war, machten sie sich eben mit einem Außenstehenden gemeinsam auf die Suche.

Das Erfreuliche für viele war, dass ein Coach ohne Couch funktionierte. Wer Glück hatte, spazierte während der Sitzungen durch den nahen Stadtpark. Wer weniger Glück hatte, saß in einem seelenlosen Seminarraum zwischen Flipchart und Hydrokultur. Die Coaches selber beeindruckten nicht nur durch die in Businesskreisen recht seltene Gabe des Zuhörens. Bei Bedarf erstellten sie auch Potenzialanalysen aller Art. Und sie fütterten ihre Klienten mit diversen Weisheiten. Ganz oben auf der Liste: »Love it, change it or leave it.« Was übersetzt so viel bedeutete wie: Arme Schweine, die ihren Job weder mochten noch ändern konnten, sollten sich schleunigst vom Acker machen.

Solche Einsichten dürften die meisten Manager nicht wirklich überrascht haben. Aber die Bestätigung durch einen Experten war einfach angenehm. Davon wurden sie in ihrem Joballtag nicht gerade überschüttet. Wer den persönlichen Kontakt scheute, bestellte klammheimlich bei Amazon das *Frustjobkillerbuch* und andere einschlägige Motivationsratgeber. Wieder andere durchliefen lieber das Do-it-yourself-Coaching am Montagabend auf ProSieben: *Stromberg*. Wer diese Serie sah, empfand seinen eigenen Job garantiert nicht mehr als so unerträglich wie gedacht. Und er lernte einiges über diverse Charaktere im Büro. Ein Coachingerfolg, der sich sehen lassen konnte. Denn er stellte sich bereits nach läppischen 30 Minuten ein.

Kickboards

Bürgersteigschreck in allen Gassen. Die Helden der New Economy wagten sich schon Ende der 90er-Jahre auf die Tretroller. Doch sie merkten schnell, dass die tägliche Strecke vom Kollwitzplatz zu den Hackeschen Höfen doch anstrengender war als das Kickerspielen im Büro. Also überließen sie das trendige Dreirad gern fitteren Fahrern: ihren Kids.

Und die nahmen den Trend gierig auf. Endlich waren sie nicht mehr bei allen Strecken auf das Taxi Mama angewiesen. Selber in die Schule oder zu Freunden zu fahren war doch viel cooler. Den Dreh mit ihren neuen Gefährten hatten sie schnell raus. So fetzten sie über die Fußwege, fegten um die Kurven und erschreckten reaktionsschwächere Rollatorbesitzer. Kurzum: Das Kickboardfahren war ein super Training, um sich bestmöglich auf den Führerschein mit 17 vorzubereiten.

Natürlich kamen da auch sofort Erziehungsberechtigte und -berater ins Spiel. Schließlich fühlten sie sich für die Sicherheit der jungen Wilden und ihrer Umwelt verantwortlich. Einige Schulen bauten das Verhalten mit den Rollern kurzerhand in die Verkehrserziehung ein. Und die Bayerische Landesunfallkasse bot sogar ein Kickboard-Training an – nebst einem Kursus *Erste Hilfe am Kind*.

In den späten Nullern kamen dann moderne Weiterentwicklungen der Kickboards auf den Markt: motorisierte Scooter, bei denen der Fuß- durch einen Elektroantrieb ersetzt wurde. Somit dürften sich die Kinder der Nullerjahre als Trendsetter auf dem Mobilitätssektor erwiesen haben. Denn Elektroscooter scheinen das ideale Gefährt für die Zehnerjahre zu werden: energiesparend, umweltschonend und (park)platzsparend. Das einzige Manko ist der negative Einfluss auf den Fitnessgrad der Benutzer. Denn mit zunehmender Verbreitung der motorisierten Versionen dürfte der Body-Mass-Index ihrer Fahrer proportional ansteigen.

Kleider

Revival der Weiblichkeit. Das Konzept Kleid schien völlig in Vergessenheit geraten zu sein. Tantig erschienen uns die Einteiler und absolut nicht zeitgemäß. Außer Tanzlehrerinnen und Königinnen trug das niemand. Na ja, Transvestiten vielleicht noch, aber das war es dann auch schon. Mädchen, die in den 1980er- und 1990er-Jahren geboren wurden, hatten außer einem Sommerfähnchen und ihrem Kommunions- oder Konfirmationsoutfit vermutlich noch nie ein Kleid angehabt. Allen anderen fiel die lange Zeit der Enthaltsamkeit gar nicht auf. Bis – ja, bis plötzlich Kleider wieder absolut im Trend lagen. Frauen aller Altersklassen und Gesellschaftsschichten fühlten sich sofort angefixt. Das musste an unbewussten Entzugserscheinungen gelegen haben.

In den Nullern also durften wir endlich wieder Dame spielen – und genossen es sichtlich. Wir kauften Kleider aller Formen und Arten: Etuikleider und Mantelkleider, A-Linie und Hängerchen, enge und weite, Mini und Maxi – Hauptsache Einteiler! Und natürlich die tollen wiederentdeckten Wickelkleider! Diane von Fürstenberg wurde zur Designerin du jour – und das 30 Jahre nach ihrem ersten Modell. Unser Nachholbedarf war eben enorm. Und daher führten wir unsere wiederentdeckten Errungenschaften auch überall zur Schau. Selbst im Büro durften Kostüm oder Hosenanzug ersetzt werden.

Und abends, bei den Red Carpet Events, trieben wir es dann auf die Spitze, als wir uns in edle Roben hüllten – mit Schleppe! Mehr Glamour ging nicht. Absolute Egobooster. Und umhüllt von so viel Weiblichkeit konnten wir auch locker darüber hinwegsehen, dass wir bei genauerem Nachdenken ja gar keine echten Prinzessinnen waren. So what! Dafür amüsierten wir uns in unserem neuen Lieblingskleidungsstück königlich.

Kletterweihnachtsmänner

Santa goes Freeclimbing. Es begab sich aber zu der Zeit, etwa 2000 Jahre nach Christi Geburt, als alle Welt die Lichterketten herausholte, dass immer mehr lebensgroße Weihnachtsmannfiguren die Hausfassaden des Landes enterten. Und jedermann ging in den Baumarkt, dass er den Trend nicht verpasse, ein jeder in seiner Stadt. Und so verbreiteten sich die Nikoläuse am Strick alle Jahre wieder wie ein Lauffeuer in allen Teilen des Landes.

Und schon bald gab es kein Dorf mehr und keine Kaufhausfront, die ohne den ho-ho-hohlen Häuserschmuck auskamen. Und nicht nur die Kinderlein kamen und staunten, sondern auch die Landsleute aus dem Hause und Geschlecht Großbritanniens, die sich mit den Billigfliegern aufgemacht hatten, die deutschen Weihnachtsmärkte zu erobern.

Am Ende des Jahrzehnts dieser Zeit aber traten die Trendforscher in die Menge und sagten: »Fürchtet euch nicht! Bald wird es vorbei sein mit Heulen und Zähneknirschen, und der Trend wird an euch vorbeiziehen und nichts zurücklassen außer einer gähnenden Leere an euren Häuserfassaden.« Und das Volk jubelte und verstaute die wetterfesten Santas ganz tief in der Weihnachtskiste. Und alle Herzen füllten sich mit Vorfreude auf all die neuen Trends, die in der Zukunft über ihre Häuser hereinbrechen würden.

Klingeltöne

Hits fürs Handy. Leider entkam man dieser Hitparade nirgendwo. Da mochte sich mancher nach den guten alten Zeiten von Dieter Thomas Heck zurücksehnen, in denen es wenigstens noch einen Aus-Knopf am Fernseher gegeben hatte. In den 2000ern liefen die Klingelton-Charts leider überall, egal, wo man sich aufhielt. Und ungünstigerweise entsprachen sie in keiner Weise dem eigenen Musikgeschmack. Aber, hey! Die gute Nachricht war doch, dass sich wenigstens nicht alle Welt mit der Nokia Tune oder der Telekom-Melodie anrufen ließ!

Zugegeben. Der debile mofafahrende Crazy Frog nervte natürlich schon – vor allem alle Coldplay-Fans, deren Lieblingsband er im Mai 2005 vom ersten Platz der britischen Charts vertrieb. Und der besoffene Elch oder das Küken Sweety waren auch nicht wirklich besser. Die Kids fanden das allerdings nicht. Und deshalb luden sie sich wie wild für 1,99 Euro die nervigsten Klingeltöne der Welt runter. Die Nonstop-Werbung auf MTV oder Viva funktionierte einwandfrei. Auch das mit den Klingelton-Abos, was die Teenies erst dann mitkriegten, wenn sie beim Eintrudeln der nächsten Handyrechnung was von ihren Eltern zu hören kriegten.

Doch nicht nur die Kiddies wollten mit lustigen Anrufmusiken prahlen. Auch Leute über 14 fanden sich superoriginell, wenn sich ihre Anrufer mit der Musik von den *Simpsons* oder von *Sex and the City* meldeten oder dem Klingelton der CTU aus *24*. Oder mit dem neusten Song von Seal oder Silbermond. In späteren Jahren konnte man ja auch komplette Songs downloaden. Fragte sich nur, wer da schon nach ein paar Takten an sein Handy gehen wollte …

Die Kakofonie lebte hoch. Was früher die Visitenkarte war, war in den Nullern das Handyklingeln. An ihren Tönen solltet ihr sie erkennen. Ob Piepen, Pupsen oder Pop, ob Mozart, Tierstimmen oder Orgasmus-Stöhnen. Im Prinzip hätte wahrscheinlich jeder seine ganz persönliche Musikerkennung haben können. Aber was machten wir? Wir wählten alle das alte Fernsprecherklingeln aus Großmutters Zeiten. Ein bisschen Nostalgie brauchte man eben auch im Multimediaalltag.

Kochen

Beliebtester Volkssport der Nullerjahre. Absolut hip. Jamie Oliver, The Naked Chef, machte es vor. Und wir alle wollten so lässig wie er mit Kasserollen und Kochlöffeln jonglieren. Oder so lustig wie Tim Mälzer. Oder so lebensfroh wie Sarah Wiener. Ob Johann Lafer, Eckhard Witzigmann oder Lea Linster, ob Ralf Zacherl, Alfons Schuhbeck oder Cornelia Poletto: Promi-Köche gab es für jeden Geschmack. Und sie lehrten uns eine wichtige Lektion: Nicht nur Essen, auch Kochen machte Spaß. Und es war ja sooo sexy! Das zeigten uns spätestens Martina Gedeck in *Bella Martha* (2001) und Catherine Zeta-Jones in *Rezept zum Verlieben* (2007).

Von wegen Heimchen am Herd! Da standen jetzt sexy Businessfrauen und metrosexuelle Männer. Die Küche wurde umgehend zum wichtigsten Raum des Hauses (okay, neben dem Bad). Stundenlang konnten wir über Arbeitsplatten und Dunstabzugshauben fachsimpeln, über Knoblauchpressen und Kiwischäler, Kräutermühlen und Crème-brûlée-Brenner, Schneidebretter, Passiergeräte und Zitronenraspler.

Wir entwickelten uns zu echten Kochprofis. Wer lud denn schon noch Leute zum Essen ein? In den Nullern kochten wir gemeinsam. Und genossen dann das gemeinschaftlich fabrizierte Mahl beim schönen Gläschen Chardonney oder Shiraz. Slow Food – wunderbar!

In Buchläden nahmen Kochbücher plötzlich ganze Abteilungen ein – und nicht nur ein Regal in der hintersten Ecke. Restaurants boten Kochkurse an, und Personalchefs entdeckten Kochen als neues Teambuilding-Event. Wer brauchte da noch Hochseilgärten?

Kurz: Wir ließen nichts anbrennen. Das galt auch für Männer. Denn in den Nullern gab es keinen einzigen Mann, der Kochen nicht als eines seiner Hobbys angegeben hätte. Und sämtliche Zeitgenossen spekulierten damals insgeheim auf einen Fernsehauftritt bei *Kocharena*, *Kochduell* oder *Dem perfekten Dinner*. Denn Passieren, Panieren und Pürieren lernten wir ab jetzt nicht mehr beim Blick über Mamas Schulter, sondern beim Blick auf den Fernsehschirm. Egal zu welcher Uhrzeit übrigens. Mindestens auf *einem* Sender lief immer eine Kochshow. *Schmeckt nicht, gibt's nicht!* oder *Kochchampion*, *Küchenschlacht* oder *Die Kochprofis – Einsatz am Herd*, *Kochen bei Kerner* oder *Lanz kocht*.

ABCDEFGHIJ**K**LMNOPQRSTUVWXYZ   115

Klar, dass wir bei so vielfältiger Anleitung schnell die tollsten Rezepte fabrizierten. Mit überbackenem Ziegenkäse, dem Klassiker der Nullerjahre, gaben wir uns schon sehr schnell nicht mehr ab. Bei uns gab es Bärlauch-Schollenröllchen mit Gnocchi und Granatapfelspinat. Oder Straußenfilet im Kräutermantel mit Süßkartoffelbratlingen auf asiatischem Gemüsebett.

Warum sich bei all dem Kochwahn vor den Burgerbuden und Pommesläden der Fußgängerzonen weiterhin lange Schlangen bildeten, bleibt ein ungeklärtes Rätsel. Vermutlich kehrten dort nur jene Hobbyköche ein, die gerade ihr Zitronengrassüppchen zu Hause versalzen hatten, denen die Lammkeule mit Lavendel angebrannt war oder deren Cranberry-Soufflés aus unerfindlichen Gründen nicht aufgegangen waren. Und über diese Enttäuschung konnte dann eigentlich nur ein Doppel Whopper hinweghelfen.

Kuppelshows

Datingbörse vor laufenden Kameras. Partnerschaftsvermittlungen im TV boomten. Was einst so peinlich-bieder mit *Herzblatt* begann, erlebte in den 2000ern mit RTLs *Bauer sucht Frau* einen denkwürdigen Höhepunkt. Bis zu acht Millionen Zuschauer sahen Woche für Woche gebannt zu, wie »der attraktive Schweinebauer Torsten«, »der rüstige Hühnerwirt Hansi« oder »der gemütliche Getreidebauer Georg« mit ihren Bäuerinnen auf Probe lebten. Wie sie beim Scheunenfest eine Auserwählte ausguckten, wie sie sie dann mit dem Traktor vom Bahnhof abholten (und zum Gespött der Leute machten) und wie sie sie später ins Kühemelken und Stallausmisten einwiesen.

Bequem vom Sofa aus träumten Groß-, Klein- und Vorstädter dann vom romantischen Landleben mit Kühen, Schweinen und Hühnern, die sie meist nur aus den Wimmelbüchern (*Bei uns im Dorf*) kannten. Und die Zuschauerinnen träumten zusätzlich natürlich noch vom ganzen Kerl im Heu, wie sie ihn nur aus ihren Tagträumen kannten.

Das TV-Format kam so gut an, dass weitere Kuppelsendungen folgten. Bei *Gräfin gesucht* lockten adelige Herren bürgerliche Damen mit ihrem Titel und Ausflügen zu Jagd, Polo oder Ruderpartien. Bei *Papa gesucht* versuchten Frauen ihren Status als Alleinerziehende loszuwerden. RTL ging ganz geschickt vor. Bei *Der Bachelor* und *Bachelorette* verband der Sender eine Kuppelmit einer Castingshow und ließ jeweils 25 Bewerber um einen Single buhlen. Und Günther Jauch lud bei *Wer wird Millionär?* sogar zum *Blind Date Special*.

Mit etwas Fantasie ließ sich das Thema Dating durchaus auch auf andere Bereiche ausdehnen. Im Coffeeshop hieße das Special auf der Suche zum Traumpartner dann *Latte sucht Macchiato*, im Manikürestudio *French sucht Nails*, beim Personal Trainer *Tai sucht Chi* (alternativ: *Nordic sucht Walking*). Und bei der nächsten Fußball-WM 2010 können sich Singles sicher schon auf das neue Angebot *Public sucht Viewing* freuen.

Kurzjäckchen

Bauchfrei auch im Winter. Die kleinen Überwürfe kamen groß raus. Früher hingen sie nur in Brautmodegeschäften – jetzt hingen sie überall: von Prada bis C&A. An spießige Erstkommunionmode musste da niemand mehr denken. Die Nullerinnen trugen ihre Minijäckchen praktisch zu allen hippen Stylings. Was vermutlich daran lag, dass die Teile einfach immer passten: zu Hüfthosen genauso wie zu Ballonkleidern. Und zu love handles natürlich auch, weil sie die Bauchregion so schön freilegten. Und sicherlich lag ihr Verkaufserfolg auch daran, dass es sie in allen möglichen Varianten gab. Aus Pelz oder Pailletten, Samt, Spitze, Strick oder Polyacryl, mit kurzem, halblangem oder langem Arm, vorn offen, geknotet oder mit Schleife, eng anliegend, mit Puffärmeln, Dreiviertelarm oder Fledermausärmeln.

Und ganz sicher lag ihre Beliebtheit auch daran, dass sie auf den Fashionshows bei den Size-Zero-Models immer so toll aussahen. Denn erst wenn wir uns selber mit ihnen im Spiegel betrachteten, merkten wir, dass die Teile im wirklichen Leben doch ein recht breites Kreuz machten. Aber egal. Schließlich waren Venus und Serena Williams ja damals auch total in.

Landpartiemessen

Country meets Verkaufsausstellung. Besonders Großstädter unternahmen gern einen Ausflug in den Green Chic der Nullerjahre. Liebend gern folgten sie dabei der Einladung von Fürsten und Freiherren auf deren Latifundien. Da schlug doch das Herz unter ihrer Barbourjacke gleich viel höher!

Gegen eine Eintrittsgebühr von rund zwölf Euro flanierten sie dann durch Schlosshöfe und Parks und genossen alles, was das wunderbare Landleben so hergab: frische Luft und herrliche Natur natürlich, vor allem aber Shoppinganlässe ohne Ende. Und was es auf den Landpartien nicht alles zu kaufen gab! Gartenmöbel und Landhausmoden, Antiquitäten und Kaminöfen, Gartengeräte und Wohnaccessoires. Es war ganz so, als würde man durch einen Brigitte-von-Boch-Katalog schlendern. Oder wie Weihnachtsmarkt im Frühling!

Zusätzlich zu den Shoppingorgien schaute man Goldschmieden und Malern bei ihrer Arbeit zu, sah sich eine Oldtimerausstellung und eine Modenschau an, nahm vielleicht sogar an einer Hutprämierung teil und lauschte Fachvorträgen über den Beschnitt von Bäumen, selbst wenn der eigene Balkon gerade mal groß genug für zwei Kästen Bier war.

Das Konzept Landleben blühte. Junge Designerpärchen aus Berlin-Mitte legten sich Schrebergärten in Brandenburg zu und philosophierten über die Vorteile des einfachen Lebens ohne Feinstaubplaketten und H&M. An den Zeitungskiosken erschienen *LandLust* und *Liebes Land,* gleich zwei neue Magazine, die den Lesern den dörflichen Lifestyle nahebrachten und damit Verkaufserfolge feierten. Das einfache, authentische Leben war halt mega-angesagt – zumindest solange auch auf dem entferntesten Gehöft immer noch ein Latte macchiato in Reichweite war.

Latte macchiato

Überarbeitete Version des Cappuccinos der Neunziger. Der mit heißer Milch und Milchschaum gestreckte Espresso machte mit seinen drei Schichten im Glas so richtig was her. In Italien mochte die gefleckte Milch vielleicht die Kindervariante des Kaffees sein. In Deutschland jedoch erkannte man an der Bestellung eines Macchiatos trendige Zeitgeister. Schließlich war es nie leichter, für nur 2,90 Euro Geschmack und Stil zu beweisen. Die Yuppies der Achtziger mussten sich dafür noch eine Rolex kaufen … In den Nullern gehörte man mit dem weiß-braun-weißen Heißgetränk automatisch zur Klasse der souveränen Großstadtmenschen, die eigentlich nicht hier nach Nürtingen gehörten, sondern eher auf die Piazza Navona oder in den Meatpacking District oder an eine andere In-Location, die wir aus dem Urlaub oder aus dem Fernsehen kannten.

Zudem gab uns der Kultkaffee tolle neue Flirtmöglichkeiten – zumindest den Frauen. Wie wunderbar lasziv konnte man ganz nebenbei den Milchschaum vom langen Löffel ablutschen! Da war Barbara Schöneberger nichts dagegen. Manch peinliche Männer dagegen wurden bei der Bestellung wieder zu Pennälern, wenn sie anzüglich grinsend »zwei Latte« bestellten. Das ging ja gar nicht.

Verwechselt wurde die Espresso-Milch übrigens gern mit einem normalen Milchkaffee, dem Caffè Latte. Der hatte allerdings den unglaublichen Vorteil, meist in der Tasse serviert zu werden. So verbrannte man sich nicht die Finger beim Trinken. Das hatte definitiv was für sich – vor allem nach dem Trinken: etwa beim Tippen auf der Computertastatur oder beim Klavierspielen. Andererseits lehrte uns das Heißglasgetränk Geduld und Muße beim Warten auf Abkühlung – und ersetzte damit so manchen Yogakurs. Auch praktisch.

Der Latte-Hype machte etwas später auch nicht vor unseren Küchen halt. Was wir im Café oder Coffeeshop getrunken hatten, wollten wir uns auch selber zubereiten. Also kauften wir uns vier Macchiato-Gläser bei Ikea (*Pokal*, je 59 Cent) und versuchten uns im Heißcocktailmixen. Allzu leicht war das nicht, schließlich wollte man die drei Schichten schön voneinander getrennt haben. Wer einen Physik-Leistungskurs belegt hatte und die Dichteverhältnisse von Milch und Espresso kannte, war eindeutig im Vorteil. Notfalls ging es aber auch mit trial and error. So brauchte man vielleicht mehr Versuche, aber letztlich bekam man auch so heraus, dass der Espresso am besten erst zum Schluss reingekippt werden sollte und auf heißer Milch schwamm.

Professionelle Hilfe gab es von Milchaufschäumern mit so wunderschönen Namen wie *Creamer*, *Milki* und *Cremino*. Noch leichter ging es mit Kaffeepads der Sorte *Latte macchiato*. Überhaupt verkaufte sich damals praktisch alles von selber, auf dem Latte macchiato stand: Muffins, Puddings, Müsliriegel. Im Nachhinein konnte man sich eigentlich nur wundern, dass nicht auch Latte-macchiato-Mountainbikes oder Latte-macchiato-Klingeltöne angeboten wurden. Aber wer weiß? Bei eBay war das wahrscheinlich alles längst eingestellt.

Lavendel

Aromatherapie im eigenen Garten. Dass getrocknete Lavendelblüten, eingenäht in kleinen Schmucksäckchen, wahlweise gegen Schlaflosigkeit oder Motten halfen, wusste schon Tante Ulla. Dass sich die Mittelmeerpflanzen aber auch in unseren Breiten als schöne Garten- oder Balkonzier eigneten, bekamen Trendsetter irgendwie erst in den Nullern heraus. Nicht allein die angesagte Farbe Lila dürfte sie dazu bewegt haben.

Plötzlich holten sich Hobbygärtner quer durch die Republik die Provence auf ihre eigene Terrasse in Poppelsdorf oder Pöseldorf. Zugleich – das hatten sie im Gartencenter erfahren –

hielten sie sich damit die Blattläuse an den Rosenbeeten nebenan fern. Wohnungsbesitzer bekamen schnell heraus, dass ein einziger Kübel reichte, um ihren gesamten Balkon in Lavendelduft einzuhüllen – und den des Nachbarn gleich mit. Doch dieser dürfte sich nicht darüber beschwert haben. Lavendel wurde doch eine überaus entspannende Wirkung nachgesagt! Darauf schworen schließlich nicht nur Aromatherapeuten und Homöopathen, sondern auch Rosina-Wachtmeister-Fans, wenn sie die violetten Blüten in ihr Duftpotpourri streuten.

Lavendel, 2008 zur Heilpflanze des Jahres gekürt, lag damals eigentlich überall in der Luft: in Wohnzimmern und Stadtparks, Badewannen (Lavendel-Badezusätze) und Autofonds (Wunderbaum Lavendel). Und selbstverständlich auch in den Küchen der 2000er-Jahre. Als Tee sollte er gegen Blähungen und Appetitlosigkeit helfen. Und da wir beim Kochen in dieser Zeit vor nichts zurückschreckten, würzten wir damit auch unsere Speisen. Im Supermarkt kauften wir Lavendel-Essig, im Restaurant bestellten wir das Kaninchenragout mit Lavendel und zu Hause buken wir Lavendel-Muffins – aber erst dann, als wir die Cranberry-Variante satthatten.

Leggings

80er-Jahre-Revival auf speziellen Wunsch von Nadja Auermann. Leggings waren der ultimative Beweis dafür, dass alles – wirklich alles! – in der Mode wiederkam. Und nebenbei waren sie auch der Beweis dafür, dass sich abgeschnittene Gymnastikhosen nicht nur bestens zum QVC-Homeshopping eigneten.

Plötzlich tauchten sie auf allen Catwalks von Mailand bis New York wieder auf. Dabei hatte sich doch die gesamte weibliche Menschheit Mitte der Neunziger geschworen, so etwas niemals wieder anzuziehen. Niemals!

Ein Großteil der weiblichen Menschheit ist diesem Schwur zum Glück auch treu geblieben. Denn die klassische Zielgruppe der Beinpellen lag altersmäßig ganz klar unter 25, größenmäßig ganz klar über 1,75 Meter und konfektionsgrößenmäßig ganz klar unter 36. Alle anderen Modemutigen hatten nur eine einzige Chance: mit 20 Zentimeter hohen Plateaupumps einen optischen Ausgleich zu schaffen.

Literaturfestivals

Hörbücher live. Lang genug hatte es ja gedauert, bis die Eventkultur auch bei Deutschlands Literaturschaffenden angekommen war. Möglicherweise hatten die Popliteraten der Neunziger ihnen ja den letzten Ruck dazu gegeben. Fest stand: In den Nullerjahren erlebten Bücherfeste einen echten Boom. Nicht etwa nur bei der lit.COLOGNE oder beim internationalen literaturfestival berlin. Überall im Lande wurden Lesepartys gefeiert. *Seitenweise* in Braunschweig, auf der *WeinLese* im Rheingau, der *Litera Baden-Baden* und der *LesArt* in Dortmund, beim *Eifel Literatur Festival*, bei den *Literaturlandschaften Bayerns* oder auf der *Harbour Front* in Hamburg. Die Städte oder Regionen warfen ihr Standortmarketing an, Lokalzeitungen und Energieversorger machten Sponsorengelder locker, und Tausende Besucher strömten auf die Veranstaltungen.

Sie alle fanden Gefallen daran, dass Lesen nicht mehr einsam machen musste. Und um die Lesungen gemeinschaftlich erleben zu können, musste man damals nicht nur ins Theater gehen, sondern auch an abgelegenere Orte wie auf Friedhöfe und Schiffe, in die Kirche, ins Polizeipräsidium, ins Gefängnis. Dort traf man dann Gleichgesinnte, lauschte Slam-Contests, Konzerten und Literaturmarathons und konnte anschließend den armen Autoren dabei zusehen, wie sie von einer Masse Laieninterviewern mit zuvor wochenlang ausgeheckten Fragen gegrillt wurden. Das kannten wir bisher nur von den Lesungen bei Thalia, Hugendubel oder der Mayerschen Buchhandlung.

Neben den Schriftstellern selbst waren auch Schauspieler,

Politiker, Musiker, Komiker und Kabarettisten Stammgäste der Events. (Gefühlt immer mit dabei: Hannelore Hoger und Roger Willemsen.) Aber wir kamen natürlich auch, um neue Literaten zu entdecken. Arabische Lyriker etwa oder albanische Nachwuchsschreiber, südkoreanische Essayisten oder südafrikanische Romanciers. Die internationalen Veranstaltungen erinnerten einen immer an einen Karneval der Kulturen für Intellektuelle. Aber was machte das schon? Wenn wir fremden Literaturen lauschten, entdeckten wir neue Seiten an der Kunst und am Leben. Und darum ging es ja schließlich! Zumindest hauptsächlich. Nur ganz nebenbei nutzten wir auch die Gelegenheit, im Publikum die neuesten Kombinationsmöglichkeiten der Pullovermode kennenzulernen – mit Schal und Cordsakko (Männer) oder mit rotem Lippenstift und selbst aufgefädelter Halskette aus dem Perlenladen (Frauen).

Voller Vorfreude auf die Zehnerjahre bleibt abzuwarten, wie sich die Lesefeten weiterentwickeln. Naheliegend wäre eine weitere Mainstreamisierung. Schließlich hatten wir doch dazu schon in den Nullerjahren mit dem Public Viewing die besten Voraussetzungen geschaffen. Deutschland, ein Büchermärchen! Warum nicht?

Lounging

Chillen als ganzheitliches Lebenskonzept. Wir hatten endgültig genug von der schrillen Spaßgesellschaft der 1990er-Jahre. Im neuen Jahrtausend wollten wir unser Leben entschleunigen. In der Musik entdeckten wir dazu das Easy Listening neu. Beim Ausgehen abends hingen wir in der Lounge-Bar ab und hörten DE PHAZZ, am Stadtstrand spielten sie *Best of Café del Mar*, und als wir mit Freunden gemeinsam kochten, lief dazu im Hintergrund irgendeine Lounge-Compilation, *Jazz Lounge* oder *Bar Lounge Classics*, so was in der Art.

Die Kids der Nullerjahre konnten praktisch keine zwei hintereinanderfolgenden Sätze mehr ohne das Wort *chillen* bilden. Und auch wir Erwachsene gaben uns gerne *laid-back* – eine Haltung, die wohl früher mal *relaxed* hieß. (Einzig die Teilnehmer von Salsa-Abenden und Junggesellinnenabschieden schien dieses Konzept kaltzulassen.)

Passend zum Lounging-Trend entwarfen Designer das entsprechende Mobiliar. Bequeme und zugleich stylische Sessel und Recamieren, Sitzkissen und Sitzsäcke, die das stilvolle Abhängen garantierten. Und die Luxus-Resorts der Boutiquehotels am Strand boten ihren Gästen private Lounges am eigenen Steg. So ließ es sich aushalten ...

Doch nicht nur im Urlaub, auch im Alltag schien uns Lounging ein angenehmeres Leben zu versprechen. Ob bei der Arbeit oder im Privaten: Lounges erfassten alle Bereiche unseres Daseins. Geschäftspartner trafen wir ab sofort in der Business-Lounge oder in der Vielflieger-Lounge. Bei Ausstellungen wurden einstige Ruhezonen kurzerhand zu Messe-Lounges umbenannt. Im Internet chatteten Mädchen in der Erdbeerlounge und Führungskräfte in der Manager-Lounge. Und Apple nannte seine Website über den iPod folgerichtig iLounge.

Auch offline überzeugte der Name uns alle. Jede Bar, die etwas auf sich hielt, nannte sich Lounge-Bar, und selbst clevere Dönerbudenbesitzer adelten ihre Läden zu Döner-Lounges. In denen schmeckte es uns wahrscheinlich allein deshalb schon besser, weil sich der Fleischspieß – ganz im Sinne von Slow Food! – einen Tick langsamer drehte.

 ## MacBook

Big Apple unter den Laptops. Wer gern auf den ersten Blick als Kreativarbeiter erkannt werden wollte, brauchte nichts weiter als ein MacBook. Und da Kreativarbeiter ihre Identität nicht unbedingt verschleiern wollten, erkannte man sie wunschgemäß auch sofort – vom freien Grafiker in der angesagten Café-Lounge bis zum trendigen Unternehmensberater in der sterilen Vielflieger-Lounge. Nicht zu vergessen die zahlreichen anderen Unterwegs-arbeiter wie Agenturinhaber und Kommunikationswissenschafts-studenten, PR-Consultants und Marketingberater, Journalisten und Autoren.

Da wunderte es dann nicht wirklich, dass das stylische Notebook von Apple auch in diversen Filmen als begehrter Ne-bendarsteller mit heißen Frauen auftrat. So hatte es zum Beispiel zahlreiche Gastauftritte an der Seite von Sarah Jessica Parker in *Sex and the City*, spielte zusammen mit Jodie Foster in *Die Fremde in Dir* (2007) oder mit Nicole Kidman in *Invasion* (2007).

Männliche Fans des High-End-Gadgets fachsimpelten gern über 2,4-Gigahertz-CPU und SuperDrive-DL, über Core 2 Duo-Prozessor und Shared Memory. Die meisten weiblichen Fans inte-ressierte das wenig. Ihnen war im Prinzip nur wichtig, dass sie das Modell in Weiß besaßen. Ein kleines Schwarzes hatten sie ja ohne-hin schon im Schrank hängen. Als ultimatives Accessoire jeden-falls taugte das MacBook in jedem Fall. Und praktischerweise passte es auch perfekt in die mitgeführte It-Bag. Was zugegebener-maßen kein Wunder war. Denn bei der Größe der angesagten Ta-schen hätte dort auch locker ein alter Röhrenfernseher Platz ge-funden.

Maniküréstudios

Nails and the City. Bisher kannten wir sie nur aus den USA. Jetzt kamen die stylischen Maniküréstudios auch zu uns. Und endlich konnten wir uns auch hierzulande bei einem netten Plausch in trendiger Lounge-Atmosphäre die Nägel machen lassen. Das war Wellness für Nägel und Seele! Und glücklicherweise ohne jeg-liches Flair von Chantal's Nagelstudio.

Bei Freshnails, Allessandro & Co. bekamen wir unser Rundumwohlfühlprogramm. Die Wahl zwischen verschiedenen Anwendungen fiel nicht leicht. Denn wer wollte schon lediglich mit einer Basismaniküre den Salon verlassen, wenn man schon mal hier war? Vielleicht noch eine Verwöhn-Pediküre mitnehmen oder sich die Wimpern verdichten oder die Augenbrauen zupfen lassen? Oder gar gleich noch zu einem Waxing entschließen? Dafür standen alle denkbaren Körperregionen zur Wahl: von der Oberlippe über die Beine, Arme und den Rücken bis zum Brazilian in der Bikinizone.

Egal, wie lange man im Studio verbrachte: Äußerst ratsam schien es, bereits vorher ein paar aktuelle *InStyle-* oder *OK!*-Magazine durchzuarbeiten. So ließ sich der Small Talk mit der Nageldesignerin auf jeden Fall wesentlich produktiver gestalten. Übrigens war man bei der Maniküre schon längst nicht mehr allein unter Frauen. Auch die ersten Männer wurden gesichtet. Vermutlich Metrosexuelle. Oder Manager, die schon lange auf die Chance gewartet hatten, ihre Nagelpflege outsourcen zu können.

Etwas getrübt wurde das Erlebnis allerdings durch die Hellhörigkeit. Denn irgendwie hatte man immer das Pech, ausgerechnet auf dem Platz neben einer Flugbegleiterin zu sitzen, die mit ihren ausschweifenden Berichten über nervige Purser oder noch nervigere Fluggäste das gesamte Studio unterhielt. Auf jeden Fall war man froh, nach dem Prozedere endlich raus zu dürfen. Und das lag vermutlich gar nicht mal an der akustischen Luftverschmutzung, sondern am stechenden Acryl-Gestank im Studio. Denn der hatte mit Wellness so leider gar nichts zu tun.

MBA

Pimp your Lebenslauf. Ambitionierte Angestellte übten in den Nullern im Wesentlichen zwei Hobbys aus: das Training für den Marathon und den Run auf den MBA. In beiden Fällen hatten sie das Ziel fest vor Augen. Sie wollten es schnell bis ganz nach vorn/ganz nach oben schaffen. Und der Master of Business Administration sollte dabei als zuverlässiger Karriereturbo wirken. Schwer konnte diese General-Management-Ausbildung nicht wirklich sein, davon war man als Techniker oder Naturwissen-schaftler eh überzeugt. Und wenn es eben sein musste, gab man für das Schmalspurwirtschaftsstudium auch gern 40.000 Euro aus. Das Geld hatte man doch im kommenden Job ganz easy über die Gehaltssteigerung wieder raus.

Und außerdem konnte man ja auch im Freundeskreis punk-ten, wenn man an einer Business School studiert hatte, oder?! Die Personalchefs jedenfalls ließen sich leicht mit den drei Buchstaben beeindrucken. Zumindest behaupteten das alle. Schließlich hatte man als MBA-Absolvent doch bewiesen, dass man es ernst meinte mit dem lebenslangen Lernen. Und außerdem, dass man über-durchschnittlichen Einsatz zeigte. Und natürlich, dass man neben dem eigenen Studienabschluss als Diplom-Ingenieur oder promo-vierter Chemiker auch Rechnungswesen, Produktionsmanage-ment und Marketing beherrschte. Nun ja. Manche MBAler be-wiesen vielleicht auch nur, dass ihnen nichts Besseres eingefallen war, um die Zeit der erfolglosen Stellensuche zu überbrücken. Aber egal. MBA war MBA – auch dann, wenn man ihn an der, ääh, University of Miami gemacht hatte. Klar. Und es fragte auch ganz bestimmt niemand nach, wenn man nur einen MBA in Immobi-lienfinanzierung erworben hatte, obwohl das ja zugegebenerma-ßen mit General Management nicht ganz so viel zu tun hatte.

Besonders beliebt war der Modetitel bei Unternehmens-beratern. Das musste daran liegen, dass die Big Player der Bran-che in den 2000ern ja vorzugsweise Biologen, Philosophen oder Theologen einstellten. Da konnte man den Klienten gegenüber so schön mit dem Out-of-the-box-Thinking angeben. Und wenn be-sagte Biologen, Philosophen oder Theologen dann auch ein wenig Ahnung von Betriebswirtschaft mitbrachten, schadete das ja auch nicht. Bevor man einen internationalen Konzern beriet, half es ganz sicher, ein Management-Buy-out von einem Manager-Burn-out unterscheiden zu können oder beim Stichwort First-In-First-Out nicht an Personalpolitik zu denken.

Und weil das so war, wollte eben jeder Karrierehansel einen MBA haben. Zumindest so lange, bis sich rumgesprochen hatte, dass man seit Einführung der neuen Bachelor-Studiengänge das alles viel billiger haben konnte. Und so bräuchte es keinen Nuller wundern, wenn der MBA in den Zehnerjahren vom BBA abgelöst würde. Als MBA für Arme. Aber immerhin.

Metrosexuelle

Heiße Heteros, die einen Tick warm waren. Der neue Typ Mann war der wahr gewordene Traum aller Frauenzeitschriftenleserinnen: gepflegt und schick, kalorienbewusst und durchtrainiert, kulturell interessiert, verständnisvoll und bei alledem: nicht schwul.

Halleluja! Dass wir das noch erleben durften. Statt seine Samstage auf dem Fußballplatz oder mit der *Sportschau* zu verbringen, ging der Metrosexuelle lieber ins Waxingstudio und ins Museum. Und selbst unterhalten konnte man sich mit ihm exzellent – über alles Mögliche von Hyaluronsäure über WeightWatchers-Punkte bis zur neuesten CD von Anna Netrebko. Kurzum: Der Metrosexuelle war der ideale Partner für alle Indoor- und Outdooraktivitäten, die Frauen Spaß machten.

Einen kleinen Haken gab es allerdings. So einen Mann gab es nicht. Außer David Beckham vielleicht. Aber bei genauerem Hinsehen verbrachte der ja ebenfalls mehr Zeit auf dem Fußballplatz als im Museum. Und das war gut so – wie auch kurzzeitig verblendete Frauenzeitschriftenleserinnen relativ schnell erkannten. Denn im Innersten ihres Herzens standen sie doch eigentlich nur auf echte Kerle, die sonntags verdreckt vom Kicken kamen und mehr Interesse an Sex als an Kultur hatten. Und gerade das soll – Gerüchten zufolge – ja auch David Beckham ganz gut zupassgekommen sein.

Mini

Germany's New Topmodel. 2001 war es so weit. Da kam die Retroversion des Mini auf den Markt. Und die Neuauflage eroberte Straßen und Herzen – und zwar von 0 auf 100 in 7,1 Sekunden. Unter der Motorhaube steckte deutsche Wertarbeit und drum herum britischer Lifestyle. BMW war das Make-over des Klassikers hervorragend gelungen.

Außerdem war der Mini eindeutig die schickste Alternative zu jedem Geländewagen – und auch geeignet für schmalere Geldbeutel und ebensolche Parklücken. Nostalgiker, die dem Brit Chic das Dolce Vita vorzogen, mussten dagegen länger warten. Erst 2007 kam die Überarbeitung ihres Fiat Cinquecento auf den Markt. Doch für wahre Mini-Fans, die sich gern den Außenspiegel im Muster des Union Jack lackieren ließen, war die legendäre Knutschkugel natürlich keine wirkliche Alternative. Chillen wollten sie woanders – nur nicht im Auto. Da wollten sie Fun, Fun, Fun. Egal ob im One, Cooper, Cabrio oder Clubman: So klein das Auto war, so groß war der Verkaufserfolg. In trendigen Wohnvierteln stand Ende der Nullerjahre gefühlt bereits in jeder zweiten Parklücke ein Mini. Das musste daran liegen, dass sich kein Auto so gut als stylischer Zweitwagen eignete. Der Erstwagen – ohne Frage ein SUV – stand selbstverständlich in der Garage (zumindest wenn er reinpasste).

Im Verkehr dagegen fielen die Minis immer wieder durch – ähem – doch sehr sportlichen Fahrstil auf. Klar, der Cooper S hatte 175 PS unter der Haube. Aber mussten das die Fahrer beim Anfahren an jeder Ampel unter Beweis stellen? Anscheinend ja. Wurde man von einem Mini überholt, hatte man stets das Gefühl, ein 16-jähriger Computerspieler säße am Steuer. Vielleicht weil das Armaturenbrett des Flitzers durchaus im Stil einer Spielkonsole gestaltet war. Erhaschte man dann aber tatsächlich einen Blick ins Innere des Rennwagens, war man meist überrascht. Drin saß oft eine sexy Blondine mit XXL-Sonnenbrille im Sleek-Look-Haar. Zu diesem Outfit gab der Kleinstwagen das perfekte Accessoire ab. Und außerdem entsprach er doch in höchstem Maße dem wichtigen Umwelttrend. Denn grün war der Mini schließlich schon immer am liebsten. British Racing Green, versteht sich.

 ## Muffins

Rührteigküchlein für Kindergeburtstage. Wo einst auf der Festtafel der Schokoladenkuchen mit den abgezählten Kerzen stand, reihten sich in den Nullern die Muffins mit Smarties auf. Bei Mädchen kam als Alternativbelag noch die rosa Glasur mit Herzchen der Dr. Oetker Lillifee Muffins infrage.

Die Minitörtchen entsprachen genau dem Zeitgeist. Sie waren selbst gemacht, trotzdem aber ruckzuck fertig und außerdem in sämtlichen Geschmacksrichtungen zu variieren – von A wie Ananas-Marzipan bis Z wie Zitronen-Buttermilch. Zudem unterstützten sie in formidabler Weise den Individualismustrend der Nuller. Jeder Geburtstagsgast bekam nicht mehr nur ein Stückchen von der großen Torte, sondern sein eigenes kleines Kalorienbömbchen. Guten Appeti-ti-tit!

Die Küchlein aus den USA ließen jedoch nicht nur Kinderherzen höherschlagen. Auch berufstätige Mütter liebten sie. Für sie stellte das Muffinbacken eine willkommene Gelegenheit dar, sich selbst und der restlichen Welt zu beweisen, wie gut sie doch Hausarbeit und Job unter einen Hut bekamen. Selbst nach drei Überstunden gelang das Rezept noch mühelos: 240 g Mehl, 90 g Zucker, 3 EL Pflanzenöl, 1 Ei, 1/2 Tasse Milch, 1 TL Backpulver und eine Prise Übermutterliebe – fertig war die perfekte Kindermahlzeit!

Gekaufte Muffins gab es natürlich auch, sogar sehr leckere. Aber die wären bei besagten Supermamis niemals auf den Tisch gekommen – genauso wenig wie bei all deren Freunden aus dem Elternbeirat und dem Förderverein der Kita. Denn mit dem Kücheneinsatz für die Kleinen bewiesen die Teilzeitbäckerinnen nicht nur guten Geschmack und familiäre Fürsorge, sondern auch ein Gespür für Trends.

Schließlich vernaschten auch Carrie und Miranda in *Sex and the City* die Cupcakes mit Hingabe – und dickem Zuckerguss. Ihre Muffins waren übrigens nicht selbst gebacken, sondern gekauft – in der angesagten Magnolia Bakery im New Yorker Greenwich Village. Aber man musste hierzulande ja nicht jeden Trend eins zu eins übernehmen.

Museumsnächte

Kultur ohne Sperrstunde. Deutschlands Intellektuelle konnten sich freuen. Endlich hatten sie eine Alternative zum Themenabend auf arte. Ihnen und anderen Nachtschwärmern bot sich fortan einmal im Jahr ein neues Ausgehvergnügen an. Denn landauf, landab ploppten die »Langen Nächte der Museen« hoch. Nicht etwa nur in den Metropolen Berlin, Stuttgart, Köln, Dresden, Frankfurt, Leipzig, Hamburg oder München. Jede Stadt, die etwas auf sich hielt, war mit dabei: Mannheim, Düsseldorf, Reutlingen, Bayreuth und Itzehoe. Halle, Gotha, Jena, Erfurt und Chemnitz. Ulm, Wittstock, Regensburg, Bielefeld, Bremerhaven und Göttingen. Nürnberg lud zur *Blauen Nacht,* das Ruhrgebiet zur *Extraschicht,* Aachen zur *Europäischen Kulturnacht Kontinentale.* Und in Wiesbaden gab es immerhin eine *Kurze Nacht.* Selbst Städte, die bisher nicht durch ein exponiertes Kultur- oder Nachtleben aufgefallen waren, sprangen auf: Tangermünde. Lübben. Helmstedt. Germersheim. Kulturhopper mit BahnCard 100 konnten praktisch an jedem Wochenende des Jahrzehnts eine andere Museumsnacht besuchen.

Unter dem städtischen Sternenhimmel fuhren sie dann mit Sonderbussen von Location zu Location und bewunderten abwechselnd Fotos, Bilder, Plastiken, Installationen und Performances. In der Sternwarte, im Stadttheater, im Schifffahrtsmuseum. Die Nachtmacher hatten sich für jeden etwas ausgedacht.

Viel aufnehmen konnte man im Besucherflow zugegebenermaßen nicht. Aber das war auch nicht so wichtig. Schließlich ging man nur hin, um mal die lokalen Kulturschaffenden zu treffen, im Museumsbistro gemeinsam Prosecco zu trinken und ein wenig über den letzten Kunstskandal zu smalltalken.

Bei unserem Spätprogramm erlebten wir zwar leider nicht so aufregende Abenteuer wie Ben Stiller, bei dem *Nachts im Museum* (2006) die Exponate ein Eigenleben entwickelten. Aber unseren Horizont erweiterten wir zu nächtlicher Stunde dennoch. Und wir fassten praktisch kollektiv (und immer wieder gern verbalisiert) den guten Vorsatz, auf jeden Fall demnächst wieder häufiger ins Museum zu gehen. Tagsüber allerdings. Dann fielen einem nicht dauernd die Augen zu. Und das half ja definitiv beim Kunstgenuss.

Musikdownloads

Wozu noch Plattenläden? Das Internet war doch viel besser sortiert als jeder Saturn. Und außerdem gab's die Songs in den Tauschbörsen bei Napster oder Gnutella auch noch kostenlos. Wobei sich allerdings recht schnell herausstellte, dass man mit der rechten Hand an der Maus schon mit einem Bein im Gefängnis stand. Dann doch lieber Musik legal runterladen – bei Musicload oder iTunes. Und das taten wir. Von Anna Netrebko bis zum *Anton aus Tirol*, von Eminems *Without Me* bis Grönemeyers *Mensch*. Nach den Terroranschlägen von New York trauerten wir mit *Only Time* von Enya aus dem Web, und bei der Sommermärchen-Fußball-WM 2006 begleitete uns *Dieser Weg* von Xavier Naidoo.

Wir luden runter, was der Mediaplayer hielt. Anastacia: *Not That Kind*. Die Gerd-Show: *Der Steuersong*. 50 Cent: *In Da Club*. No Angels: *Daylight in Your Eyes*. Beyoncé und Shakira: *Beautiful Liar*. Justin Timberlake: *What Goes Around ... Comes Around*. Robbie Williams und Rolando Villazón, Sarah Connor und Madonna, *Schnappi* und Silbermond, Tokio Hotel und Britney Spears.

Statt im Plattenladen bei stickiger Luft neben müffelnden Rockern CDs durchzugucken, klickten wir einfach auf das Einkaufswagen-Symbol, »Zur Kasse«, fertig, los. Und wenn wir nur mal reinhören wollten, brauchten wir auch nicht lange an den Kopfhörern anzustehen. Der einzige Nachteil war eigentlich nur, dass man beim Shoppen im Internet nicht gleichzeitig die neuesten Modetrends der eigenen Peergroup auschecken konnte. Aber andererseits machten das die Nuller-Kids ja eh nicht mehr in der Stadt. Sondern auf der Site ilikemystyle.net.

Mystery-TV

Hexen und Hellseher auf der Jagd nach Dämonen und Fernsehzuschauern. Alles Spirituelle und Übersinnliche war absolut Megatrend. Vielleicht deshalb, weil sich manch ein TV-Gucker wünschte, selber Zauberkräfte zu besitzen, um seinen Chef zu verhexen oder den nervigen Nachbarn mit einem Fluch zu belegen. Auf jeden Fall war es äußerst fesselnd, den Hauptpersonen beim übersinnlichen Zauber zuzuschauen, bei dem sie stets in Gewitterstürme kamen und – oh Grusel – in rotes, blaues oder grünes Licht getaucht wurden. Dabei half natürlich auch, dass diese Hauptdarsteller – egal ob Vampir, Monster oder Besessener – ausnahmslos gut aussehende Großstadtmenschen mit Modelmaßen und Designerklamotten waren. Das Mysteriöse daran war: Das kam an. Und wie. Allein die Vorzeige-Serie *Lost* zog Millionen Trendsetter in ihren Bann – und einen Golden Globe und acht Emmys nach sich.

Die Handlung von *Charmed*, *Dark Angel*, *Surface* und all den anderen Serien war leicht auf den Punkt zu bringen. Im Prinzip ging es immer um einen Vampir (Typ Brad Pitt) in Smallville/USA, der gegen die Mächte des Bösen kämpfte, um eines Tages wieder als Mensch leben zu können. Bei dieser geheimnisvollen Mission hatte er nur *5ive Days to Midnight*, bevor es ihn in die unheimliche Tiefe der Dämonen ziehen sollte. In einer Schlüsselszene lerntc cr beim Backgammon-Spiel anhand der weißen und schwarzen Spielsteine erstmals zwischen Gut und Böse zu unterscheiden. Dabei verliebte er sich nebenbei ganz unsterblich in eine Frau (Typ Angelina Jolie), die ohne ihr Wissen mit einem bösen Fluch belegt war. In Rückblenden stellte sich heraus, dass ihre Familie vor zwei Generationen mit einem Ufo in der amerikanischen Wüste gelandet war und übernatürliche Kräfte besaß. Aufgrund dieser Gabe gelang es der verhexten Frau letztlich, sich in den Vampir hineinzuversetzen und dadurch seine Seele zu retten.

Im Prinzip also war die Handlung vorbestimmt. Aber trotzdem war es immer wieder faszinierend zu sehen, wie es in der nächsten Staffel weiterging. Denn trotz des ganzen Anschauungsmaterials von *Mentalist* & Co.: Der durchschnittliche Fernsehzuschauer tat sich mit dem Hellsehen doch einigermaßen schwer.

Nachhilfeinstitute

Neues Geschäftsmodell dank Pisa-Misere. Plötzlich wurden unsere Fußgängerzonen von Nachhilfeinstituten überrollt. Franchise-Firmen wie Schülerhilfe oder Studienkreis eröffneten von Schwerin bis Schweinfurt eine Filiale nach der anderen. Die armen Mathe- und Germanistikstudenten, die sich mit Nachhilfe einst ein paar Euros zum BAföG dazuverdient hatten, konnten einem glatt leidtun. Auf einen Schlag hatten sie professionelle Konkurrenz bekommen.

Kein Wunder. In den Nullern boomte die Nachfrage nach Bildungsangeboten. Nicht nur Pisa, auch die Diskussionen um IGLU, G8 und Zentralabitur setzten Schüler und Eltern gleichermaßen unter Druck. Zu den Bildungsverlierern wollte man ja nun wirklich nicht gehören. Also schickte man den Nachwuchs ins Trainingslager. Je nach Alter und Bildungsstand wurde er fit gemacht für den Übertritt von der Grundschule ins Gymnasium, besuchte die Rechenschule oder einen Lesekompetenzkurs, büffelte

Physik in einem Crashkurs oder bereitete sich auf Realschulabschluss oder Abitur vor.

Das Büffeln gegen Bezahlung erlebte eine Hochkonjunktur. Im Internet konnte man Lehrer günstig bei MyHammer.de ersteigern. Und selbst Tchibo nahm neben Kaffee, Handtüchern und Handyverträgen in sein Produktprogramm Nachhilfe auf – ganz nach der Devise *Jede Woche eine neue Eins.*

Bereits jeder vierte Schüler in Deutschland ließ in den Nullern sein Wissen tunen. Und damit änderte sich auch langsam das Image der Nachhilfe. Was einst nur besten Freunden der Familie hinter vorgehaltener Hand gebeichtet wurde, war plötzlich gesellschaftsfähig geworden. »Seht her«, so schien es aus vielen Haushalten zu schallen, »wir fordern und fördern unsere Kinder!« Dass die in der Schule doch bitte, bitte endlich das schaffen sollten, woran man selber einst kläglich gescheitert war, konnte man ja für sich behalten … Für den Bildungsanspruch jedenfalls legten sich viele Eltern mächtig ins Zeug – zumindest finanziell. Da sie selbst meist keine Zeit oder keine Ahnung hatten, griffen sie kräftig ins Portemonnaie. Pro Jahr kamen so im Schnitt locker 1500 Euro für die professionellen Helfer zusammen.

Förderung – so der allgemeine gesellschaftliche Konsens – konnte ja nicht früh genug einsetzen. Selbst Erstklässler ließen sich schon neben der Schule gezwungenermaßen weiterbilden. Im nächsten Jahrzehnt werden sich Eltern vermutlich schon bei der Kindergartenanmeldung einen Platz auf der Warteliste der Schülerhilfe sichern. Undenkbar war solch ein Verhalten aber auch im Bildungsjahrzehnt der Nullerjahre nicht. Hier besuchten nämlich auch nicht nur die Versager einen Nachhilfekurs. Viele ambitionierte Eltern wollten statt einer Drei auf dem Zeugnis halt lieber eine Eins sehen. Ein netter Versuch, dem Nachwuchs für die spätere Berufswahl alle Chancen offenzuhalten. Wobei dieser Versuch ziemlich häufig gescheitert sein dürfte. Denn gedrillte Kinder verloren ja nicht selten die Lust am Pauken.

Und das war in den Nullern nun alles andere als günstig. Denn egal, ob die Kinder später eine Stelle als Maurer, Musicalstar oder Manager anstrebten: Eine Sache setzte jeder Arbeitgeber gleichermaßen voraus: das lebenslange Lernen. Und wer sich dazu nicht aufraffen konnte, hatte ein echtes Problem. Oder er brauchte Nachhilfe für die Lust am Lernen. Ein weiteres vielversprechendes Geschäftsmodell.

Navigationssysteme

Unsere liebsten Beifahrer. Lisa, Werner, Katrin oder George nahmen keinen Platz weg, konnten Karten lesen und redeten nur das Nötigste. Ach ja, und außerdem kamen wir mit ihrer Hilfe auch überall gut an. Mit ihnen wurden selbst Ortsunkundige zu Insidern. Männer mussten nicht länger fürchten, sich die Blöße geben zu müssen und nach dem Weg zu fragen. Frauen erreichten ab sofort auch ohne jeglichen Orientierungssinn mühelos jedes Ziel. Und Berliner Taxifahrer konnten den Satz »Wo is'n ditte?« aus ihrem Wortschatz streichen.

Die Anweisungen der mobilen Wegweiser befolgten wir alle nur zu gern. »Nach 200 Metern rechts abbiegen.« Kein Problem. »Im Kreisverkehr die dritte Ausfahrt nehmen.« Aber gerne. »Bei der nächsten Möglichkeit bitte wenden.« Huch! »Bei der nächsten Möglichkeit bitte wenden.« Jaha, es gab hier auf der verdammten Schnellstraße doch keine Linksabbieger … »Nach 70 Metern haben Sie Ihr Ziel erreicht.« Puh.

Welche eine Wohltat, wenn man Strecken, für die man einst großzügig 90 Minuten eingeplant hatte, plötzlich ganz entspannt in 55 Minuten erreichte. Navigationssysteme sparten definitiv Zeit und – noch wichtiger – Nerven. Zumal die neuesten Versionen nicht nur den Weg wussten, sondern noch viel mehr. Der Fahrspurassistent half uns beim Einordnen. Der Tempowarner sagte uns früh genug, wo Blitzer standen. Und TMC, der Traffic Message Channel, lotste uns am Stau vorbei.

So viel elektronische Unterstützung machte allerdings auch einige Zeitgenossen zuweilen unaufmerksam. Das Navi schien sich ja um alles zu kümmern. Wenn beim Rechtsabbiegen an der Ampel ein Fußgänger vors Auto sprang, wunderte sich manch einer, dass er nicht vorgewarnt worden war (»In 200 Metern einem Fußgänger ausweichen.«). Ansonsten aber genossen wir die Fahranweisungen rundum.

Wer Abwechselung zu seiner mitgekauften Navi-Stimme haben wollte, kam auch auf seine Kosten. Für einen schlappen Zehner ließ sich das Mitfahrgerät auf lustige Alternativstimmen umrüsten. So führte uns Bruce Willis mit seiner rauen Art knallhart über die Highways (»Gib Gas, Schweinebacke!«). Chantal wickelte ihre Zuhörer mit französischem Charme ein (»Wir ärraischen dein Ziehl in … Aah, wir aben dein Ziehl ärraischt!«). Und Ali zeigte den Fans von Erkan und Stefan den Weg (»Ey, kommt de krasse U-Törn, kuckst du vor dir!«). Wer hätte gedacht, dass Autofahren ohne Plan (und ohne ADAC-Atlas) so lustig und entspannt sein konnte? Der Weg war das Ziel. Definitiv.

Netzstrumpfhosen

Pariser Chic für deutsche Beine. Die Strümpfe mit Durchblick schafften den Sprung von den Catwalks in die Clubs und Fußgängerzonen. Zum Glück! Denn mit kaum einem anderen Accessoire ließ sich so sehr zaubern wie mit ihnen. Kombiniert mit Plateaupumps, Riemchensandalen oder Mary Janes konnte man mit den Fishnets jeden Tweedrock und jede Dreiviertelhose aufhübschen. Und dem grauen Hosenanzug im Büro gaben sie genau die gerade noch erlaubte Prise Sexappeal, bei der der Abteilungsleiter aufmerksam, aber nicht schwach wurde.

Besonders schick waren die Teile von Wolford oder Falke nicht nur in Schwarz, sondern auch in Wollweiß oder Dunkelbraun. Knallrot dagegen überließen wir dann doch gern mutigeren Damen aus Japan – oder auf St. Pauli.

Wir setzten mit den etwas gedeckteren Farben unterdessen überall dort modische Statements, wo es bitternötig war. Im Geburtsvorbereitungskurs zum Beispiel oder beim Grillfest der Pfarrgemeinde. Oder auch bei Freunden, die nach dem Trekking-urlaub zum Diaabend eingeladen hatten. Womit bewiesen war, dass man inmitten von Outdoor-Sandalen und Sneakers nicht gleich 500 Dollar für Jimmy Choos ausgeben musste, um einen angemessenen Stil-Kontrapunkt zu setzen.

Niedrige Couchtische

Tiefergelegter Designerliebling. Wer sich den Trend zu zehn Zentimeter hohen Sofatischen ausgedacht hatte, blieb ein gut gehütetes Geheimnis. Vielleicht auch besser so. Denn nach dem Einkauf bei Stilwerk & Co. folgte nicht selten die Ernüchterung. So stilvoll wie die Teile im Lounge-Stil auch aussahen: Wirklich praktisch waren sie nicht. Zumindest nicht, wenn man sie benutzen wollte – etwa zum Ablegen der Fernbedienung oder zum Abstellen des Cosmopolitan-Cocktailglases. Die einfachsten Bewegungen gerieten zum unfreiwilligen Bauch-Beine-Po-Workout. Zusätzlich stellten sie Frauen mit modischem Schuhwerk vor ungeliebte Entscheidungen. Da hieß es dann schnell: Entweder meine Plateaupumps oder der Tisch!

Aber wer kaufte sich schon einen Wohnzimmercouchtisch nach praktischen Gesichtspunkten? Eben. Die Coffee Table Books darauf verfehlten jedenfalls ihre Wirkung nicht. Und nach denen griff ja eh niemand.

Nordic Walking

Megatrendsportart mit Gehhilfen. Untrügliches Erkennungszeichen: rhythmisches Klackern auf Asphalt. Bei diesem Geräusch mochte sich einst mancher Mann erwartungsfroh umgeblickt haben – voller Vorfreude auf eine vorbeieilende Fee in High Heels. Nicht so in den Nullern. Da ging besagter Mann meist lieber in Deckung. Denn rhythmisches Klackern konnte nur eins bedeuten: Die Stockenten waren wieder unterwegs. Ein, zwei oder mehr Menschen in Walkingklamotten beim Spaziergang mit Skistöcken. Diese wurden wahlweise geschwungen, geführt, getragen oder geschleift.

Nordic Walking erfreute sich unglaublich großer Beliebtheit bei Anfängern (vielen) und Profis (wenigen). Wer derartig beschwingt durch Wald und Felder stapfte, tat rundum was für seine Wellness. Er steigerte Sauerstoffaufnahme und Ausdauer, erhöhte seine Fettverbrennung, straffte die Oberkörpermuskulatur, schulte seine Koordinationsfähigkeit, stärkte das Immunsystem und baute auch noch Stress ab. Außerdem steigerte er nebenbei noch sein Selbstbewusstsein. Denn mit jedem Klackern der Walking-Stöcke signalisierte er der Außenwelt: »Seht her! Ich treibe Sport! Jawoll. Ich hier!«

Besonders gegen Ende des Jahrzehnts stöckelten viele sportive Frauen zwischen 50 und 60 durch Wald und Flur – stets in kleinen bis mittelgroßen Grüppchen. Das musste wohl daran gelegen haben, dass sich hier die optimale Zielgruppe eingefunden hatte. Denn Nordic Walking stärkte die Knochenstruktur und konnte somit Osteoporose vorbeugen. Zudem bot es eine willkommene Alternative zur anstrengenden Bauch-Beine-Po-Gymnastik in muffigen VHS-Turnhallen. Und es war mehr oder weniger die einzige Sportart, die den Beteiligten Gelegenheit gab, Damenkränzchen und Wellness aufs Trefflichste miteinander zu verbinden. Obendrein aber – und das war wirklich praktisch – ließ sich auch noch die neue Outdoorjacke von Tchibo vorführen. Ein effektiveres Fitnesstraining für Damen war nicht denkbar.

Nude-Look

Mauerblümchen-Make-up für Fashionistas. Dick auftragen wollte in den Nullern niemand – schon gar nicht im Gesicht. Wer sich also den Trends von Catwalks und Kosmetikindustrie fügte, konnte sich auffälliges Make-up gleich mal abschminken. Trendy war der stylische Transparent-Look.

Und mit ein bisschen Übung hatten wir es relativ schnell raus, wie man in nur 17 Schritten völlig ungeschminkt aussah. Douglas und dm versorgten uns mit den nötigen Utensilien wie Seren, Pore Minimizern, Foundations, Cremerouges, Lipglossen, Lidschattenstiften, Fluid-Make-ups und Puderblättchen. Dabei stand uns freundlicherweise die gesamte Farbpalette aller Hauttöne zur Verfügung: Offwhite und Creme, Beige, Rosé und Bronze, Pearl und Elfenbein, Nougat, Apricot und Vanilla. Und wir entwickelten schnell ein Geschick mit den kleinen Helferlein des Nude-Look. Der Concealer verhalf uns zu ungeschminkt aussehendem Teint, die Wimpernzange zu natürlich aussehenden Wimpern. Und mit Rouge-Mousse in Rosé konnten wir dezente Apfelbäckchen vortäuschen, die man in unserem Bürojob nie im Leben bekam, sondern höchstens nach einem vierwöchigen Aufenthalt auf Juist.

Aber die Welt wollte schließlich schon immer betrogen sein – beim Make-up vor allem die männliche. Perfekt war uns der Nude-Look gelungen, wenn Männer sagten, sie könnten angemalte Frauengesichter ja eh nicht leiden und würden mehr auf natürlich und ungeschminkt stehen. Wir mussten ihnen ja nicht sagen, dass wir für eben diesen natürlichen Look Minimum eine halbe Stunde vor dem Schminkspiegel verbracht hatten. (Die Glättung der Haare zum natürlichen Sleek-Look war hier noch nicht mit eingerechnet.)

Auch wenn uns der Look nicht perfekt gelungen war, merkten wir das schnell. Dann sahen Teint und Lippen so blass geschminkt aus, dass wir uns ohne Weiteres bei *CSI* oder *Crossing Jordan* bewerben konnten – als Leiche, versteht sich. Aber selbst das mochten einige Zeitgenossinnen noch als Pluspunkt verbucht haben. Denn schließlich lag Casting in den Nullern ja voll im Trend.

Olivenöl

Mittelmeerküche zwischen Ostsee und Isar. Soja-, Sesam- oder Rapsbauern konnten einem fast leidtun. Die Kollegen im Oliven-Business klauten ihnen schlicht die Show. Wer in den Nullern Sinn für Geschmack und Zeitgeist beweisen wollte, griff zum Öl der Olivenbäume. Das schmeckte einfach nach Urlaub! Und es passte im Prinzip zu allen Gerichten, die wir gern kochten und aßen: von der Minestrone über den Meeresfrüchtesalat bis zur Moussaka.

Zudem entdeckten wir es im Restaurant als neues Amuse-Gueule. Mit einem Stück Ciabatta getränkt und mit frisch gemahlenem Salz und Pfeffer bestreut, konnten wir gar nicht genug davon bekommen. Manchmal schmeckte es so gut, dass wir schon vor dem ersten Gang satt waren. Doch das machte ja nichts. Schließlich hatte das flüssige Gold den Ruf, Arteriosklerose, Kreislauferkrankungen und Bluthochdruck vorzubeugen. Wenn Gesundheitsvorsorge doch nur immer so einfach wäre – und auch noch so gut schmeckte!

Von solch einem Lebensmittel also konnte man natürlich gar nicht genug bekommen. Folgerichtig stieg unser Appetit auf Olivenöl – und damit der Umsatz in ungekannte Höhen. Ende der 2000er verbrauchte jeder Deutsche pro Jahr knapp einen Liter davon. Zusätzlich verwöhnten wir damit nicht nur unseren Gaumen. Auch der restliche Körper freute sich, wenn in Shampoo, Bodylotion oder Duschgel Olivenöl untergemischt war. Wellness pur.

Das Zeug war so in, dass die Fachzeitschrift *Der Feinschmecker* seit 2003 einmal im Jahr eine Olivenölmesse veranstaltete, auf der die besten Produkte mit den *Olio Awards* ausgezeichnet wurden. Kein Witz!

Seither hatten auch wir Otto Ölnormalverbraucher keine Schwierigkeiten mehr, ein passendes Mitbringsel für abendliche Einladungen zu finden. Die obligatorische Flasche Prosecco der 1990er-Jahre ersetzten wir einfach durch ein erlesenes Tröpfchen

Terra Creta Kolymvari Hania-Crete DOP. Damit bewiesen wir gleichermaßen Geschmack und Lebensstil. Und wir hatten zugleich ein 1-a-Small-Talk-Thema. Denn über Olivenöl wusste in den Nullern wirklich jedermann etwas beizutragen.

In Sachen Gastgeschenk waren die Italienurlauber unter uns besonders zu beneiden. Sie deckten sich ganz einfach einmal im Jahr mit einer Palette *Colonna Olio extra vergine di Oliva* ein. Und fortan hatten sie immer das passende Geschenk, über das sich jeder freute. Na ja, fast jeder. Supermodels vielleicht nicht ganz so. Aber von denen hatten die meisten von uns ja auch nicht ganz so viele im Freundeskreis.

 # Onlineshopping

Einkaufen 24/7. Okay. Auch das Shoppen in den Innenstädten war in den 2000ern eindeutig bequemer geworden. Die Ladenöffnungszeiten waren gelockert, die anachronistischen Schlussverkäufe abgeschafft und ganzjährige Sales eingeführt worden. Aber im Internet war es trotzdem viel besser! Da konnte man auch locker noch um Mitternacht Pürierstäbe, Aktien oder Konzerttickets kaufen. Und nicht nur bei Billiger.de oder Preisvergleich.de fand man immer günstige Angebote. Außerdem brauchte man sich für den Shoppingtrip im Netz nicht extra aufzuhübschen. Selbst bei Prada.com wurde man mit freigelegtem Arschgeweih noch absolut zuvorkommend behandelt – wie überall im Internet übrigens. Hauptsache, man kannte die Prüfnummer seiner Kreditkarte.

Klar. Anfangs waren wir einigermaßen skeptisch. Den Geldverkehr wollten wir nun wirklich nicht dem World Wide Web anvertrauen. Doch mit den Jahren – und dem Einzug modernerer Verschlüsselungstechnologie – legte sich unsere Furcht (etwa proportional zu der vor Handystrahlung übrigens). Es war doch einfach zu schön, wenn der Postbote die neuen Hemden von Paul Smith oder den neuen Harry Potter direkt an unserer Haustür ablieferte!

Die neue Einkaufsetikette hatten wir schnell drauf. Wir lernten, nervende Pop-ups innerhalb von Nanosekunden wegzudrücken, ohne Skrupel Ausstattungen und Preise zu vergleichen und an den richtigen Boxen die gesetzten Kreuzchen wegzuklicken – etwa bei dem Punkt »Ich möchte den Newsletter mit aktuellen Angeboten erhalten«. So beluden wir unseren virtuellen Warenkorb mit ein paar gezielten Mausklicks schön voll, warfen an der Kasse noch mal einen kritischen Blick auf die Gesamtsumme. Und selbst bei Douglas.de war es uns dann kein bisschen peinlich, in letzter Sekunde noch schnell die Hälfte der Artikel aus dem Einkaufswagen zu werfen, was wir vor den Blicken der arroganten Spritzergirls in der Parfümerie natürlich niemals gewagt hätten!

Unsere Internetkauflust kannte bald keine Grenzen mehr. Wir shoppten Bücher bei Amazon.de, Urlaub bei Expedia.de und Diamanten bei Christ.de, Waschmaschinen bei Quelle.de und Waschlappen bei Tchibo.de, Handschuhe bei Otto.de und Handschellen bei Beate-Uhse.com. Und bei myToys.de gab's den Kaufmannsladen für die Kids, obwohl die gar nicht mehr wussten, was das war …

Innerhalb kürzester Zeit hatten wir uns daran gewöhnt, mehr oder weniger den gesamten Hausstand im Web zu bestellen. Blöd war eigentlich nur, dass wir dann am Samstagvormittag nicht mehr so recht wussten, was wir in der City eigentlich sollten. Also machten wir, was alle Nuller in solchen Situationen machten: Wir gingen in den nächsten Coffeeshop. Und bei einem schönen Vanilla Latte regten wir uns dann gemeinsam über das Geschäftesterben in den Innenstädten auf.

Orchideen

Der iPod unter den Zimmerpflanzen. Cool, stylisch und ebenfalls in den Farben Weiß, Pink, Blau, Grün und Schwarz erhältlich. Wie der Apple-MP3-Player besticht die Zeitgeistblume durch klare Schönheit, zurückgenommenes Design und eine einfache Benutzerführung. (Die Pflege war selbst mit perfekt manikürten French Nails ohne Probleme zu meistern.)

So machten Orchideen in den Nullern jede Wohnung zum stylischen Zuhause – ob im Wohnzimmer als Eyecatcher neben dem Coffee Table Book auf dem schokoladenbraunen Couchtisch, in der Küche auf der Arbeitsplatte vor dem neuen Wandtattoo oder als Accessoire auf dem Natursteinregal im Wellnessbad. Botaniker unterscheiden zwei Modelle: welche mit einheitlicher Sprossachse und welche mit mehreren Sprossverzweigungen. Die Fachausdrücke hierfür lauten: mono**pod**ial und sym**pod**ial. Kein Witz.

Osteopathie

Neuester Ausweg aus der Schulmedizin. In den Nullern fühlten sich viele Zeitgenossen irgendwie nicht mehr im Einklang mit ihrem Hausarzt. Woran das lag, wussten sie auch nicht so recht. Zumindest suchten sie dringend eine andere Anlaufstelle für ihre Schmerzen. Der Orthopäde hatte ihr Vertrauen ja schon vor längerer Zeit verspielt, zum Heilpraktiker zog es sie auch nicht unbedingt, und die Krankengymnastik brachte leider ebenfalls nicht die erhofften Erfolge. Wonach sie sich sehnten, war eher so eine Art Gesundheits-Coach für Körper und Seele.

In den Nullerjahren wurden sie dann glücklicherweise von ihrem unspezifischen Unwohlbefinden erlöst und fanden, was sie suchten: einen Osteopathen. Erstmals hörten sie von ihm von der Bekannten eines Bekannten. Laut deren Schilderungen sollte jener Alternativmediziner wahre Wunder vollbringen. Patienten, die früher jahrelang unter schlimmsten Schulter-/Hüft-/Knie-/Rücken-/Tennisarm-Schmerzen (Zutreffendes bitte ankreuzen) litten, wurden unter seinen Händen nach kürzester Zeit wieder völlig schmerzfrei. Ähnliche Wundertaten hatten wir zuvor eigentlich nur einmal gehört – von Jesus von Nazareth. Und später vielleicht noch in diversen Mysteryserien, okay. Aber jemand mit solchen Zauberkräften und eigener Praxis im echten Leben? Das hörte sich nach einem echten Geheimtipp an. Und zu Anfang des Jahrzehnts war es das ganz sicher auch.

Doch das änderte sich schnell. Denn die Hemmschwelle, solch eine Praxis zu betreten, war überraschend gering. Wahrscheinlich lag das daran, dass es in den Räumen genauso aussah wie in der Agentur, Kanzlei oder Lieblings-Lounge der Patienten: dunkles Holz, trendige Büromöbel, ein ausgefeiltes Lichtkonzept. Das gab Vertrauensvorschuss für die Behandlung.

Und was soll man sagen? Auch diese konnte man als extrem angenehm empfinden. Endlich mal jemand, der einem zuhörte und auf den ganzheitlichen Ansatz schwor, ohne dabei aber immer schon mit Globuli zu winken. Der Osteopath erklärte seinen Kunden, dass alles mit allem zusammenhing, Nerven, Muskeln, Blutkreislauf und Lymphsystem, und deshalb auch so behandelt werden müsste. Und das wirkte. Durch die gezielte Massage bestimmter Energiepunkte lösten sich Blockaden, wurden Muskeln aktiviert und man gewann eine ganz neue Perspektive auf den eigenen Körper. Ein angenehmes Wohlgefühl stellte sich ein.

Wissenschaftlich mochte das alles vielleicht nicht nachgewiesen sein, aber es wirkte. Nach der Behandlung fühlte man sich in einem ganz neuen inneren Gleichgewicht. Okay, das mochte vielleicht auch daran liegen, dass die Körperhälfte, in der man das Portemonnaie mit sich herumtrug, nachher wesentlich weniger belastet war. Denn die Krankenkassen übernahmen die Behandlungskosten für Osteopathen ja nicht. Aber wie genau man seine innere Balance wiederfand, war ja nicht das Thema. Hauptsache, man fand sie überhaupt. Und das gelang durch einen Osteopathen auf jeden Fall. Das musste man sofort gleich der Bekannten des Bekannten weitererzählen …

Packstationen

Unser eigenes Paketpostfach 24/7. Seit 2002 musste der Postmann nicht mehr zweimal klingeln, um ein Paket abzuliefern. Und vor allem musste er nicht länger diese orangefarbenen Benachrichtigungsschreiben einwerfen, auf denen behauptet wurde, der Empfänger sei nicht anzutreffen gewesen. Das war leider oft auch deshalb der Fall, weil besagter Postmann zu faul war, das Paket die vier Treppen hochzuschleppen.

Da wir also sowieso alle Pakete selbst abholen mussten, wollten wir das doch lieber dort tun, wo die Post rund um die Uhr geöffnet hatte: an den DHL-Paketautomaten. Statt des orangefarbenen Zettels erhielten wir eine E-Mail und SMS und konnten die Sendung dann an unserer Lieblings-Packstation abholen – und zwar dann, wann es *uns* passte. Also fuhren wir noch schnell nach Feierabend abends um neun zum Paket-Container. Kundenkarte in den Automaten geschoben, Pin eingegeben, auf dem Touchscreen die gewünschte Sendung ausgewählt und schon ging irgendwo eine Klappe mit dem ersehnten Paket auf. Ausloggen, fertig. Keine langen Schlangen, keine kurzen Öffnungszeiten, kein unfreundliches Schalterpersonal.

Der Weg zur Packstation gehörte fortan zu unseren üblichen Strecken. Dort gaben wir Päckchen auf. Und andere kamen für uns an. Zum Beispiel das neueste Eifel-Krimi-Hörbuch von Amazon. Der Lillifee-Fahrradhelm von myToys. Die Louboutin-Plateaupumps von Mytheresa.com. Oder die neue Ration Umckaloabo-Tropfen aus der Internetapotheke. Der DHL-Container war ab sofort unser Briefkasten fürs Online-Shopping. Erfreulich, dass er keine Sperrstunde kannte. Das eröffnete uns ganz neue Freiheiten. Und die waren auch nur ein ganz kleines bisschen eingeschränkt. Denn die bei Tchibo bestellten Nordic-Walking-Stöcke konnten wir dort leider nicht empfangen, weil in die Postfächer nur Sendungen passten, die 60 Zentimeter nicht überschritten.

Aber egal. Die nächste Tchibo-Filiale lag ja meist sowieso

näher als die nächste Packstation. Und wenn man schon mal dort war, konnte man auch gleich eine neue Packung Kaffee-Pads mitnehmen und überhaupt ... Sollte das Sortimentsthema in dieser Woche nicht »Wellness fürs Badezimmer« sein? Da hatte man eh vorgehabt, mal vorbeizuschauen ...

Paris Hilton

Partygast mit ausgeprägtem Näschen für Glamour und Geschäft. Ohne das begnadete It-Girl wäre jede RTL-*Exclusiv*-Sendung mit Frauke Ludowig garantiert fünf Minuten kürzer gewesen. Nachdem sich unsere Ex-Heidekönigin Jenny Elvers in den Nullern als Luder verabschiedet hatte, fanden Promi-Magazine und Klatschkolumnen mit der US-Hotelerbin endlich würdigen Ersatz.

Womit Paris eigentlich genau bekannt wurde, war nicht auszumachen. Angeblich arbeitete sie als Fotomodell, Designerin, Schauspielerin und Sängerin. Aber auch egal. Auf jeden Fall war ein veröffentlichtes privates Sexvideo mit im Spiel, die Verlobung mit einem Multimilliardärssohn, Fahren ohne Führerschein, viele, viele Partys und fast so viele erfolgreiche Geschäftsideen. Außer blonden, langen Haaren, einer ebenso blonden Schwester und einem Vermögen in Millionenhöhe besaß die Öffentlichkeitsarbeiterin in eigener Sache eine Modelinie, diverse Werbeverträge, ein Plattenlabel und mehrere Nachtclubs.

Ihre wichtigsten Accessoires: XXL-Sonnenbrille, ihr Lieblingsspruch »That's hot!«, It-Bag, ein Chihuahua (meist in der It-Bag). Und viele Goldene Himbeeren als schlechteste Neben- oder Hauptdarstellerin in verschiedensten Filmen.

Personal Trainer

Auftragskiller für den inneren Schweinehund. Für einen ordentlichen Tritt in den Hintern legten Fitnessmuffel gern mal ein paar Hundert Euro hin – zumal ihr Hintern danach tatsächlich straffer war. Vielleicht nicht ganz so straff wie der von Angelina Jolie oder Brad Pitt. Aber das konnte ja noch werden.

Schließlich schworen die beiden auch seit Jahren schon auf professionelle Unterstützung beim Workout. Also suchte man sich im Fitnessstudio, bei dem man schon lange als Karteileiche geführt wurde, einen Coach und los ging's. Der Personal Trainer entwickelte einen Personal Trainingsplan, weckte in uns die nötige Portion Personal Biss und zeigte uns fortan, wie personal schweißtreibend Nordic Walking, Hanteltraining oder Pilates wirklich waren. Außerdem machte er auch gern immer wieder auf Personal Schwachstellen und Personal Fehler aufmerksam – ganz zu schweigen von unverlangt abgegebenen Tipps zur Fettverbrennung.

Das Ergebnis konnte sich sehen lassen. Schon nach ein paar Wochen fühlte man sich echt viel fitter! Dieser Triumph musste natürlich gefeiert werden – zumal das Stichwort »Erfolge feiern« ausdrücklich auf dem Trainingsplan vermerkt war. Also verabredete man sich mit Freunden fürs Kino, kaufte eine Portion Cheese Nachos mit großer Cola und nahm sich fest vor, den ganzen Abend lang keinen Gedanken ans Thema Bodyshaping zu verschwenden. Das gelang meist auch ganz gut – es sei denn, man geriet zufälligerweise in einen Actionfilm, eine romantische Komödie, einen Science-Fiction-Streifen oder sonst eine Hollywood-Produktion. Da erinnerte dann jeder Blick auf die Großbildleinwand an das Thema. Dafür musste man noch nicht einmal zufälligerweise in die Actionkomödie *Mr. & Mrs. Smith* geraten sein. Obwohl die ganz unmissverständlich zeigte, dass die Personal Trainer von Brad und Angelina wirklich ganze Arbeit geleistet hatten. Aber das konnte natürlich auch an der Großbildleinwand liegen. Ganz sicher sogar.

Pfeffermühlen

Unverzichtbares Must-have für das perfekte Dinner. Endlich hatten Restaurantbesitzer den Edel-Italienern (»Etwas frischen Parmesan, Signore?«) etwas entgegenzusetzen. Und was sie hatten! Die allgemein anerkannte Faustregel lautete: Je teurer das Restaurant, desto größer die Pfeffermühle. Beim Anrücken der Kellner mochte so manche Dame das Gefühl sexueller Belästigung befallen haben.

Der genauere Anblick jedoch ließ die Anzüglichkeit meist schnell wieder vergessen. Das Design! Und dann erst die Materialien! Gebeiztes Buchenholz oder kühles Acrylglas, gebürsteter Edelstahl oder mit Klavierlack überzogenes Glanzmetall! Das Auge aß definitiv mit, so viel war sicher.

Und erst der einzigartige Geschmack. Mit frisch gemahlenem Pfeffer konnte kein noch so formschöner Streuer mithalten. Egal ob auf Penne, Entrecote oder Carpaccio: Die frisch zermalmten Körner gaben dem Essen den letzten Schliff (und die Gewissheit, zumindest *eine* frische Zutat auf dem Teller zu haben).

Die Hobbyköche unter uns – also wir alle – mussten so ein edles Teil auch ganz, ganz dringend in der eigenen Küche haben. Also pilgerten sie wahlweise zu WMF oder www.kochform.de und stöberten durch das riesige Angebot. Für jeden Geschmack war das Passende dabei – bis zu elektrischen Mühlen mit Licht und One-Touch-Mechanik. Bei den Marken hatte man die Auswahl von A wie Alessi bis Z wie Zassenhaus. Der Mercedes unter den Pfeffermühlen war jedoch ganz klar die Peugeot.

Manch einem Zeitgenossen soll bei der Ansicht eines Mahlwerks aus gehärtetem Karbonstahl mit zweireihiger Spezialverzahnung schon das Wasser im Mund zusammengelaufen sein. Manch anderem sollen beim Blick auf das Preisschild die Tränen gekommen sein. Denn gepfeffert waren leider auch die Preise. Für die Königin unter den Mühlen – eine *Peugeot Paris Eiffelturm marone* in der Variante 120 Zentimeter – musste man 370 Euro hinlegen. Für das Geld hätte man auch ein ganzes Wochenende zu zweit in Paris verbringen können. Nun ja, aber man musste eben Prioritäten setzen. Und bei der Wahl zwischen einem Eiffelturm, den man besteigen konnte, und einem, der das Essen verfeinerte, wählte man in den Nullern ohne Frage Letzteren. Kochlust war halt das höchste der Gefühle. Bon appétit!

Pilates

Bauch, Beine, Soul. Wir konnten einfach nicht anders. Ein Workout, das uns schlank und knackig machte und dann auch noch gelassen – das mussten wir natürlich ausprobieren. Barbara Becker turnte vor und wir versuchten mitzuhalten. Schlank und knackig war sie ja, und gelassen musste sie auch sein – bei dem ganzen Trubel um die Sorgerechtsverhandlungen und die unzähligen Verlobungs-, Entlobungs- und Heiratsschlagzeilen, die ihr Ex produzierte.

Also lernten auch wir so langsam, wie wir gleichermaßen Beckenboden und Nerven stärken konnten. Wir trainierten Powerhouse und Die Hundert, Bridging und Päckchen, neutrales Becken und sexy Rückgratdehnung und fragten uns die ganze Zeit, ob die Spannung bei den Übungen vielleicht doch etwas größer war als die Entspannung.

Für alle, die eindeutig mehr Yoga-Elemente brauchten, hatten die 2000er auch eine Antwort: Schließlich konnte man ja ganz locker auf Yogilates umsteigen!

Ja ja, die Nullerjahre waren schon verrückt. Es hätte eigentlich nur noch gefehlt, dass Maniküremstudios Pilates Nails anboten. Und wir bei der Behandlung gemütlich einen Pilates Latte tranken.

Piratendesign

Lieblingsmotiv kleiner und großer Jungs. Vor Käpt'n Sharky und seinen Kollegen war man nirgendwo sicher. Der Trend enterte Kinderzimmer, Kinoleinwände und Fußballstadien. In den Spielwarenläden stapelten sich nicht nur zur Karnevalszeit Augenklappen, Enterhaken, Krummsäbel und Fernrohre. Totenkopfmotive und Seeräuberaccessoires aller Art schmückten praktisch jedes Jungenzimmer jener Tage – auf Deckenlampen und Wandgarderoben, Rucksäcken und Teppichen, Schatzkisten und Truhen, Stickern, Ringbüchern und Bleifstiftanspitzern. Selbst auf Babyunterwäsche prangten die Totenschädel.

Große Jungs lachten im Kino über Johnny Depp alias Captain Jack Sparrow in den drei Teilen von *Fluch der Karibik* oder spielten das Abenteuer auf der Xbox nach. Und auf dem Fußballrasen eroberte der FC St. Pauli mit seiner Totenkopffahne im Wechsel Erste Bundesliga, Zweite Bundesliga und Regionalliga Nord.

Doch der Trend machte leider auch vor der Realität nicht halt. Vor den Gewässern Somalias kaperten Freibeuter diverse Frachtschiffe, sodass die Nato 2009 mehrere Anti-Piraten-Operationen starten musste. Statt Enterhaken trugen die modernen Seeräuber Maschinenpistolen. Und statt Augenbinden Sonnenbrillen. Aber ansonsten verbreiteten sie Angst und Schrecken wie im Bilderbuch. Und es stand zu befürchten, dass auch sie als Trendsetter zahlreiche Nachahmer finden würden.

Plateaupumps

Schuhe mit Aussicht. Die Mörder-Heels brachten uns alle so richtig schön aus dem Gleichgewicht: Frauen beim Laufen und Männer beim Gucken. Es war schlichtweg erhebend! Obwohl – oder gerade weil – wir geneigt waren, vor dem Spiegel erst mal einen Statiker um Rat fragen zu müssen.

Es soll ja Zeiten gegeben haben, da konnte man es in solchem Schuhwerk nur horizontal zu etwas bringen. In den Nullern aber war das anders. Mit Plauteaus wurde selbst der schwarze Hosenanzug zum Sexiest Outfit of the Year! In Banken und Büros, auf Catwalks und Kongressen: Sicher war man vor den höhergelegten

Hacken eigentlich nirgends. Nur in der Politik vielleicht. Aber das lag vermutlich daran, dass sich Angela, Ulla und Heidemarie sowieso schon auf ziemlich rutschigem Parkett bewegten.

Dabei hatten die Fußetageren durchaus viele Vorteile. Schließlich musste man sich mit ihnen nicht mehr hocharbeiten. Und man konnte ganz einfach Konkurrenten übertrumpfen und Kollegen kleinmachen. Der größte Vorteil aber war gewiss, dass sie ihre Trägerinnen zu den ultimativen Femmes fatales der Nullerjahre machten – mit einem Gang wie Bruce Darnell und einem Ego wie Heidi Klum.

Orthopäden konnten da noch so sehr vor Hüftschäden in späteren Jahren warnen. So what?! Dafür hatten wir wenigstens ein Jahrzehnt lang so richtig was aus unseren Hüften rausgeholt, Baby!

Plüschtieranhänger

Streichelzoo to go. Ach, wie herzallerliebst waren die Bärchen, Häschen und Pferdchen, die da plötzlich durch die Straßen baumelten! Sie und all die anderen Plüschtiere hatten mehrere Tausend Jahre nach der Arche Noah endlich eine Zuflucht gefunden, die sie sicher durch die Wogen der Neuzeit brachte. Etwa 20 Zentimeter groß, hingen sie mit einem Karabinerhaken befestigt an den Taschen vieler Zeitgenossen. Und begleiteten diese durch ihre Welt. Auf dem Weg zur Arbeit, zum Sport oder zum Date. In der Kantine, U-Bahn oder Eishalle. Beim Einkaufen, Rauchen oder Spazierengehen.

Nur Ignoranten vermuteten, dass die Plüschtierträger wohl geradewegs von der Kirmes kommen mussten – mit dem Lotterie-Trostpreis im Schlepptau. Insider dagegen erkannten das Potenzial der niedlichen Tierchen. Einigen Besitzern dienten sie lediglich als lustiger Schmuck ihres Outdoor-Outfits, anderen als Gute-Laune-Garant und wieder anderen als 1-a-Glücksbringer, den sie auf jeden Fall zu Günther Jauchs *Wer wird Millionär?* mitbringen würden. Alle aber freuten sich gleichermaßen, dass sie von nun an einen netten Wegbegleiter hatten. Einen, der hübsch anzuschauen war, sich bei Bedarf knuddeln ließ und zudem nie Widerworte gab. Der ideale Schmusedeckenersatz für Erwachsene.

Der wippte uns fröhlich in der Straßenbahn entgegen. Oder an einer Laptoptasche oder einem Schulranzen, bevorzugt aber an einem Rucksack – am Weltjugendtagsrucksack der Krankenschwester, am Eastpak der Physikstudentin oder am Fitness-Company-Backpack des Systemadministrators. Die Marketingmanagerin mit ihrer Businesstasche von Coccinelle dagegen verzichtete auf zusätzliche Accessoires. Und der Agenturinhaber mit seiner Umhängetasche von Vaude auch. Vermutlich hatten sie in ihren Jobs schon genug komische Gestalten um sich herum.

Podcasting

Runterladen als Volkssport. Endlich. Ein Traum wurde wahr. Man konnte tatsächlich Radio- und Fernsehsendungen genau dann hören oder gucken, wann es einem selber passte – und nicht den Programmdirektoren der Anstalten. Ein echter Durchbruch für freie Bürger! Einfach das Pfeil-nach-unten-Downloadsymbol angeklickt, und schon hatte man die Datei auf den Computer oder MP3-Player runtergeladen. Wer seine Rechnerkapazitäten schonen wollte, wählte das Pfeil-nach-rechts-Abspielsymbol und schaute den Stream. Das war's. Podcasts zu abonnieren war wirklich kinderleicht. Sogar so leicht, dass iTunes gleich mal eine Kindersicherung einbaute, sobald die ersten Porncasts im Web auftauchten ...

Egal ob für Leute über oder unter 18: Die Auswahl an Audio- und Videodateien war riesig. Die eigene Playlist ließ sich mit Fitnessmagazinen und Business-TV füllen, mit der Sat1-*Schillerstraße* und arte-Reportagen, mit Podcasts von Porsche oder dem Hofbräuhaus, mit Gottesdiensten und Schulradio. Und auch Nischen wurden gern bedient. Der *Forstcast* etwa bediente Waldfreunde, *Der Sonntagssoziologe* Hobbywissenschaftler.

Sogar Bundeskanzlerin Angela Merkel war bereits zu frühesten Podcastzeiten aktiv. Seit Juni 2006 wandte sie sich einmal wöchentlich per Vodcast an die Internetgemeinde, um dort die wichtigen Themen der Woche aufzugreifen: Grüne Woche in Berlin, Weltwirtschaftsforum in Davos, Afghanistan und China, Integration, Klimaschutz und Pflegeversicherung. Damit machte das Web 2.0 schier Unmögliches möglich: Die Kanzlerin wurde zur Trendsetterin. Nicht mit ihrer Frisur oder ihren Blazern, sondern mit Podcasting. Und das stand der Nation ziemlich gut.

Ponyfrisuren

Einmal aussehen wie Heidi Klum! Welche Nullerin wollte das nicht? Also legten sich viele ganz freiwillig unters Messer. Beim Friseur, versteht sich. Und sie verließen den Salon mit einem Pony, der entweder abgehackt, fransig, überlang oder asymmetrisch war – je nach Form des Gesichts und Können des Friseurs. Hauptsache, man endete nicht mit dem Ingrid-Matthäus-Maier-Gedenkschnitt. Ob einem die neue Trendfrisur auch wirklich stand, wusste man leider immer erst hinterher – trotz noch so vieler Eigenversuche vor dem Spiegel oder dem Computerbildschirm.

Unerwartet häufig wirkte das Ergebnis nach dem Friseurbesuch allerdings ganz gelungen. Der Pony umschmeichelte nett das Gesicht, ließ die Augen größer und/oder die Nase kleiner erscheinen (je nach Bedarf). Und auch Segelohren waren kein Thema mehr, musste man doch ab sofort die Haare nicht mehr aus dem Gesicht streichen. Und wenn die Stirnhaare beim Gehen so schön vor sich hin wippten, wurde auch der Gang der Trägerin plötzlich viel verführerischer. Kurzum: Der Pony war der ideale Egobooster.

Leider gab es aber auch ein paar Ausnahmen. Denn die neue Frisur versteckte – sofern vorhanden – auch die Denkerstirn. Das schmeichelte nicht unbedingt jeder Frau. Manch eine von ihnen, die mit Seitenscheitel auch äußerlich Köpfchen zeigen konnte, wirkte mit Pony plötzlich wie das Klischee aus einem Blondinenwitz. Einziger Trost für solche Fälle: Die Haare wuchsen ja wieder.

Das taten sie allerdings. Und zwar schneller, als es manch einer Ponyträgerin lieb war. Ein Zentimeter mehr oder weniger markierte gnadenlos die Grenze zwischen sexy und rausgewachsen. Spätestens nach vier Wochen, wenn niemand mehr den verführerischen Schlafzimmerblick sehen konnte, war es Zeit zur Korrektur. Das Konzept Nachschneiden bekam mit der neuen Frisurenmode einen ganz neuen Stellenwert. Klar war bekannt, dass der Friseur das kostenlos anbot. Aber wer hatte denn nach drei Wochen Lust, schon wieder zum Friseur zu traben? Mutige griffen da lieber selber zur Schere. Das führte in den meisten Fällen allerdings zu fragwürdigen Ergebnissen Marke Kinderpony – stumpf und schief. Vernünftigere Naturen nahmen den Weg zum Friseur in Kauf und ließen, wenn sie doch schon mal da waren, doch gleich alles nachschneiden. So dürfte der Pony einen wichtigen Beitrag zur Ankurbelung des Friseurgewerbes geleistet haben. Auch deshalb übrigens, weil die meisten Trendsetterinnen spätestens nach zwei Jahren die Lust am neuen Look verloren haben und wieder Stirn zeigen wollten. Da waren dann natürlich sämtliche Übergangsfrisuren fällig, die das Friseurhandwerk in petto hatte.

Hartnäckige Anhängerinnen des Ponys stiegen gegen Ende des Jahrzehnts vom Langhaarschnitt auf den Katie-Holmes-Bob um. Oder gar auf den Rundschnitt von Mireille Mathieu, der vor allem in Designerinnenkreisen ein fulminantes Comeback erlebte. Womit bewiesen war, dass unsere Mütter mal wieder recht hatten. Denn sie predigten doch pausenlos, dass alles in der Mode wiederkam. Selbst Dauerwellen. Aber davon wollten wir nichts hören.

Powerreiniger

Aggressive Haushaltshilfen aus dem Putzmittelregal. Bref. Cillit Bang. Vanish Oxi Action: Die Rundum-Fleckenentferner sorgten in puncto porentiefe Reinheit für ein neues Niveau. Küche und Bad schienen völlig mühelos zu keimfreien Zonen zu werden. Und der Halbleiterproduktion im heimischen Wohnzimmer stand nichts mehr im Wege. Zeit dafür hatte die Hausfrau ja jetzt – zumindest wenn man sich die beeindruckende Fernsehwerbung anschaute. Jetzt war endgültig Schluss mit dem langwierigen Scheuern von Böden und Becken, Armaturen und Abflüssen, Kacheln und Kühlschränken.

»Möchten Sie auf mühevolles Schrubben verzichten?«, fragte uns provokativ der Mann im TV, Typ Wissenschaftler (weißer Kittel über dunklem Anzug mit Krawatte). Eine Frau, Typ Hausfrau (mittelblonder Bob, pinkfarbener Pullover vor türkisweiß gekachelter Küchenzeile), stöhnte: »Früher habe ich viele Reiniger benutzt und musste trotzdem schrubben!« Diese Schufterei hatte sie ja jetzt hinter sich. »Vergiss Flecken!« Ob Kalk, Fett, Rost, Ruß, Schimmel, Bakterien, Kaffee, Schweiß, Nikotin oder Fußabdrücke: Die Alleskönner zauberten mit nur einem Wisch eine atemberaubende Sauberkeit – von der Fritteuse bis zum Duschvorhang.

Warum das in der Werbung das ein oder andere Mal vielleicht etwas müheloser funktionierte als im eigenen Haushalt, blieb ein gut gehütetes Geheimnis. Unbestätigten Meldungen zufolge verzog sich jeglicher Schmutz beim Fernsehdreh allein schon beim Anblick der furchteinflößenden Schauspieler freiwillig. Kein Wunder eigentlich. Schließlich waren Bakterien ja auch nur Lebewesen.

Prinzessin Lillifee

Marketingmaschine für Mädchenträume. In den Nullern ein Lillifee-freies deutsches Kinderzimmer zu finden, wäre schwierig gewesen – es sei denn das eines Jungen. Alle Mädchen zwischen zwei und sieben Jahren waren große Fans der Märchenfigur. Die ballerinenartige Gestalt mit Diadem, Zauberstab und Feenflügeln verzauberte sie alle – zum Leidwesen verzweifelter Eltern auch manche Jungs. In deutschen Kindergärten und -zimmern war Lillifee längst bekannter als jede Mette-Marit, Mary oder Máxima. Und auch die Prinzessinnen aus Grimms und Andersens Märchen wie Dornröschen oder die Prinzessin auf der Erbse konnten mit der Figur aus dem Spiegelburg-Verlag nicht mithalten. Man hätte sich nicht gewundert, wenn Wissenschaftler in den Nullern ein Lillifee-Gen auf dem X-Chromosom entdeckt hätten.

Der niedliche Blondschopf eroberte Zimmer und Herzen seiner kleinen Liebhaberinnen: mit Büchern, CDs, Brett- und PC-Spielen, auf Radierern und Ranzen, Tattooaufklebern und T-Shirts, Bettwäsche, Balletttaschen, Bademänteln, Butterbrotdosen und Briefbögen, einer TV-Serie und einem Kinofilm. Und drei der CDs gewannen eine Goldene Schallplatte. Dies vermittelt eine ungefähre Vorstellung davon, wie viele Kinderzimmer mit den Liedern und Geschichten der kleinen Zauberfee beschallt wurden.

Es durfte damals wohl wenig gegeben haben, was Eltern und Erzieherinnen mehr nerven konnte als der Lillifee-Hype. Außer vielleicht die Piratenmanie der Brüder aller Lillifee-Fans. Und natürlich die Lieder von Rolf Zuckowski. Und die waren sogar unisex!

Probiotische Joghurtdrinks

Gesundheitsvorsorge aus dem Kühlregal. Besorgte Mütter und besorgte Krankenkassen durften gleichermaßen jubeln. Dank Actimel, Activia, Yakult, LC1 & Co. war es endlich ganz einfach, die Abwehrkräfte zu stärken. Besonders in dieser nasskalten Zeit so zwischen September und Mai. Nur ein Becherchen am Tag und schon hatten wir die Grippe im Griff. Na ja, nach 14 Tagen spätestens. Sonst gab es ja schließlich das Geld zurück. Ehrlich, das war doch mal ein Wort!

Wer bitte schön träumte denn nicht immer schon davon, sich an einem kalten Novembertag am Strand laut kreischend alle Kleider vom Leib zu reißen und nackt in die Nordsee zu springen? Eben. Die Werbung war absolut einleuchtend. Und nebenbei kurbelten wir mit ihr auch noch unsere Gehirnzellen an. Denn Hand aufs Herz: Wer von uns wusste schon vor dem Auftauchen der Vorsorgejoghurts, dass der Darm unser wichtigstes Immunabwehrorgan war? Und dass wir die Darmflora daher ganz besonders gut schützen mussten? Das war ein Argument, dem wir uns nicht verschließen konnten, denn in den Nullern schützten wir reflexartig jegliche Art von Flora. Und als wir erfuhren, dass diese Wunderjoghurts auch noch probiotisch waren, dürfte auch der letzte Zweifler vom wahren Wert der Produkte überzeugt worden sein. Allein schon wegen des Worts. Probiotisch! Das musste ja Wunder bewirken.

Teuer? Ach was. Alles Einstellungssache. Die paar Euro war uns die eigene Gesundheit doch wert. Zusätzlich sparte man sich die tägliche Joggingrunde. Das hatte doch auch was. Und die Überwindung bei der Einnahme des Drinks hielt sich auch extrem in Grenzen. Er löffelte oder trank sich munter weg.

Klar fingen sich die meisten von uns auch weiterhin einmal pro Saison einen Schnupfen ein. Aber wie häufig wären wir denn krank geworden ohne diese tägliche Abhärtung? Und gar nicht auszumalen, wie schnell aus so einer Erkältung eine ausgewachsene Bronchitis samt Lungenentzündung werden konnte. Da waren diese Abwehrdrinks doch ein echtes Schnäppchen. Und die Geschichte, dass man mindestens sieben Becherchen am Tag trinken musste, damit die Abwehrkräfte wirklich gestärkt würden? Das war doch nur einer dieser typischen Großstadtmythen ohne jeglichen Wahrheitsgehalt. Oder auch eine geschickt lancierte Mund-zu-Mund-Propaganda des Verbands linksdrehender Omega-3-Kulturen.

Promi-Magazine

Neue Konkurrenz für *Bunte* und *Gala*. Eins musste man den Leuten in den Nullern ja lassen: Sie waren ohne Zweifel wissensdurstig – nicht nur als Zuschauer bei diesen Wissenschaftsshows im Fernsehen, *Galileo* und *Planetopia* und so, sondern auch im gesellschaftlichen Leben. Lebenslang lernen wollten sie, ganz sicher. Zum Beispiel, welche neue Freundin sich George Clooney zugelegt hatte oder mit welchem Kleid Kate Winslet bei der Oscar-Verleihung erscheinen würde oder warum Angelina Jolie mal wieder eine Afrikareise geplant hatte (ja, warum wohl …?!).

Um diese Neugier bezüglich Stars und Stilfragen zu stillen, verschlangen die Leser alles, was der Zeitschriftenkiosk hergab. Und das war ein ganzer Stapel an neuen People-Magazinen: *In Touch*, *InStyle*, *OK!*, *In*, *Life & Style*, *Vanity Fair* und *Park Avenue*. Klatsch und Tratsch war ab sofort nicht mehr bäh, sondern gesellschaftsfähig, nannte sich ab sofort Gesellschaft und Stil und schaffte damit den endgültigen Absprung aus den Friseursalons direkt in die Businessflieger.

Klar. Denn hier spielte sich ja auch das Leben der Protagonisten von Madonna über Martha Stewart bis Marilyn Manson ab. Und das von Mariele Millowitsch und Michael Ballack sowieso. Die Artikel drehten sich um Looks und Lover, Skandale und Sixpacks, Babybäuche und Botox, Schuhmode und Schicksalsschläge – kurz: um das wahre Leben. Bei den anspruchsvolleren Varianten wie *Vanity Fair* und *Park Avenue* ging es zusätzlich auch mal um Ex-Kanzler Helmut Schmidt, Puma-Chef Jochen Zeitz oder den Dalai Lama. Aber das kam nicht wirklich an. Gegen Ende des Jahrzehnts wurden die beiden Hochglanzblätter bereits wieder eingestellt. Es musste an den Lesern gelegen haben. Wenn sie Lust auf Klatsch und Tratsch hatten, dann erwarteten sie möglichst flache Inhalte. Denn für alles andere hatten sie ja längst die *Bunte* abonniert.

Public Viewing

Volksfest vor Großbildleinwänden – mit 23 Beteiligten auf der Leinwand und bis zu 750.000 davor. Eingeführt zum Sommermärchen 2006, wurde das Rudelgucken von Fußballspielen aus dem Stand ein Riesenerfolg. Da konnten private Einladungen zum Fußballabend im heimischen Wohnzimmer oder Garten nicht mithalten. Zum Public Viewing musste niemand mehr Getränkekästen schleppen und Megapacks Grillwürste rankarren. Und wir alle waren eingeladen. Man brauchte noch nicht mal jemanden zu kennen und trotzdem war man zu Gast bei Freunden! Ein echter Volltreffer.

Wer wollte da noch ins Stadion? Also standen wir auf Plätzen und Straßen, in Biergärten und Einkaufszentren und waren Teil einer deutschlandweiten Fanmeile – vom Heiligengeistfeld in Hamburg bis zum Olympiapark in München. In Frankfurt stand die beidseitige Großbildleinwand sogar mitten im Main, sodass die Fans von beiden Ufern aus gucken konnten.

Wir fieberten mit. Wir feuerten an. Wir jubelten (»Klinsi, wir lieben dich!«). Wir fluchten und redeten uns die Köpfe heiß (»4-4-1-1 oder 4-2-3-1?«). Hatte Jürgen Klopp recht oder doch Urs Meier? Tor von Miroslav Klose! Wir lagen uns in den Armen. Wir grölten mit den Sportfreunden Stiller »'54, '74, '90, 2006«. Und wir empörten uns kollektiv über den Kopfstoß von Zidane gegen Materazzi.

Wer zu jener Zeit allerdings Amerikaner zu Besuch hatte und ihnen ein Public Viewing vorschlug, dürfte befremdete Blicke geerntet haben. In den USA nämlich bezeichnet Public Viewing das letzte Abschiednehmen von einem aufgebahrten Toten.

Quizshows

Lebenslanges Lernen leicht gemacht. Herzlich willkommen bei Günther Jauch, Jörg Pilawa und Thomas Hackenberg! Die Nation war im Ratefieber – vor allem bei *Wer wird Millionär?*. Nirgends konnten wir unser Wissen so vergnüglich einem kleinen Check unterziehen. Bis zur Gewinnstufe von 16.000 Euro war es von der Couch aus ja echt ein Spaziergang – zumindest mit unserem Sofa-Joker und der Taco-Tüte neben uns.

Darin haben uns auch die *Prominentenspecials* bestärkt. Das waren diese Sonderausgaben, bei denen Hape Kerkeling, Peter Kloeppel und Anke Engelke sich die Antworten von hinten reinflüstern ließen und anschließend völlig aus dem Häuschen waren, wenn sie eine halbe Million für die Deutsche AIDS-Stiftung oder den RTL-Spendenmarathon erspielten.

Nette Hilfestellung gab es auch bei der Konkurrenz im Ersten. Beim *Quiz mit Jörg Pilawa* hatte der Traumschwiegersohnmoderator eine Geheimsprache in Blick und Mimik entwickelt, die sympathische Kandidaten sehr viel schneller auf die nächste Gewinnstufe bugsierte als langweilige. Psychologen, Pantomimen und Scharadespieler hätten es auf dem Stuhl sicherlich leichter als andere gehabt. Merkwürdig aber, dass trotzdem meist Ehepaare oder Vater-Tochter-Gespanne ihr Glück versuchten.

Bei anderen Ratesendungen musste man übrigens nicht mal den Weg ins Fernsehstudio antreten. Da ging es gleich im *Quiztaxi* zur Sache. Taxifahrer Thomas Hackenberg bewies größte Künste im Multitasking, wenn er sich gleichzeitig auf die Wegstrecke, den Verkehr, die Fragen und die Kandidaten konzentrierte. So einem Multitalent wollten wir nicht in die Hände fallen. Und daher achteten wir peinlich genau darauf, niemals ein Renault-Espace-Taxi zu erwischen – egal ob in Köln, Chemnitz oder Kitzbühel. Höchstwahrscheinlich gingen da nämlich schon vor dem Anschnallen Sirene und Lightshow an.

Behäbig und lahm dagegen ging es bei der *5-Millionen-SKL-Show* zu. Die Kandidaten konnten dumm wie Stulle sein. Denn die Regeln erlaubten es, sowohl Antworten als auch Blamage auf Prominente abzuwälzen. Und beim Quizsender 9Live kam man gar nicht erst zum Antworten, weil dort niemals irgendein Anrufer die ominöse Gewinnleitung traf. Schade eigentlich.

A B C D E F G H I J K L M N O P **Q** R S T U V W X Y Z   161

Denn man hatte doch schon mindestens zehnmal hintereinander gewählt, um ein Tier ohne N, D, E, U und A zu nennen.

Mitnehmen aus dem Jahrzehnt werden wir sicherlich den Spruch »Wo darf ich einloggen?«. Den hatten wir ja längst in unseren Alltagswortschatz integriert. Zum Beispiel wenn wir die Kinder morgens nach ihrem Wunsch zum Mittagessen fragten (»A Spaghetti, B Pizza, C Pfannkuchen oder D Fischstäbchen?«). Oder wenn wir das Programm des Mädelsabends festlegen wollten (»A *Keinohrhasen*, B Sushi, C Kulturbrauerei oder D Balthazar?«). Aber bevor wir uns bei solch einer Frage einigten, mussten wir erst eine Reihe Telefonjoker anrufen. Und das dauerte definitiv länger als 30 Sekunden.

Raab

Großmaul zwischen Gaga und Grips. Der Singer-Songwriter-Moderator mit den gefühlt 52 Zähnen war ein echtes Allroundtalent, gentechnisch gesehen eine Kreuzung aus Harald Schmidt, Boris Becker und Dieter Bohlen. Und so blockierte er in den Nullern unser TV total. Eigentlich gab es nichts, was Raab nicht konnte oder das er nicht zumindest mit Biss und Geschick ausprobierte – Wok-WM und Pokernacht, Bowling-Abend und Tanzwoche, Springreiten und Turmspringen, Stockcar-Rennen und Parallelslalom, Bundesvision Song Contest und Bundestagswahl-Sondersendung. Da hätte ein Oliver Pocher noch so viele Liegestütze machen können, an Raab wäre er nie rangekommen. Denn der war echt Hammer! Lieben konnte man ihn trotzdem nicht wirklich. Aber irgendwie ganz gut finden wohl schon.

Also grölten wir mit ihm *Wadde hadde dudde da* und *Ho mir ma ne Flasche Bier* beim Eurovision Song Contest und voteten für Max Mutzke bei Raabs Castingshow-Parodie *Stefan sucht den Super-Grand-Prix-Star (SSDSGPS)*. Wir zitterten mit ihm bei *Schlag den Raab* und gönnten ihm auch mal eins auf die Fresse, was Boxerin Regina Halmich hervorragend erledigte. Vor allem aber lachten wir ab über seine Witze bei *TV total* – zumindest wenn wir zur werberelevanten Zielgruppe gehörten, die dann noch nicht im Bett war oder *Kerner* guckte.

Raab talkte, Raab zeigte seine Zähne, Raab verlieh den *Schocker der Woche* und gewann *Blamieren oder Kassieren*. Mit Unterstützung von Blasehasen, Superbrain und Puller-Alarm kam er zwar nicht unbedingt an das Niveau von Über-Talker Harald Schmidt heran. Höchstens dann, wenn er so schön political uncorrect das Fernsehen disste. Okay, okay. Manchmal kam die Sensibilität des gelernten Metzgers beim Publikum nicht ganz so gut an, sodass eine zusätzliche Rubrik *Klage der Woche* durchaus in die Sendung gepasst hätte.

Aber hey. Warum sich die Beleidigten so anstellten, konnte der durchschnittliche *TV-total*-Zuschauer nicht nachvollziehen. Falls jemandem ein Schmerzensgeld von 70.000 Euro nicht ausreichen sollte, konnte er ja höchstpersönlich gegen den Meister antreten. Bei *Schlag den Raab* gab es immerhin ein paar Millionen Euro zu gewinnen.

Rabattkarten

Sparprogramme für Datenschutzverweigerer. Wir wollten nur billig. Klar also, dass wir scharf auf alles waren, womit man ein paar Euro sparen konnte. Klar also auch, dass Payback, HappyDigits und all die anderen Rabattkartenprogramme boomten. Der Deal war einfach: Die Verbraucher sammelten Punkte, mit denen sie sich Prämien aussuchen konnten. Die Kartenunternehmen sammelten Kundendaten, mit denen sie sich Einblicke ins Kaufverhalten verschaffen und die Daten weiterverkaufen konnten. Datenschützer nutzten die Gemengelage, um lautstark vor dem gläsernen Konsumenten zu warnen. Womit sie allerdings kaum punkten konnten.

Wer sich eine Karte zulegte, streifte anscheinend völlig sorglos seine Anonymität ab. Man hatte ja nichts zu verbergen.

Klar war man derjenige, der öfter mal eine Großpackung Billy Boy kaufte. Aber das konnte im Prinzip ja ruhig jeder wissen. Na ja, nicht unbedingt jeder. Aber so ein anonymes Kartenunternehmen schon. Die kannten einen ja nicht persönlich. Und bei näherem Nachdenken war es auch nur ein ganz klein wenig peinlich, wenn dann irgendwann der Beate-Uhse-Katalog unbestellt im Briefkasten lag. Aber als überzeugter Paybacker nahm man das in Kauf. Schließlich konnte man schon für 200 Punkte und eine Zuzahlung von läppischen 37,99 Euro die Multiset-Nudelmaschine *Julia* bestellen. Das war doch mal ein Argument. Alternativ wartete eine bunte Warenwelt auf Prämiensammler: Fußbälle und Zeitschriften, Flugzeugmeilen und Blutdruckmessgeräte, Klingeltöne und Mietwagen. Und als ultimatives Geschenk war ein reines Gewissen im Angebot. Denn die Punkte konnte man auch an karitative Einrichtungen spenden. Charity mit Karte bezahlt. Wie krass war das denn?

Kluge Karteninhaber planten ihren Einkauf seit dem Einsatz der Prämienkarten auch strategisch, zum Beispiel wenn es darum ging, den Gutschein mit den Dreifachpunkten möglichst gewinnbringend einzulösen. Falls der erst ab der folgenden Woche gültig war, wurde der Großeinkauf im Drogeriemarkt halt bis dahin verschoben. Eine Woche kam man doch gut noch ohne Shampoo aus … So viel Cleverness wurde belohnt. Denn keine drei Monate später konnte man sich dann das Wellness-Aroma-Set aussuchen!

Diese Begeisterung war nicht bei allen Beteiligten zu spüren. Reichlich genervt waren nämlich die Verkäuferinnen. Schließlich mussten sie bei jedem, wirklich jedem einzelnen Kunden die Frage wiederholen: »Haben Sie eine Kundenkarte?« Man konnte den Eindruck gewinnen, dass sie an einem eigenen Kartenprogramm teilnahmen, das ihnen für jede Frage 150 Extrapunkte auf ihrem Bonuskonto einbrachte.

Rauchverbot

Dicke Luft wegen des Nichtraucherschutzes. Die neuen Gesetze der Bundesländer verpesteten die Stimmung unter Arbeitskollegen, Bahnfahrern und Restaurantbesuchern. Nichtraucher kämpften für Atemfreiheit und gewannen. Raucher wurden als neue Outcasts in Gettos abgeschoben (Raucherzonen, Raucherräume, Raucherclubs). In Büros, Behörden, Bars und Bahnhöfen, in Kneipen, Kinos, Clubs und Krankenhäusern, überall hieß es für Nikotinfreunde: »Wir müssen draußen bleiben«.

Rauchen wurde zur neuen Outdoordisziplin. Das Leben mit Kippe fand ab sofort draußen vor der Tür statt – an der frischen Luft, wohlgemerkt. Das musste nicht immer ungemütlich sein. Vorm Coffeeshop eingemummelt in eine Fleecedecke oder gegrillt unterm Wärmepilz konnte man es sich mit Zigarette doch ganz gut gehen lassen. Derweil entdeckten die Gäste drinnen, wie lecker es im Café nach Kaffee riechen konnte – und nicht nach Qualm. Mentalen Smogalarm löste da höchstens der ein oder andere Ex-Raucher aus, indem er militante Nichtraucherreden schwang.

Die Raucher draußen aber nutzten ihre neue gesellschaftliche Stellung fortan schamlos aus – vor allem wenn sie sich bei Wind und Wetter vor den Eingängen der Büros auf eine Zigarettenlänge zusammenfanden. Völlig unbemerkt von den nichtrauchenden Kollegen drinnen entstanden hier neue inoffizielle Karrierenetzwerke! Und deren Mitglieder waren wahrhaft zusammengeschweißt – tausendmal stärker, als es irgendwelche virtuellen Links über XING oder CAPup! jemals schaffen konnten.

Regionalkrimis

Tatort zum Anfassen. Das Erfolgsrezept der Kriminalromane aus der Provinz war einfach: Der Täter brachte sein Opfer gleich um die Ecke um die Ecke. Und der Mörder war immer der Nachbar.

Okay, okay. Chicago mochte als Schauplatz ja auch immer

wieder nett sein. Genauso wie Venedig oder die schwedische Einsamkeit. Aber wie viel fesselnder war es, wenn der Leser den Tatort selber kannte. Und zwar nicht aus dem Urlaub, sondern von seinem täglichen Gang zum Supermarkt. Da konnte einem bei der Lektüre schon etwas mulmig werden. War man nicht gestern Abend noch an besagter Bushaltestelle ganz unbeschwert ausgestiegen?

Die Verbrechen vor der eigenen Haustür fanden bei Jacques Berndorf, Volker Klüpfel, Michael Kobr & Co. an den schönsten Fleckchen Deutschlands statt: in der Eifel und im Allgäu, im Schwarzwald und am Niederrhein, auf Hiddensee und im Westerwald. Und bei den Lesern mischte sich zum Nervenkitzel eine gehörige Portion Déjà-vu. Zum Beispiel, wenn das Erpressungsopfer das Lösegeld in derselben Sparkassenfiliale abholte, in der man selber Kunde war. Wenn der Kommissar in derselben Kneipe ermittelte, in der man sich vorige Woche noch mit Kumpels getroffen hatte. Oder wenn der Mörder im selben Stau steckte, in dem man selber auf dem Weg zur Arbeit jeden Morgen stand.

Natürlich griff auch das Fernsehen den Trend zum Heimatmordfilm dankbar auf. Der *Tatort* kam schließlich schon immer aus den Regionen. Und *Die Rosenheim-Cops* oder *Der Bulle von Tölz* ermittelten mit Sachverstand und Lokalkolorit gleichermaßen. Zusätzlich ging das Gerücht, dass auch RTL den Trend aufgriff, um daraus eine ganz neue Castingshow zu basteln, bei der die Quote regelrecht durch die Decke schießen würde. Arbeitstitel: *Bauer sucht Mord.*

Retroshows

Die ultimativen Nostalgietrips im TV. Das gemeinschaftliche Schwelgen im Zeitgeist vergangener Tage bescherte den Sendern geniale Einschaltquoten. Die *80er Show* auf RTL machte den Anfang. Oliver Geissen moderierte, Thomas Stein und Bastian Pastewka erinnerten sich auf dem Sofa gemeinsam an Zauberwürfel und Neue Deutsche Welle, und Nena sang auf der Bühne noch mal *99 Luftballons*. Nostalgie pur. Und Millionen Fernsehzuschauer wollten bei der Wiederbelebung der Vergangenheit mit dabei sein.

Es folgten *Die 70er Show* mit Hape Kerkeling, Abba und Ölkrise, später *Die 90er – The Pop Years* mit Hip-Hop, Bungee Jumping und Tamagotchis. Hach, wie geil/peinlich/krass war das denn?! Ab 2003 stellte *Die ultimative Chart Show* als erfolgreichste Musikshow im deutschen Fernsehen dann die ewigen Hitlisten vor. Wir Zuschauer staunten, wie viele Musikgenres es plötzlich gab. Wir hörten Die erfolgreichsten Hits, Sommerhits, Weihnachtshits, Partyhits, Fußballhits, Werbehits, Dancefloor-Hits, Kinohits, Comedy-Hits, Italo-Hits und Après-Ski-Hits aller Zeiten. Die erfolgreichsten Alben, One-Hit-Wonder, Debütalben, Lovesongs, Skandal-Songs, Rock-Balladen, Herzschmerz-Songs, Disco-Classics, Musikvideos und Cover-Songs aller Zeiten. Und die erfolgreichsten Popgruppen, Sänger, Sängerinnen, Duos, Singer/Songwriter, Rockstars und Boygroups aller Zeiten.

Sogar die DDR musste zur Genre-Unterhaltung herhalten. Ostalgisch verklärt stellten *Die DDR-Show* oder *Ein Kessel DDR* den Unrechtsstaat als buntes Sammelsurium zwischen Ampelmännchen und FFK dar. ProSieben schob dann noch *Die nervigsten Dinge der 90er* nach und *Die 100 nervigsten deutschen Hits/Popsongs/Bands/Deutschen/Discohits und Sommerhits*.

Herzstück aller Retroshows waren die Kommentare der eingeblendeten B- und C-Promis von Isabell Varell bis Alexander Klaws, die die Songs vergangener Zeiten wahlweise nicht erkannten oder schief oder bruchstückhaft mitsangen. Pro forma schämte man sich eine Runde für solche Jugendsünden. Aber eigentlich war man doch ganz stolz, *Major Tom* oder *Er gehört zu mir* noch textsicher mitsingen zu können. Auch den Enten- und den La-Macarena-Tanz hatte man noch drauf – wer hätte das gedacht?

Bei so viel kollektivem »Weißt du noch …?« durften natürlich auch die Nullerjahre nicht fehlen. Ende des Jahrzehnts stellte RTL II *Die 2000er – The Pop Years* vor: mit den No Angels und Big Brother, mit iPod, YouTube und Coffee to go. Bloß irgendwie

ABCDEFGHIJKLMNOPQ**R**STUVWXYZ   167

fehlte der Sendung was. Ja, genau. Der Peinlichkeitsfaktor! Denn 2008, im Ausstrahlungsjahr, da fanden wir diese Dinge ja alle noch total hip. Aber so sind wir. Mittendrin und gleichzeitig auf dem Sprung: Nullerjahre to go.

Röhrenjeans

Gefühlsechte Beinkleider für Fashionistas. Röhren waren definitiv ein Modetrend, der alle heißmachte: Männer beim Gucken, Frauen beim Schwitzen in den knallengen Teilen. Denn perfekt saßen sie erst dann, wenn sie aussahen wie aufgesprayte Leggings aus Denim.

Für ihre Trägerinnen stellten die Hosen echte Herausforderungen da. Schließlich legten sie jede einzelne Kalorie frei, selbst die aus der Cola light. Kein Wunder, dass die Angst da war, die Cellulite könne sich auf der Hose abzeichnen. Und beim Anziehen waren fraglos die Frauen im Vorteil, die kurz zuvor beim Waxing waren. Manch eine 40plusserin mochte sich da voll Horror an ihre Jugendzeiten erinnern, als sie sich mit ihrer Jeans in die Badewanne gelegt hatte, damit die so richtig auf die eigenen Maße zusammenschrumpfte. In den Nullern hatten uns dann glücklicherweise Elastan- und Spandexanteile in den Denimröhren vor dieser unwürdigen Prozedur bewahrt.

Männer mochten sich übrigens noch so sehr im Flugzeug über die mangelnde Beinfreiheit aufregen. Sie hatten nicht den blassesten Schimmer, was wir Frauen eigentlich alles auf uns nahmen – und zwar nicht nur eine läppische Stunde am Tag!

So sexy, wie sie übrigens bei Frauen aussahen – zumindest bei denen mit Topmodel-Maßen: Was gar nicht ging, waren Männer in Röhren! Das verzieh man einzig und allein Rockmusikern. Und sonst niemandem. Und darüber konntet ihr Männer froh sein. So entgingen euch manche Qualen. Denn mit Röhre standen wir Frauen plötzlich vor vielen neuen Hürden im Alltag. Zum Beispiel vor Barhockern. Auf diese mit Eleganz oder gar Coolness raufzukommen, konnte man vergessen. Zudem musste man ab sofort jeden Aufzug nehmen, selbst für nur eine Etage. Denn auf Stufen stolzierte man wie ein Storch im Salat. Und wenn die Außentemperaturen schnell stiegen (und sich die Körperteile ausdehnen wollten), musste man schnell das Outfit wechseln – damit man der Gefahr entkam, sich nur noch mithilfe einer Schere befreien zu können.

Aber alles in allem litten wir doch sehr gern. Schließlich machten die Röhren einfach eine tolle Silhouette – zusammen mit Ballerinas und Tunika oder mit Plateaupumps und Fledermaus-ärmel-Oberteil. Da fühlten wir uns gleich ein kleines bisschen wie Kate Moss oder Cameron Diaz.

Aufatmen (und anständig einatmen!) konnten wir allerdings erst wieder, als wir gegen Ende der Nullerjahre modische Alternativen zum Beinkorsett entdeckten. Die Boyfriend-Jeans etwa. Erst da spürten wir, wie sehr sich eine großzügige Blutzufuhr im Beinbereich doch auf das allgemeine Wohlbefinden auswirkte. Und auf die Barhocker kamen wir mit den labberigen Hosen auch wieder drauf. Das Problem war nur, dass uns in diesem Outfit leider niemand mehr einen Drink spendieren wollte.

Salsa

Lebensfreude ohne Allgemeines Gleichbehandlungsgesetz. Spätestens als Politikerin Heide Simonis im TV-Wettbewerb *Let's Dance* einen Cha-Cha-Cha aufs Parkett legte und Guildo Horn einen Samba, wusste nicht nur die RTL-Gemeinde: Tanzen war in!

Es wurde aber auch Zeit. Die ganze Energie und Lebensfreude, die wir mit Yoga, Ayurveda-Kuren und Tai-Chi gesammelt hatten, musste ja irgendwann raus. Gegen Ende des Jahrzehnts war es dann so weit. Es wurde getanzt! Und nicht nur irgendetwas, sondern lateinamerikanisch. Und das hieß: richtig! Hüften schwangen, Blicke schmolzen und Latin-Partys rockten.

Männer durften beim Salsa endlich mal den Macho raushängen lassen und die Führung übernehmen. Und Frauen durften die Führung aus der Hand geben und dem Mann einfach folgen. Hey, man, das Leben konnte so einfach sein! Hier gab es mal einen Sport, bei dem wir nicht allein waren (wie bei Tai-Chi oder Yoga) oder nur Stöcke als Accessoire hatten (wie beim Nordic Walking). Und beim wunderbar engen Körperkontakt mit dem Tanzpartner verschwendete auch niemand mehr einen Gedanken an so kopflastige Kennenlernformen wie Speeddating … Wozu auch?

Mit das Beste am Salsa: Selbst wenn kein passender Partner greifbar war, Schluss mit lustig war deshalb noch lange nicht. Denn Salsa ging auch solo! Und Frauen, die allein tanzten, guckte hier niemand mehr schief an – so wie früher, als sie bei *I will survive* oder *It's Raining Men* aus der Not heraus allein auf die Tanzfläche stürmten. Kein Wunder, dass Salsa so trendy war! Also meldeten wir uns paarweise oder allein zu den zahlreichen Kursen an, lernten Sidesteps und Platzwechsel, Spot Turns und Enchufla-Finte. Und am Wochenende ging's dann zur Open-Air-Salsa-Party oder zum Salsa-Abend in unserem Lieblingscafé. Das Leben war schön!

Trotzdem soll es Leute gegeben haben, denen das alles einen Tick zu anstrengend war. Aber selbst die konnten Salsa genießen: als Musik, als Zuschauer – oder beim Kochen. Eine kleine Paprika-Tomaten-Salsa ging in den Nullern schließlich immer.

SB-Bäckereien

Die Ikeas unter den Bäckern. Die Idee dahinter war einfach: Nicht mehr die Verkäuferin sollte die gewünschten Backwaren an- und einpacken, sondern die Kunden selber. Diese tatkräftige Mithilfe sparte Personalkosten und sorgte für niedrigere Preise – wie im Möbelmitnahmemarkt eben. Zielgruppe von BackWerk, Back Factory oder Mr. Baker waren alle, die beim Brötchenholen gern auf den netten Tratsch mit der Verkäuferin verzichten und dafür ein paar Euro und ein paar Sekunden Zeit sparen wollten – getreu dem Motto: »Kaufst du noch oder kaust du schon?«

Man hätte sich nicht gewundert, wenn hinter der Kasse, dort, wo die Tüten zum Einpacken lagen, Inbusschlüssel und andere Werkzeuge bereitgelegen hätten. Vielleicht musste man die Schokolade selber in die Croissants spritzen? Das Pizzabrot selber belegen? Die Donuts selber glasieren?

Heimwerkermarkt-Atmosphäre hin oder her: SB-Bäcker erlebten einen echten Boom. Erst zu Beginn der Nuller auf den Plan getreten, kaufte Ende des Jahrzehnts bereits schon fast jeder Dritte hierzulande seine Brote und Brötchen dort ein. Routiniert und regungslos schoben die Kunden ihre Tabletts vorbei an den Auslagen und angelten sich mit den bereitliegenden Zangen, was zu holen war: Weiß-, Grau- und Schwarzbrot, Mohn-, Sesam- und Körnerbrötchen, Baguettes und Ciabattas, Pizzabrötchen und Laugenbrezeln, Nussecken und Kirschstreuselkuchen, Amerikaner und Berliner.

Relativ gering war die Gefahr, dass den Kunden beim Herausgreifen der Waren das Wasser im Mund zusammenlaufen würde. Dafür sorgten schon die neonbestrahlten Auslagen und eine Atmosphäre, die an Kantine, Bushaltestelle oder Supermarktkasse erinnerte.

Andererseits: Der Blick auf die Preisschilder wirkte nicht selten wie ein guter Geschmacksverstärker ... Und außerdem: Wo sonst gab es denn beim Brotkauf schon auf Knopfdruck einen 0,2er Latte macchiato für nur einen Euro dazu?! Bei so einem Angebot konnte kein Nuller Nein sagen.

Schlitzbrillen

Sehhilfen in Minimalgröße. Es soll Zeiten gegeben haben, da hatten Fehlsichtige beim Optiker eine Riesenauswahl an Gestellen – zwischen großen runden und kleinen ovalen, zwischen klobigen und zarten, zwischen tropfenförmigen und randlosen. Die Nuller gehörten nicht dazu. Es gab nur eine einzig passable Brillenform: sehr klein, sehr schmal und sehr rechteckig. Punkt. Die Dinger waren so schmal, dass man meinen konnte, sie seien speziell für asiatische Mandelaugen designt worden.

Die Gestelle waren derart beliebt, dass es tatsächlich das ganze Jahrzehnt gedauert hat, ehe wir sie irgendwann nicht mehr sehen konnten. Abgelöst wurden sie von diesen klobigen schwarzen und viel teureren Designerteilen. Unbedingt verwunderlich war das mit dem höheren Preis allerdings nicht. Schließlich brauchte man für die neuen Modelle auch mindestens doppelt so viel Material! Da ließ sich also nur auf eine staatliche Verschrottungsprämie für unsere abgelegten Sehhilfen hoffen. Und das war in Zeiten der Finanzkrise gar nicht so abwegig.

Schlüsselbänder

Accessoire für Wichtigtuer. Mode konnte manchmal so einfach sein: Ein bedrucktes Band mit Karabinerhaken um den Hals gehängt, schon war man ein Trendsetter – oder zumindest einer, der es sein wollte. Denn in den Nullern lief gefühlt mindestens jeder zweite Deutsche mit so einem Lanyard herum. Und kam sich vor, als hinge daran der Backstage-Ausweis zum Anastacia-Konzert.

Es war wirklich merkwürdig. Aber sobald jemand ein Promoband umhatte, kam er sich zugleich lässig und interessant vor. Die Dinger baumelten wie VIP-Ausweise an den Hälsen. »Hey, alle mal herschauen«, schienen sie zu symbolisieren, »hier läuft jemand, der eine Zugangsberechtigung hat!« Ob die angehängte Karte ihnen die Zugangsberechtigung zur Kabine der Fußballnationalmannschaft gewährte oder doch nur den zur Toilette der Autobahnraststätte Irschenberg, das sah ja niemand …

Auch Kinder verfielen dem neuen Trend zum Halsschmuck. Vor einigen Jahren noch versteckten sie als Schlüsselkinder ihre Bänder verstohlen unter den Anoraks. In den Nullern aber trugen sie die Schlaufen ganz wie die Großen zur Schau – je nach Geschmack mit dem Aufdruck von Tokio Hotel, den Wilden Kerlen oder dem FC Bayern.

Ganz besonderes Kapital aus dem Lanyard-Wahn schlugen Unternehmen. Die Bänder mit Logo und Firmenausweis wurden im ganzen Werk (meist nicht ohne Stolz) getragen – und zwar vom Arbeiter bis zum Abteilungsleiter. Für Arbeitgeber war es wohl nie einfacher gewesen, ihre Corporate Identity zu transportieren. Wenn sie das doch vorher gewusst hätten! Dann hätten sie sich ganz sicher so einige Tausend Euro für ausgefeilte Teambuildingworkshops sparen können.

Schönheitsoperationen

Anti-Aging für Kompromisslose. Wer sich nicht mehr abfinden wollte mit hängenden Mundwinkeln oder schwabbelnden Oberschenkeln, hatte jetzt eine echte Alternative zum Abhängen des Spiegels. Er legte sich einfach unters Messer und schnipp-schnapp war für neue Konturen am Gesicht gesorgt – und an Bauch, Beinen, Po.

Vom Facelift bis zum Fettabsaugen: Für ein paar Tausend Euro und ein paar Tage Klinikaufenthalt ließ sich so gut wie alles richten. Und wer die OP gleich noch mit einem Kurztrip nach Tschechien oder Polen verband, konnte zudem noch etwas Geld sparen. Für junge Mädchen standen Boob Jobs ganz oben auf dem Wunschzettel. Denn die eigene Oberweite wurde von ihnen plötzlich nicht mehr als von Gott (oder Genen) gegeben angesehen, sondern lediglich als individuelle Ausgangsbasis für ein maßgeschneidertes Tuning. Diese Vorstellungen kamen dann je nach Alter des jungen Mädchens tendenziell entweder aus dem *Barbie*- oder dem *InStyle*-Magazin.

Das Aufpumpen des Busens hatte spürbare Auswirkungen – nicht nur auf die eigene Körbchengröße und auf das Konto der plastischen Chirurgen. Fortan standen nämlich alle Frauen mit etwas mehr Oberweite unter Generalverdacht (»Ga-ran-tiert hat die was machen lassen!«). Und Männer untereinander ereiferten sich über haptische Details. Die Meinungen zu Silikon variierten auf einer Bandbreite zwischen »Geht gar nicht« bis hin zu »Ich würde ja auch Gina Wild nicht von der Bettkante stoßen«. Im Zweifelsfall dürften sie sich wohl immer eher *für* die Angeklagte entschieden haben, was ja per se kein Grund zum Schämen war.

Peinlich dagegen konnte das mit den Schönheits-OPs allerdings trotzdem werden – wenn nicht im Bett, dann aber im Wochenbett. Von wem, so dürfte sich da vielleicht manches Elternteil gefragt haben, hatte die Kleine denn nur diese dünne Lippenlinie oder diese schrecklichen Segelohren …?

Schokoladenbraunes Interieur

Wohntrend wie aus dem Rittersport-Regal. Dunkelbraune Möbel erlösten uns endgültig vom hellen Birken- und Buchenholz der Neunziger. Wer sich in den 2000ern stylisch einrichten wollte, griff zum Schokoladenlook: bei Möbeln, Parkett und Verkleidungen aller Art. Die Teakholzmöbel im Garten hatten uns ja bereits auf die dunkle Seite des Wohnens eingestimmt. Die wollten wir uns jetzt auch ins Haus holen. Schön warm sollte alles wirken. Und natürlich edel. Wie bei der so beliebten Bitterschokolade galt: je dunkler, desto besser.

Auch Mainstream-Einrichter Ikea nahm die neue Trendfarbe gern ins Programm auf – vom *Expedit*-Regal über den *Elgå*-Kleiderschrank bis zum *Lack*-Beistelltisch – alles war schokobraun. In Trendcafés und -Restaurants dominierten schokoladenbraune Täfelungen statt terrakottagewischter Wände. Selbst in den Biergärten machte sich der Wohnstil breit. Dunkles Holz machte aus jeder simplen Festzeltgarnitur im Nu eine trendige Außengastronomie.

Wer bei so viel Dunkelbraun irgendwann schwarzsah, hatte am Ende der Dekade endlich eine Alternative: Glanzlackmöbel – gern in Grau oder Weiß! Die brachten die Augen des Betrachters dann wieder zum Strahlen – bis er sich über jeden Fingerabdruck auf den guten Stücken ärgerte.

Scoubidoubänder

Freundschaften Flechten leicht gemacht. Der Trend mit den bunten Bastelschnüren verbreitete sich an Deutschlands Grundschulen schneller als Läuse oder Windpocken. Eltern wunderten sich über die ungewohnte Ruhe im Kinderzimmer, ohne dass der Computer lief. Ihre Kinder bewiesen unterdessen, dass sie weit mehr handwerkliches Talent hatten als das im Kunstunterricht bisher bewiesene. Weberknoten? Schlingknoten? Perl-Erbsenknoten? Easy, Mama! Wer brauchte da noch eine Strickliesl?

Geschickt flochten und knüpften die Kids aus knallbunten, stinkenden Plastikstrippen Armbänder für sich selbst und die beste Freundin. Und danach noch Schlüsselanhänger und Handyanhänger oder Reißverschlussschmuck fürs Federmäppchen. Mit diesen Fähigkeiten und diesem Eifer hätten sie in der Weihnachtsmannwerkstatt sofort eine Stelle gefunden – bis, ja, bis deutsche Bedenkenträger ihnen die Sache miesmachten. In den Scoubidoubändern wären giftige Weichmacher, tönte es aus dem Verbraucherschutzministerium NRW. Und diese Kunde verbreitete sich deutschlandweit noch schneller als der Bastelzauber selber. Obwohl die Kids die Schnüre ja nicht lutschten, merkten sie aber irgendwann auch, dass an der Anschuldigung was dran sein musste. Denn wenn man in seiner Freizeit ausschließlich knüpfte, bestand tatsächlich die Gefahr, zum Weichei zu verkommen. Und das war total uncool.

Seither war es in den Kinderzimmern dann nicht mehr so still. Denn der neue Trend, Tokio Hotel, ließ sich auf keinen Fall in Zimmerlautstärke hören. No way.

Second Life

Monopoly mit 15 Millionen Mitspielern. Und jeder von denen gestaltete am Computer das virtuelle Leben mit – inklusive eines neuen Ichs in selbst entworfenem Avatar. In dieser schönen neuen

Welt liefen dann fast alle Menschen als Sexiest Men und Women Alive rum. Sixpack- oder Size-Zero-Figur ließ sich problemlos halten, obwohl man die ganze Zeit vorm PC die Chips in sich reinfutterte. Bad Hair Days gab es mit der Traumfrisur im Netz auch keine mehr, und beim Ausgehen kam man problemlos in alle Clubs, auch wenn man sonst immer an jedem Türsteher scheiterte.

In der Fantasiewelt war eben alles möglich. Je nach Wunschvorstellung lebten wir auf Schlössern, Bauernhöfen oder Raumstationen, gingen auf Schatzsuche, in Sportstadien oder Museen. Und als Fortbewegungsmittel dienten uns je nach Lust und Laune Roboter, Riesenschnecken oder eine Prise Sternenstaub! Was waren dagegen schon *Harry Potter* und Gentechnik? Zur Persönlichkeitsveränderung im Internet brauchte man nicht mal Ecstasy, sondern nur die kostenlose Software, Breitband-Internetverbindung und eine Grafikkarte. Okay, vereinzelt gab es im Second Life Probleme mit Drogen, Gewalt und Markenpiraterie. Und es gab auch zahlreiche Abstürze. Aber hey. Genau das machte die Online-Welt ja so lebensecht!

Also schlossen sich immer mehr Fans dem großen Hype an. Sie bauten Kartoffeln an oder Unternehmen auf. Sie nahmen an Verfolgungsjagden oder Modenschauen teil. Sie kauften mit ihren Linden-Dollars bei Amazon Bücher, bei Adidas Schuhe und bei BMW Autos. Und wer das Dating im echten Leben satthatte, konnte wenigstens hier seine Traumfrau treffen. Das tat auch der Brite David Pollard – was ihm im Real Life allerdings mächtig Ärger einbrachte. Nachdem seine Ehefrau ihn in der virtuellen Welt mehrmals bei Seitensprüngen erwischt hatte, reichte sie die Scheidung ein – in der echten Welt. That's (Second) Life …

Self Check-in

Männer und Technik. Die Bordkarten per Tastatur oder Touchscreen brachten auch Vielflieger anfangs ein bisschen ins Schwimmen. Selbstverständlich waren sie per se für alle technischen

Neuerungen offen, ganz klar. Schließlich galt es, den Innovations-standort D mit vollen Kräften zu unterstützen! Doch andererseits. Selber ausdrucken – und das noch vor der ersten Tasse Kaffee? Das schien doch eine etwas unterschätzte Task zu sein. Was war, wenn man sich vertippte und statt auf seinem Stammplatz 2A auf 23E endete? Und wie funktionierte das, wenn man neben seinem Kunden sitzen wollte? Oder – noch wichtiger – möglichst weit weg von ihm?

So ganz ohne weibliche Hilfe einzuchecken, war nicht gerade die Traumvorstellung vom Start in den Tag. Da konnte man die freundlichen Ladys am Schalter echt vermissen – zumal sich mit ihnen der Morgen auch immer schon mit einem kleinen Flirt beginnen ließ. Wie gut, dass man die Self-Check-in-Automaten aber schon Ende der Nuller umgehen konnte. Da durfte dann die Sekretärin online einchecken oder man machte es selber mit dem Handy. Mit dem kannte man sich wenigstens aus.

Aber so ganz allein vor einer Bordkartenmaschine – mit vollen Händen und ohne Zeit? Glücklicherweise kannten die Fluggesellschaften die Bedenken ihrer Frequent Traveller und HONs. Daher stellten sie kurzerhand neben die Self-Check-in-Geräte nett anzusehende Damen, die gern behilflich waren. Mit dieser Zusatzausstattung fing der Tag dann doch gut an! Zumindest, wenn man nur mit Handgepäck unterwegs war. Denn die Schlange am Baggage-Drop-off war zuweilen länger als die beim klassischen Check-in.

Aber egal. Zumindest hatte man die erste Herausforderung des Tages schon mit Bravour bestanden. Da blieb dann sogar noch Zeit für einen schnellen Espresso vor der Sicherheitskontrolle. Oder auch nicht. Denn die Schlange bei Käfer oder Leysieffer ließ nichts Gutes ahnen. Und Espresso-Automaten zum Selbstaufbrühen waren weit und breit nicht in Sicht.

Sex and the City

Dating zwischen Fifth Avenue und siebtem Himmel. Auf ihrer atemlosen Suche nach Mr. Right und Mr. Big trafen Carrie, Samantha, Charlotte und Miranda genau das Lebensgefühl der Twenty- bis Fortysomethings. Sie verabredeten sich mit Machos, Losern und Womanizern. Sie philosophierten über One-Night-Stands, Sexpraktiken und Trennungsregeln. Und trotz einer gehörigen Portion Zynismus glaubten sie weiterhin an die Liebe auf den ersten Blick (Charlotte) – oder auf den ersten Fick (Samantha) –, ausreichend Identifikationspotenzial also für jede Zuschauerin.

Mit ihren glamourösen Jobs (Kolumnistin! PR-Lady! Galeristin!) und noch glamouröseren Klamotten (Prada! Gucci! Dolce&Gabbana!) kamen uns die Single-Freundinnen wie glamouröse Versionen von uns selbst vor. Logisch, dass wir bei so viel Seelenverwandtschaft jeden Trend vom Bildschirm aufsogen und kopierten. Da war es dann nur eine Frage der Zeit, wann sich Rauchverbot, Salsa-Clubs, Tuniken oder Blumenbroschen auch bei uns durchsetzten. Mit solchen Frauen an der Seite kam man über jede Trennung und über jeden Schmerz hinweg – selbst über den nach dem Raub eines geliebten Paars Manolo Blahniks, wie Carrie es uns tapfer vorgemacht hatte. Und ihr Spruch auf dem Anrufbeantworter »Hier ist Carrie. Ich bin Schuhe kaufen« fand in Fankreisen zahlreiche Nachahmerinnen.

ProSieben hatte uns also kurzerhand vier neue Busenfreundinnen beschert. Denn eigentlich waren die vier ja Mädels wie wir – halt mit schickeren Outfits und mit Designerschuhen. Wobei die Outfits eine Saison später schon als Kopien bei H&M hingen. Nur die Kopien von Aidan oder Mr. Big ließen länger auf sich warten. Aber eigentlich genügten uns die Exemplare neben uns auf dem Sofa auch. Das waren schließlich echte Originale.

Simplify your life

Ratgeber für Überforderte. Bestimmt hätte niemand behauptet, dass das Leben zwischen dem 11. September und der Finanzkrise leicht gewesen wäre. Sicherlich nicht. In der Tageszeitung lasen wir über Irakkrieg und Integrationsgipfel, Nahostkonflikt und Neoliberalismusdebatten. Und wer konnte uns schon verständlich erklären, welche Auswirkungen die Agenda 2010, der Gesundheitsfonds oder die Abgeltungsteuer wirklich hatten? Mal ganz abgesehen von den Schwierigkeiten, die uns mobbende Kollegen machten oder die Betriebsanleitung eines neuen DVD-Rekorders oder auch nur das Öffnen einer verschweißten Packung Salami aus dem Supermarkt.

Doch anstatt vor all diesen Problemen der Welt und des Alltags zurückzuschrecken, gingen wir die Dinge offensiv an: Wir kauften uns ein Buch. *Simplify your life*, geschrieben von Werner Tiki Küstenmacher und Lothar J. Seiwert, einem Pfarrer und einem Zeitmanagement-Papst. Mit ihren Ratschlägen wollten wir unser Leben entrümpeln, entschleunigen und wieder zum Wesentlichen finden. Ob Geld, Zeit oder Gesundheit: Alle Lebensbereiche kamen auf den Prüfstand. Die Handlungsanweisungen waren leicht verständlich: »Ent-stapeln Sie Ihr Büro« hieß es da etwa, »Ent-rümpeln Sie Ihre Umgebung« oder »Ent-perfektionieren Sie Ihr Leben«. Alles Botschaften, die wir gerne hörten, denn schließlich teilten wir den Eindruck, dass alles um uns herum (und manchmal auch in uns drin) so schrecklich kompliziert geworden war. Fraglos hatten wir die Ideen zur Vereinfachung alle schon mal früher irgendwo gehört. Zeit- und Selbstmanagement waren ja keine Erfindungen der Nuller. Aber in so leicht verständlicher Form hatte uns das noch niemand nahegebracht. Und dann noch mit so lustigen Karikaturen! Das kam an.

Und wie. Das Buch, Erstausgabe 2001, wurde mit mehr als zwei Millionen verkauften Exemplaren und Übersetzungen in 20 Sprachen zum Megabestseller. Die Simplify-Marketingmaschine rollte an. Fortsetzungen erklärten uns, wie wir Love, Day oder IT vereinfachten oder wie wir *Küche, Keller, Kleiderschrank entspannt im Griff* hatten. Vom *Simplify-Partnerschaftsbuch* über das *Simplify-Sparbuch* bis zum *Simplify-Kochbuch* gab es keinen Lebensbereich, den die Autoren nicht angingen.

Bis auf einen vielleicht: die Weltlage. Die überließen sie dann geschickterweise doch lieber anderen. Und da sich sonst niemand zuständig fühlte, übernahm George W. Bush die undankbare Aufgabe. Seine Antworten unter der Rubrik Simplify the world (Stichworte: Altes Europa, Schurkenstaaten, Achse des Bösen) fanden allerdings nicht ganz so viel Anklang. Obwohl auch in dieser Debatte Karikaturen im Spiel waren. Aber die fand hier kaum jemand lustig.

Die Gesetze der globalen Politik waren möglicherweise doch etwas komplexer, als Otto Normalnuller es gern gesehen hätte. Aber dann kam ja Barack Obama. Und der hatte eine eigene Simplify-Antwort parat: »Yes, we can!« Noch einfacher – das musste man neidlos eingestehen – ging es nun wirklich nicht.

 **Simsen**

Sozialisationsstrategie der U30. Das Verschicken von Kurzmitteilungen war nicht ohne Grund eine der beliebtesten Freizeitbeschäftigungen unter Schülern, Schulabbrechern, Studenten und Auszubildenden. Man konnte in Ruhe kommunizieren – ohne jeglichen Augenkontakt, störende Nähe oder unmittelbare Reaktionsmöglichkeit des Empfängers. Zudem vertrieb das Simsen die Langeweile, straffte die Daumenmuskulatur und ließ sich wunderbar auch neben dem Hausaufgabenmachen, Chatten oder Tokio Hotel Hören ausüben. Außerdem konnte man ganz ungestört in einer Geheimsprache kommunizieren. *HDGDL* ließ sich schließlich viel schneller eintippen als »Hab dich ganz doll lieb«, und *GIDF* (»Google ist dein Freund«) war viel cooler als »Ich habe null Ahnung, googel es!« Und falls man ein *ILU* (I love you) bekam, war die einzig akzeptable Antwort *IDA* (Ich dich auch).

Alle Minibotschaften mussten standesgemäß mit allerlei Emoticons verziert werden. An die Top-3-Klassiker hatten sich selbst Best Ager gewöhnt: Ironie ;-) Lachen :-D und Enttäuschung :-(. Insbesondere Botoxpatienten dürften die Gefühlsäußerungen per Emoticons begrüßt haben – als Mimikhilfe für ihre eingeschläferte Gesichtsmuskulatur.

Aber eine SMS konnte noch viel mehr. Dates ausmachen und – noch wichtiger – Dates absagen, Gedichte schreiben, den Wettkönig bei *Wetten, dass ...?* mitbestimmen, mit dem Freund/ der Freundin Schluss machen, bei 9Live hundertmal hintereinander das Lösungswort verschicken, ohne die Gewinnleitung zu treffen, eine Sehnenscheidenentzündung hervorrufen. Und natürlich den Familienfrieden zerstören – weil die Handyrechnung der Eltern mal wieder eine Monatsmiete überstiegen hatte.

Dafür hätte man sich ja echt gern bei Mama entschuldigt. Aber das *Sry* (für Sorry) hätte sie leider erst viel zu spät auf ihrem Display gesehen. Sie machte ihr Handy ja nur dann an, wenn sie selber telefonieren wollte. Und das war seltener, als die Handyrechnungen ins Haus flatterten. :-(

Sitzsäcke

Lümmeln de luxe. Nach einem harten Tag sehnten wir uns nach einer weichen Landung. Und wir fanden sie: auf unserem Sitzsack. So konnten wir uns selbst und unserem Habitat-Sofa endlich mal die verdiente Auszeit gönnen. Im Prinzip, so redeten wir uns gern ein, waren Fatboy & Co. ja nichts anderes als die Fortsetzung des Lounging-Trends in den eigenen vier Wänden. Und so fläzten wir uns also genüsslich auf den Monstersäcken in unseren Wohnzimmern. Wann gab es so was denn schließlich schon mal, dass man alle viere von sich strecken und gleichzeitig sein Gespür für Zeitgeist beweisen konnte?! Okay, 1968 vielleicht. Damals wurde schließlich der erste Sitzsack kreiert: der *Sacco* der italienischen Firma Zanotta, ein Designklassiker erster Güte.

Aber auch beim Revival 40 Jahre später hatten seine Nachfolger nichts von ihrer Anziehungskraft verloren. Selbst im Kinderzimmer erfreuten sie sich großer Beliebtheit – als annehmbare Alternative für das nicht genehmigte Trampolin. Platzwunden konnte man sich beim Rumtoben auf den Riesenkissen schließlich genauso gut holen … Nach einem kurzen Aufenthalt in der Notaufnahme (»Es waren nur drei Stiche, und du warst sehr tapfer, Lena-Sophie!«) ließen wir Erwachsene es allerdings gern etwas ruhiger angehen auf unserer knuddeligen Sitzgelegenheit.

Fürs Kuscheln zu zweit eigneten sich die Teile mit der Styroporperlenfüllung zwar nicht unbedingt. Wenn einer der Partner gerade eine bequeme Position gefunden hatte, hing der andere garantiert wie Pudding in der Kurve. Aber allein ließ es sich doch manchen Abend vor dem Fernseher ganz gut darauf abhängen. Ärgerlich war leider nur, dass die superbequeme Sitzposition immer genau dann verrutschte, wenn es auf dem Bildschirm gerade richtig spannend/romantisch/gruselig zuging.

Und als wir dann am nächsten Morgen auch noch zahlreiche Nacho-Krümel zwischen den Sitzfalten fanden, stiegen wir doch gern wieder auf unser Habitat-Sofa um. So unbequem war es schließlich auch nicht. Im Gegenteil. Dort gelang es uns Frauen, auch mal ganz bequem im Minirock zu sitzen, ohne Einblicke à la Sharon Stone zu gewähren. Und beim Fernsehgucken konnten wir auch wieder mehr als nur Knabberzeug essen. Die auf der Sofalehne abgestellten Weingläser verrutschten keinen Millimeter. Und die Teller mit Antipasti oder Butterbroten standen ganz stabil vor uns auf dem Couchtisch. Bequemlichkeit konnte eben mehr sein als nur eine weiche Sitzgelegenheit. Und diese Erkenntnis, liebe Sitzsäcke, hatten wir nur euch zu verdanken!

Skaterfrisur

Die perfekte Welle. Gab es für Jungs etwas Cooleres als diese mittellangen Haare mit dem langen Pony, der halb über die Augen fiel? Definitiv nicht. Und deshalb wollten alle Milch(schnitten)-bubis solch eine Skaterfrisur haben – auch wenn sie mit ihrem Waveboard nicht unbedingt die Halfpipe fuhren, sondern vielleicht nur zum Klavierunterricht in die Musikschule.

Ob sich die Jungs mit der mittellangen Mähne unterschwellig den Mädchen annähern wollten? Die wurden in jenem Jahrzehnt ja ganz groß gefördert. Girls' Days und so. War doch längst bekannt, dass Jungen die großen Verlierer im Bildungssystem waren. Und wohin das führte, war auch klar: Männer konnten nicht zuhören und Frauen nicht einparken, wie wir seinerzeit lesen mussten. In diese Geschlechterfalle wollten die Nullerkids ja nun keinesfalls tappen. Also gingen sie zu einem Unisex-Friseur und checkten frühzeitig einen mädchenmäßigeren Haarschnitt aus. Unterschwellig, klar. Denn wie ein Mädchen aussehen, das wollte ja nun wirklich keiner. Ihr großes Style-Vorbild hieß David Beckham. Bei ihm nannte man die langen Haare schließlich auch nicht schwul, sondern metrosexuell, übersetzt in Unterstufenjargon: endgeil. Und wenn der lange Pony mal störte – etwa beim Xbox-Zocken – hatte Becks es ja auch vorgemacht: Haarband und fertig.

Ansonsten brachte der Ashton-Kutcher-Schnitt eigentlich nur Vorteile. Die Eltern regten sich ein bisschen auf – check. Die Mädchen fanden das eigentlich ganz süß – check. Und auf dem Skateboard machte man eine perfekte Figur – check. Übrigens nicht nur dort. Auch beim US5-Konzert oder beim Headbanging. Und in der Schule bei Klassenarbeiten sowieso. Denn das lange Deckhaar eröffnete beim Spicken einen ganz anderen Radius. Was die Mädchen konnten, das konnten sie doch wohl schon lange. Verlierer im Bildungssystem? Hey, das wollten wir doch erst mal sehen!

Skypen

Horror für die Telekom. Wir Skyper dagegen freuten uns über die neue Möglichkeit, kostenlos via Mausklick zu telefonieren. So verlernte man vor lauter Simsen, Bloggen, Chatten und Googeln wenigstens nicht das Sprechen. Mit dem Headset sah man zwar aus, als jobbte man im Callcenter (was einem in den Nullern beträchtliche Minuspunkte auf der Image-Skala einbrachte!). Aber dafür telefonierte man gratis in einem erlesenen Kreis von rund 400 Millionen Skype-Usern. Und dann noch in einer wesentlich besseren Sprachqualität als über normale Telefone. Und Videokonferenzen gingen auch. Und Instant Messaging. Und später machte Skype sogar mobil, und wir konnten unterwegs mit unserem Smartphone skypen.

Zu verdanken hatten wir das alles Niklas Zennström aus Schweden und Janus Friis aus Dänemark, den beiden Firmengründern. Dass die beiden aus Skandinavien kamen, war leider wenig überraschend. Schließlich wurde uns Skandinavien seit der PISA-Studie als *das* große Vorbild auf jeglichem Gebiet vorgehalten. Skandinavische Schulen! Skandinavische Kinderbetreuung! Skandinavische Beschäftigungspolitik! Irgendwann konnte man das echt nicht mehr hören. Da empfanden wir fast schon ein wenig Schadenfreude, als die Skype-Muttergesellschaft eBay 2009 ihre aus Skandinavien stammende Tochter an der Börse loswerden wollte.

Die Zeit des großen Skype-Hypes war anscheinend vorbei. Schließlich ging es hier nicht nur um Komfort oder Kosten, sondern vor allem um Zeitgeist. Denn unter den Techie-Trendsettern Ende der Nullerjahre lautete die Frage längst nicht mehr: Skypest du noch? Sondern: Twitterst du schon?

Sleek-Look

Spaghettihaare für alle. Ab sofort waren sämtliche Frisuren, die auch nur ansatzweise Krausen, Wuschelköpfe, Mähnen, Locken oder Wellen enthielten, megaout. Selbst tollste Afromähnen degenerierten in stundenlangen Prozeduren zu langweilig lang gezogenen Strähnen.

Und wie anstrengend der Look war! Nicht nur morgens beim Stylen. Auch alle Outdoor-Aktivitäten – wie etwa der Sprung zum Coffeeshop gegenüber – mussten sorgfältig nach den Wetterverhältnissen geplant werden. Regen, Schnee, Schauer, Nebel oder jegliche andere Form der Luftfeuchtigkeit ließen die ungeliebten Locken wieder durchkommen. Es war zum Haareraufen. Strikt zu meiden waren ab sofort auch Freibad und Biosauna, das Tropenhaus im Zoo und natürlich jegliche Reisen nach Asien – oder England.

Der Umsatz von Glätteisen hingegen erlebte ein Allzeithoch. Genauso wie der von Glattföhn-Hilfen und CHI Haarglättungen. Wer seine Naturkrause nicht dauerhaft herausziehen lassen wollte, cremte, shampoonierte und massierte wasserfreie Balsame, Gels, Cremes, Kuren und Pomaden ein, die unter Namen wie *Straight Polish* oder *Straight and Easy* die tollsten Ergebnisse verhießen.

Das ging so glatt bis 2008. Dann war Schluss mit Schnürlhaaren. Gott sei Dank! So konnte man endlich wieder eine Stunde länger schlafen. Na ja, vielleicht nicht ganz. Eher eine Viertelstunde. Denn auch der moderne Undone-Look nahm locker 45 Minuten in Anspruch. So lange brauchte man schließlich, bis die Haare so richtig schön unfrisiert aussahen. Und für die angesagten sanften Wellen mussten die Heizwickler auch eine Zeit lang einwirken. Ganz zu schweigen von den armen Seelen, die sich für toupiertes Big Hair entschieden hatten. Da half eigentlich nur noch, sich beim Frisieren ein Videoclip von Amy Winehouse anzugucken und dabei auf eine spezifische Form von Osmose zu hoffen.

Smokey Eyes

Panda-Look für Trendsetterinnen. Die rauchig geschminkten Augen machten selbst aus Mauerblümchen Diven. Von einem dunklen Schleier umhüllte Blicke ließen uns Frauen auf einen Wimpernschlag geheimnisvoll, verführerisch und sexy wirken. Kurzum: Sie machten uns zu anbetungswürdigen Geschöpfen. Ganz so, als hätte Bruce Darnell die neue Make-up-Devise ausgegeben: »Drama, Baby!« Für so viel Wirkung verbrachten wir morgens natürlich ohne mit der Wimper zu zucken eine geschlagene halbe Stunde vor dem Schminkspiegel. Tuschten und verrieben, pinselten und umrandeten, betonten und verwischten. Der perfekte Augenaufschlag war das allemal wert.

Leider überzeugte das Ergebnis nicht immer auf den ersten Blick. Denn schnell stellte sich heraus, dass der Umgang mit schwarzem und weißem Lidschatten, mit Kajal und Mascara einige Übung verlangte. Leider führte der ein oder andere Make-up-Patzer dann mal gern zu Augen, die eher übernächtigt aussahen als überwältigend. Oder noch schlimmer: zu Augen, die an den Heroin-Chic der Neunziger erinnerten! Was sozusagen dem Schmink-Gau entsprach.

Das dürfte dann selbst der Kernzielgruppe aller weiblichen Blicke aufgefallen sein, den Männern. Denn die – das wussten wir ja aus zahlreichen amtlichen Statistiken – schauten einer Frau immer zuerst ... in die Augen.

Smoothies

Vitamine für Faule. Pürierte Banane-Ananas oder Mango-Maracuja aus dem Plastikfläschchen war ganz nach unserem Geschmack. Denn so konnten wir auf ganz bequeme Weise nicht nur unseren Durst stillen, sondern gleichzeitig auch etwas für unsere Gesundheit tun – was in den 2000ern mindestens ebenso wichtig zum Überleben war. Smoothies waren ja so dermaßen gesund! Das schmeckte man schon an dem frisch gepressten Fruchtpüree in den Kunststoffflaschen. Nun ja, frisch gepresst war es vielleicht allerhöchstens noch in den Saftbars der Citys – bei Real oder Rewe im Convenience-Kühlregal wohl eher nicht mehr so ganz.

Aber das machte nichts. Wichtig war, dass wir die Vitamine einfach trinken konnten, ohne die Früchte vorher selber schälen, schneiden, zerhacken und pürieren zu müssen. Welch ein Aufwand wäre das gewesen! Für so etwas hatten wir einfach nicht die Ruhe. Da quetschten wir lieber eine kleine Tai-Chi-Übung in unseren Stundenplan.

Die trinkfertigen Smoothies jedenfalls unterstützten uns auf geniale Weise bei der Gesundheitsvorsorge. Schließlich hatten wir nach dem Trinken einer Portion – zumindest fühlte es sich so an – den Vitaminbedarf eines Tages schon mal locker gedeckt. An apple a day keeps the doctor away? Falls das Sprichwort stimmte, hielten wir uns mit einem Chiquita-Fläschchen Brombeere-Himbeere-Yangmei pro Tag nicht nur einen Arzt vom Hals, sondern gleich das gesamte Team von *Grey's Anatomy*. Was bei genauerem Nachdenken vielleicht gar nicht unbedingt so erstrebenswert war …

South Park

Schwarzer Humor in bunten Comics. Der durchgeknallte TV-Kult um vier auf- und abgeklärte Schuljungen zog die werberelevante Zielgruppe vor den Fernseher – 13 Staffeln lang. Auch wenn sie mit ihren niedlichen Kindchenschema-Gesichtern keineswegs so aussahen: Eric Cartman, Kenny, Kyle und Stan hatten es faustdick hinter den (nicht gezeichneten) Ohren. Und so avancierten sie bei ihren Fans zu den Eminems des Zeichentricks.

Hauptsache schön politisch unkorrekt wurden alle denkbaren Themen der (US-)Gesellschaft aufgegriffen: Scientology, Auslandseinsätze, Klimaschutz, Osama bin Laden, der Streit um die Mohammed-Karikaturen. Im Prinzip bestand die gesamte Serie ausschließlich aus Tabubrüchen, Schimpfworten und Running Gags. Was Stan und Kyle wohl dazu gesagt hätten? Keine Frage. »Oh, mein Gott! Sie haben Kenny getötet! Ihr Schweine!«

Soziale Netzwerke

Abhängen im Web 2.0. Früher, als die Kids noch Jugendliche hießen, waren sie vielleicht im Fußballclub, im Blasorchester oder im Schützenverein. Nicht unbedingt nur, um zu kicken, zu musizieren oder zu trinken. Mehr, um mit anderen Spaß zu haben, was in den 2000ern ins Netz verlagert wurde. Und wenn man Glück hatte, dann kamen bei StudiVZ oder Facebook, bei Wer-kennt-wen, MySpace oder Lokalisten die Freunde auch nicht unbedingt nur aus Oberkirch, sondern auch aus Ohio oder Odessa – oder zumindest schon mal aus Offenbach. Die Web-Communitys bescherten einem mit einem Klick eine unüberschaubare Zahl neuer Bekannter. Okay, die hatte man alle noch nie getroffen, aber ihre Profile sahen doch oberhip aus. Allein beim weltweit größten Netzwerk Facebook hatte man Ende des Jahrzehnts die Auswahl aus 200 Millionen potenziellen Freunden. Fett, oder?

Über die Online-Netzwerke chattete man mit ihnen, postete Bulletins, veröffentlichte oder las Blogs, plante gemeinsame Events, lud Fotos, Videos und Musik hoch oder gab Kleinanzeigen an virtuellen Schwarzen Brettern auf. Vor allem aber bastelte und feilte man an seinem eigenen Profil. Die Arbeit lohnte sich, denn was man einmal im Netz von sich preisgegeben hatte, war ja für immer der Nachwelt erhalten. Da lohnte sich das Frisieren am eigenen Leben(slauf) doch mal. Und auf den eigenen Fotos sah man natürlich auch immer gut (und vor allem viel jünger) aus. Einen Bad Hair Day brauchte bei MySpace niemand zu fürchten – ganz zu schweigen von einem abgebrochenen Studium oder gar einem beeindruckenden Vorstrafenregister. Stattdessen konnte man sich nach Lust und Laune selbst inszenieren – beliebt war dabei beispielsweise die Facebook-Rubrik *25 random things about me.* Die Mitteilungsfreude der User im Netz musste daran gelegen haben, dass sie sich alle gerade den Pony lang wachsen ließen. Sonst hätten sie einen Friseur gehabt, dem sie das alles hätten erzählen können.

Fest stand auf jeden Fall, dass einem als sozialer Netzwerker niemals mehr langweilig war. Und außerdem hatte man massenhaft Kontakte. Von wegen, der Computer machte einsam. Alles bullshit! Um allerdings die vielen Kontakte zu pflegen, musste man schon reichlich Zeit vor dem Rechner verbringen, das stimmte. Aber – hey – was sollte man auch sonst machen? Im Fußballclub, Blasorchester oder Schützenverein hätten die einen wegen mangelnder Übung sowieso nicht mehr haben wollen. Aber so what? Dafür kannte man jetzt jemanden aus Neuseeland, mit dem man stundenlang über *50 Cent* chatten konnte.

Speeddating

Rendezvous mit Stoppuhr. Vergessen Sie Romantik. Hier ging es allein um Effektivität – ganz so, als hätte McKinsey die Datingindustrie beraten. Zehn Männer und zehn Frauen in einem schmucklosen Raum. Jeder lernt jeden kennen und notiert anschließend auf seinem Protokollblock, wem er seine Telefonnummer geben will – und wem nicht. Alexander nein. Stefan nein. Florian nein. Daniel nein. Philipp, oh Gott … So einfach war das. Zum Kennenlernen blieben pro Pärchenkombination genau sieben Minuten Zeit, um die wichtigsten Eckdaten auszutauschen. Alter, Beruf, Familie, Hobbys. Gong! Die Zeit war leider um. Wechseln, bitte! Die Frauen rückten wie bei der Reise nach Jerusalem einen Platz weiter. Alles auf Anfang. Neuer Mann, neues Glück. Oder auch nicht. Zeit für tiefe Blicke in die Augen war eh nicht. Was möglicherweise auch Vorteile hatte. Denn sieben Minuten konnten mitunter lang sein. Sehr lang sogar.

Wer beim Speeddating mitmachen wollte, brauchte Chuzpe (wahlweise ging auch Unverfrorenheit), Redetalent und eine gut zurechtgelegte Vita. Frauen half zusätzlich ein etwas tieferer Ausschnitt und eine Freundin, die mitkam, um nachher alles gemeinsam durchzuhecheln.

Das Konzept der flinken Partnerwahl lernten wir – wie so vieles – aus *Sex and the City*. Dort begab sich Miranda in die Höhle der Löwen. Als erfolgreiche Rechtsanwältin erntete sie bei ihrem jeweiligen Gegenüber allerdings nur Gähnen und Desinteresse. Sobald sie sich jedoch als Stewardess ausgab, pushte das ihren Sexappeal in ungeahnte Höhen. Ihre Wahl fiel auf einen Unfallarzt aus der Notaufnahme. Es kam, wie es kommen musste. Als Miranda sich am Morgen danach in den Finger schnitt und böse blutete, entpuppte sich auch ihr Doktor als Fake. Aber so war das eben in der Datingindustrie der Nuller. Unhappy Ends inbegriffen.

Spinning

Radtour im Fitnessstudio. Im Gegensatz zu Mountainbikern mussten Indoor-Cycler keine holprigen Pfade, rostigen Nägel oder lästiges Vogelgezwitscher fürchten. Und sie kamen auch stets ohne Orientierungssinn oder Navi an ihr Ziel. Und dieses hieß: Fettverbrennung! Spinning war der optimale Fatburner jener Tage.

Denn das Radfahren mit lärmender Musik und einpeitschendem Instructor hatte mit einer Sonntagstour so viel zu tun wie Amy Winehouse mit einer Klosterschule. Rein. Gar. Nichts. Wer sich zum Spinningkurs anmeldete, brauchte entweder eine Top-Kondition oder aber viel Mut und eine gehörige Portion Selbstüberschätzung. Auf den Standrädern ging es nämlich ab – und zwar mit einem 60-minütigen schweißtreibenden Nonstop-Training inklusive simulierter Berg- und Talfahrten, Zwischensprints sowie verschiedener Sitzhaltungen und Lenkergriffe. Den Gruppendruck gab's noch gratis dazu.

Die Must-haves für ein solches Herz-Kreislauf-Training kannte jeder, der die Prozedur schon mindestens einmal durchlaufen hatte: Radlerhose, Pulsuhr, Handtuch, Wasserflasche, genug Körperfett zum Verbrennen sowie anschließend zwei Tage, an denen man nicht auf den eigenen Bewegungsapparat angewiesen war.

Beim Anblick einer Gruppe von zehn strampelnden, schwitzenden Körpern mochte manch einem Beobachter eine Idee gekommen sein. Warum das kollektive Radfahren nicht zur alternativen Stromgewinnung nutzen? In ganz Deutschland wären da sicherlich einige Tausend Kilowatt durch erneuerbare Energien zusammengekommen. Obwohl man fragen musste, wie erneuerbar diese Energien eigentlich waren – zumal wir ja in einer alternden Gesellschaft lebten ...

Stadtstrände

Copacabana an Spree, Rhein und Isar. Was Frankreich mit seinem *Paris Plage* an der Seine konnte, das konnten wir schon lange! Und so karrten clevere Eventfirmen tonnenweise Sand in deutsche Großstädte, pflanzten Palmen, stellten Liegestühle auf, zimmerten Holzterrassen und eröffneten urbane Open-Air-Bars.

Eine geniale Idee! Den ganzen Sommer über traf sich die Szene fortan in den neuen Großstadtoasen. Ob der *BundesPresse-Strand* in Berlin, *Monkey's Island* in Düsseldorf oder die *Isarstrandbar* in München – Beach in the City war absolut Trend! Übrigens nicht nur in unseren Metropolen. In Offenbach etwa hing man im *King Kamehameha Beach Club* ab, in Mannheim am *Hafenstrand* und in Braunschweig im *Okercabana*.

Mit einer Flasche Beck's Green Lemon in der Hand und den neuen Flip-Flops an den Füßen ließ sich doch so manche Happy Hour verbringen. Ein Netz fürs Beachvolleyballspiel war oft auch da, Musik zum Chillen oder Tanzen sowieso und den Sonnenuntergang am Wasser gab's gratis dazu. Wer wollte da noch nach Sylt oder Ibiza?

Die Citybeaches waren *the place to be* für alle Nuller, die für einen Strandurlaub nicht gleich 14 Urlaubstage opfern wollten. Hier, an den Sandstränden von Saarbrücken, Stuttgart und Magdeburg, fanden sie immer ein sonniges Plätzchen – ganz ohne Billigflieger. Ein Citybike oder Cabrio reichte völlig aus – oder auch ein Straßenbahnticket. Und selbst Last-Minute ging hier immer was.

Sudokus

Kreuzworträtselkonkurrenz aus Japan. Quadratisch, knifflig, gut: Wen interessierte da noch der Lebensbund mit drei Buchstaben? Sudokus überschwemmten die Republik. Rätselfreunde konnten regelmäßig in *Zeit, Stern* oder *Süddeutscher Zeitung* über die richtigen Ziffernkombinationen grübeln – oder in extra Sudoku-Heften.

Da saßen sie dann: in der U-Bahn und im Wartezimmer, in der Lufthansa-Lounge und in der Arbeitsagentur. Wir waren zu einer Nation von Gehirnjoggern geworden. Hardcore-Füchse lösten die Logikaufgaben auf tragbaren Sudoku-Geräten oder legten sich das Computerspiel ein. *Eine Zahl bleibt immer allein*, so die wörtliche Übersetzung von Sudoku, die das Ziel der Aufgabe schildert. Bei der Standard-Variante durfte in dem 9x9-Gitter jede Ziffer pro Spalte, Reihe und Block nur einmal vorkommen.

Eine knifflige Angelegenheit, manchmal leider auch nervenraubend, wenn man sich so kurz vor dem Ziel sah und seine Vermutungen immer wieder verwerfen musste. Andererseits: Wie groß war das Erfolgserlebnis, wenn man es dann doch geschafft hatte! Eine späte Genugtuung besonders für Leute, die in der Schule nicht gerade als Mathegenies geglänzt hatten. Jetzt sollte einen der Mathelehrer mal sehen. Nicht für die Schule, für die Freizeit lernten wir!

Um die Lösung zu finden, hatte jeder so seinen eigenen Weg. Scannen, auszählen, kombinieren, eliminieren, Paare suchen. Logikfans kamen richtig in Fahrt. Und alte Hasen lechzten nach neuen Herausforderungen. Nicht vergeblich. Neben der Standardvariante kamen vielerlei Variationen auf den Markt: X-Sudoku, Samunamupure, Fudschijama, Samurai-Sudoku, Gattai 13, Kakuro, Roxdoku, Hyper-Sudoku … Eins verzwickter als das andere. Buchläden in Fußgängerzonen und Internet versorgten auch Könner mit immer neuen Herausforderungen. Die hatten dann Titel wie *Sudoku Meisterklasse. 160 schwere Rätsel für Profis* oder *Sudoku für Super-Profis. 150 teuflisch verzwickte Zahlenrätsel.*

Auch Profis übrigens mussten keine Angst haben, dass ihnen irgendwann der Nachschub ausging. Allein in der Standardvariante gab es nämlich genau 6.670.903.752.021.072.936.960 verschiedene Lösungsmöglichkeiten. So war der Rätselspaß auch für die nächsten Jahrzehnte gesichert.

Tabloids

Tageszeitungen light. Die Blätter im handlichen Format sollten die Generation iPod endlich zum Zeitunglesen bewegen – und so die Auflagenverluste der Verlage stoppen. In Großbritannien und Skandinavien funktionierte das ja auch, warum also nicht auch bei uns? *Welt Kompakt* und *Frankfurter Rundschau* probierten es, außerdem auch *News*, *Direkt* und *20cent* und später sogar die *Bild*. Sie komprimierten die eh schon kompakten Tageszeitungsinhalte auf rund 40 mal 28,5 Zentimeter und boten so nicht nur das Wichtigste in Kürze, sondern das Allerwichtigste in aller Kürze.

Unpraktisch war das ja nicht unbedingt. Man hatte weniger zu lesen, aber trotzdem das gute Gefühl, alles zu wissen. Und außerdem verdrängte man in der U-Bahn seinen Sitznachbarn nicht unnötig in die hinterste Ecke. Trotzdem konnten sich die meisten Blätter im Tabloid-Format nicht lange halten. Überraschenderweise hatte sich herausgestellt, dass man doch tatsächlich mehr verändern musste als das Format, um eine Zeitung für junge Zielgruppen interessant zu machen. MP3-Player waren halt doch noch weitaus handlicher als eine Loseblattsammlung.

Vielleicht hätten die Verlage lieber gleich eine Zeitung im iPod-Format herausgeben sollen. Als Hörbuch, versteht sich. Das wäre bestimmt ein Verkaufsschlager geworden – zumindest wenn die Artikel mit den Rhythmen von Shakira unterlegt gewesen wären.

Tai-Chi

Chinesisches Yoga zwischen Zeitlupe und Kickboxen. Tai-Chi war die Antwort auf so ziemlich alle Sehnsüchte, die wir in den Nullern kannten: die nach Entschleunigung und Sinnsuche, nach asiatischem Lebensstil und Meditation, nach Wellness und Harmonie. Und nicht zuletzt die nach innerer Stille. Anhänger der Meditations- und Bewegungsform machten uns vor, wie wir diese Bedürfnisse stillten. Indem sie sich regungslos oder angriffslustig in den Stadtpark stellten, sich konzentrierten und alles andere um sich herum ausblendeten. Das war schon bewundernswert, wie sie da zwischen schreienden Kleinkindern in vorbeifahrenden Buggys und dahintrottenden, iPod hörenden Joggern stoisch ihre Pekingform machten. Spätestens da war auch normalen Parkbesuchern ohne jegliche asiatische Vorbildung klar: Tai-Chi stärkte nicht nur Geist, Seele und Muskeln, sondern in hohen Maßen auch das Selbstbewusstsein.

Besonders der Anblick der langsam fließenden Qigong-Übungen auf der grünen Wiese war anfangs doch sehr gewöhnungsbedürftig. Wie schlecht gekleidete Schaufensterpuppen mit falsch eingeschraubten Gliedern standen die Möchtegern-Akrobaten da. Oder wie Scharadespieler, die unsichtbare Kisten stemmten. Kaum vorstellbar, dass es sich dabei ursprünglich um einen Kampfsport handelte, der mit Säbeln, Schwertern oder Speeren ausgeübt wurde. In unserer westlich-pazifistischen Welt war davon nichts mehr zu spüren. Gekämpft wurde höchstens noch gegen den Stress und die innere Unruhe. Aber auch diese Gegner waren ja nicht so leicht zu besiegen ...

Schließlich musste etwas dran sein an Übungen von Wu Tai Chi Chuan bis Liu He Ba Fa. Denn die deutschen Krankenkassen übernahmen in einigen Fällen die Kosten für die Kurse. Falls die eigene Kasse eine Übernahme verweigerte, lohnte es sich, die einstige Kampfkunst in der Krankenkassendependance vor Ort auszuprobieren. Denn ihre Grundregeln halfen auch bei modernen Auseinandersetzungen in Verwaltungsbüros: »Halte den Kopf aufrecht« lautete eine davon. »Lockere die Ellenbogen« eine andere. Und ganz wichtig: »Gebrauche Yi (Intention), nicht rohe Kraft.« Der Sachbearbeiter dankt.

Tapeten

Neues Outfit für kahle Wände. Die Fototapeten der Siebziger lagen weit zurück. Und genau zwei Jahrzehnte brauchten wir, um das Trauma von Sonnenuntergängen und Bergpanoramen in Schlafzimmern und Hobbykellern zu verarbeiten. Nichts als Weiß wünschten wir uns in dieser Zeit für unsere eigenen Wände in Wohnung und Haus. Zugegeben: In Restaurants und Cafés hatten wir schon die gesamten 1990er-Jahre zwischen terrakottafarbenen gewischten Wänden verbracht. Und wenige Mutige wagten dieses Toskana-Experiment auch in ihrem eigenen Zuhause.

Die übrigen Zeitgenossen warteten bis in die 2000er, bis sie weiße Wohnzimmerwände übereinstimmend nicht mehr cool fanden, sondern kahl. Oder langweilig. Auf jeden Fall musste Farbe her. Und zwar dringend. In der überschaubaren Sozialwohnung ebenso wie im großzügigen Loft. Anfangs fiel unsere Antwort auf die weißen Wände noch eher schüchtern aus. Eine Tapete vielleicht? Wir mochten uns noch nicht so recht durchringen. Das Trauma saß halt tief. Und auch als Deko-Soap-Queen Tine Wittler 2005 bei ihrem *Einsatz in 4 Wänden* eine großflächige Eichhörnchentapete anbringen ließ, waren wir noch nicht restlos überzeugt. Frau Wittler musste ja nicht selber Tag und Nacht mit dem angekleisterten Nagetiermonster unter einem Dach verbringen.

Irgendwann jedoch warfen wir unsere Bedenken über Bord und klebten uns auch eine.

Das Ergebnis überzeugte. Denn selbstredend griffen wir beim Kauf nicht zu den alten Motiven. Diesmal, so waren wir sicher, wählten wir Geschmackvolles: Blockstreifen oder grafische Muster, viel in Schwarz-Weiß und sehr auffällig, alternativ auch gern großflächige Bordürenmuster oder asiatisch angehauchte Kirschblütenzweige. Ganz Mutige schmückten ihre Wände mit einer britischen Telefonzelle in Originalgröße, mit einer 3,30 Meter großen Gabel oder mit riesigen Kaviardosen.

Auch technisch unterschieden sich die Nuller-Tapeten gewaltig von ihren Vorgängern, die noch unter der Raufaserschicht der 80er-Jahre klebten. Bei vielen modernen Varianten entfiel nämlich das lästige Einweichen vor dem Kleistern. Bei vorgeleimten Sorten sparte man sich zudem das Einkleistern. Und trocken abziehbare Varianten versprechen – zumindest theoretisch – ein problemloses Ablösen. Ob das wirklich ein Vorteil ist, wird sich allerdings erst in Zukunft herausstellen. Sobald die 2010er-Jahre einen neuen Wandgeschmack hervorbringen, gilt es schließlich, sich von Altem zu trennen. Und bei diesem mentalen Ablöseprozess könnte nach aller bisherigen Lebenserfahrung auch ein mühseliges Abkratzen unter lautem Fluchen durchaus helfen.

 **Tattoos**

Körpermode mit Entsorgungsproblem. Wer hätte gedacht, dass Kriminelle und Seeleute mal echte Trendsetter werden würden? In den 2000ern war es so weit. Statt Knackis ließen sich Controller, Krankenschwestern, Kindergärtnerinnen & Co. tätowieren. Tabuzonen gab es nicht. Die gesamte Hautfläche wurde genutzt: vom Nacken bis zu den Füßen, vom Venushügel bis zum Hintern. Selbst Glatze und Brustwarzen mussten herhalten und wurden mit Sternen und Delfinen verziert. Oder mit Würfeln, Kreuzen, Drachen – und natürlich mit Sanskrit. Die indischen Schriftzeichen erlebten auf deutschen Körpern einen wahren Boom. Wer schon keine Ayurvedakur machte, wollte sich wenigstens äußerlich mit ein klein wenig indischem Lebensstil schmücken. Alternativ funktionierte die hautnahe Globalisierung auch mit chinesischen Zeichen. Wie viele Leute allerdings damals mit dem Schriftzug *Schweinefleisch süßsauer* auf ihrem Dekolleté oder *Rindfleisch Chop Suey* auf ihrem Oberarm rumliefen, war unbekannt. Es dürften einige gewesen sein. Denn bei deutschen Tätowierern konnte man kaum die genaue Kenntnis der chinesischen Schriftsprache voraussetzen.

Mit Abstand am auffälligsten (und geschmacklosesten) unter allen Tattoos war das Steißbeintribal über dem Po, im Prekariatsjargon gern auch Arschgeweih genannt. Weithin sichtbar, prangte es über Stringtangas und Hüfthosen und wies die Trägerinnen praktischerweise eindeutig als RTL II-Zuschauerinnen aus.

Der Tattoo-Trend kannte keine Grenzen. So gab es kaum einen Promi, der nicht irgendwo eine oder mehrere Tätowierungen vorweisen konnte. Schauspieler stellten ihre Make-up-Artists vor ganz neue Herausforderungen, mussten sie für bestimmte Rollen doch häufig ihren nicht abwaschbaren Körperschmuck überschminken lassen. In einem Jane-Austen-Film wirkte ein Stacheldraht-Stich kurz unter den Puffärmeln des Empirekleides einfach nicht so recht passend. Und beim *Gladiator* konnte ein tätowiertes Kreuz den Gesamteindruck des Feldherrenepos doch etwas verzerren …

Besser dran waren da Zeitgenossen, die aus Weitsicht oder Feigheit lieber zu Aufklebe-Tattoos griffen. Immer wieder gern genommen waren die Fahnen der Fußball-WM-Teilnehmer auf dem Arm. Kinder wollten den Trend natürlich auch mitmachen und klebten sich zum Beispiel kleine Dinosaurier auf Hände und Beine. Wenn die Dinophase dann nach vier Tagen wieder vorbei war, ließen sich die Sticker leicht ablösen und wahlweise durch Piraten oder Elfen ersetzen.

Echt Tätowierte hatten es da schwerer. Als die Mode gegen Ende des Jahrzehnts so langsam abebbte, mussten sie sehr tapfer sein. Das Weglasern funktionierte zwar, hinterließ aber nicht selten Narben oder eklige Ekzeme, die so gar nicht die Form von süßen kleinen Delfinen oder Zaubersternen hatten. Auch hier entwickelten Promis wieder innovative Strategien. Megastar Angelina Jolie etwa ersetzte kurzerhand den Namen ihres Exmanns Billy Bob Thornton auf dem Oberarm gegen ein Tattoo mit den Längen- und Breitengraden der Geburtsorte ihrer Kinder. Noch cleverer war Ex-Baywatch-Blondine Pamela Anderson. Die Aufschrift *Tommy* ließ sie nach der Trennung von besagtem Namensträger einfach zu *Mommy* ummodeln.

Noch schmerzhafter als die Tattoo-Entfernung dürfte allerdings das nachträgliche Bekenntnis zu einer schweren Modesünde gewesen sein. Leggings oder Hüfthosen wurde man da viel einfacher los. Und man konnte gleichzeitig damit noch Gutes tun – bei Oxfam oder dem Roten Kreuz.

Telenovelas

Schmalz mit Suchtfaktor. Die modernen Aschenputtel- und Schneewittchenvarianten bewiesen, dass nicht nur Rosamunde Pilcher mit schlechten Schauspielern für Happy Ends im Fernsehen sorgen konnte. Mit den Liebes-Seifenopern fanden wir nonstop von Montag bis Freitag unsere *Wege zum Glück* oder erlebten den *Sturm der Liebe*. Und 645 Mal waren wir zusammen mit Lisa Plenske *Verliebt in Berlin*.

Viel brauchte es nicht gerade für eine Telenovela: vom Alltag gelangweilte Zuschauer, eine Hauptfigur, die auf A endete (Lisa, Bianca, Julia, Anna). Dann in Nahaufnahme Schauspielerblicke aller Art, vor allem bedeutungsschwangere, aber wahlweise auch schmachtende, strahlende, verliebte, enttäuschte, wütende, zweifelnde und sehnsuchtsvolle. Die wurden mit softem Musikgedudel untermalt und – leider ziemlich häufig auch – von hölzernen Dialogen unterbrochen. Als Standardausrüstung an Requisiten reichten Kerzen, Negligés, rote Rosen und Seidenbettwäsche – also alles Dinge, die uns selbst am Valentinstag too much wären.

Aber manchmal brauchte es halt einfach im grauen Alltag zwischen Supermarktkasse, Waschkeller und Hausaufgabenkontrolle ein bisschen Kitsch. Telenovela gucken war eben wie Schokolade essen für die Seele. Und nur weil einem hin und wieder nach Romantik zumute war, konnte man schließlich nicht immer zum Zahnarzt gehen, um dort die *Frau im Spiegel* zu lesen.

Tischläufer

Tafeldecken der Nuller. Allen Dekoqueens eröffneten Tischläufer ganz neue wunderbare Möglichkeiten. Zunächst mal passten sie – quer oder längs – auf jeden eckigen Tisch, egal welche Maße der hatte. Das erleichterte schon mal den Einkauf enorm. Schließlich konnte man beim Shoppen bei jeder Gelegenheit zugreifen, ohne befürchten zu müssen, dass man zu Hause eine Enttäuschung erlebte (»Mist, doch zu kurz …«).

Also griffen wir ungeniert zu – beim alteingesessenen Haushaltswarengeschäft und bei Kaufhof, bei Strauss Innovation und bei Tchibo. Die Läden übertrumpften sich gegenseitig mit neuen Varianten. Denn eines hatten sie genauso schnell wie ihre Kundinnen begriffen: Einen Tischläufer konnte man eigentlich immer gebrauchen. Vielleicht den mit den Blumenapplikationen oder diesen hier mit Ziernaht und Bommeln? Oder doch lieber einen aus Organza mit schicker Bordüre?

Die Läufer waren die ideale Zwischenlösung zwischen Tischdecken (zu schick) und Platzsets (zu schnöde). Außerdem ließen sie den schönen Holztisch darunter nicht ganz verschwinden. Mit dem Einzug der neuen Tafelkleider entdeckten wir flugs auch immer neue Anlässe für einen schön gedeckten Tisch. Schließlich sollte nicht nur die Kaffeetafel bei der Taufe oder Erstkommunion schön aussehen. Zum Asia-Abend passte die Variante aus gewebtem Holz, zur Kürbissuppe an Halloween der orangefarbene Läufer aus Baumwolle und zum Weihnachtskaffee der mit Glocken und Sternen bestickte Damaststreifen.

Und auch nach dem Gebrauch ließen uns die Läufer strahlen. Im Gegensatz zu ihren Vorgängern, den voluminösen Tischdecken, verstopften sie nicht die Waschmaschine und brauchten nur kurze Zeit beim Bügeln. Wenn das mal nicht ihr größter Vorteil war. Denn so trugen sie auf wunderbare Weise zur Work-Life-Balance aller Frauen zwischen Schreib-, Ess- und Wickeltisch bei. Und das war in den Nullern echt was wert.

To go

Mitnahmeeffekte allerorten. Den Anfang des Trends machte einst der Coffee to go, den wir uns auf dem Weg zur Arbeit mitgeben ließen. Im Pappbecher mit Plastikdeckelchen schmeckte er doch erst richtig. Und außerdem sparten wir morgens zehn Minuten.

Wir waren hierzulande schon längst zu einer Unterwegskultur geworden, die immer auf dem Sprung war und zudem das Multitasking perfekt beherrschte. Gleichzeitig gehen und trinken war kein Problem für uns. Wenn wir es besonders eilig hatten, konnten wir sogar gleichzeitig gehen, trinken und uns den Mund am heißen Kaffee verbrennen. Später perfektionierten wir den Außer-Haus-Konsum noch mit coolen Thermosbechern, die alles heiß hielten, und freuten uns über die Schilder »Coffee to go – jetzt auch zum Mitnehmen!«

Doch die gemütliche Tasse Kaffee war nicht das Einzige, was dem Take-away-Trend zum Opfer fiel. Das Handy lieferte uns ja schon länger ein Telefon to go, der iPod Musik to go und der BlackBerry Internet to go. Bei so einem Megatrend wollten natürlich auch andere Branchen gern mitmischen – was nicht immer so richtig gelang. Schönheitschirurgen boten »Botox to go« an. Die *WAZ* brachte das neue People-Magazin *Talk to go* auf den Markt, und der dtv-Verlag gab sogar eine Reihe »Books to go« heraus, was kein Witz war. Fragte sich nur, was die anderen Zeitungen und

Bücher waren. Festgenagelt am Regal? Eingesperrt im Zeitungs-
kiosk? Gleichfalls genial übrigens der Slogan von der Citibank:
»Money to go«, was in der Finanzkrise am Ende des Jahrzehnts
sogar bittere Wahrheit geworden ist.

Wir armen Nuller. Diese ganzen To-go-Angebote waren
echt zum Davonlaufen. Und glücklicherweise hatten wir dazu zwei
Beine. To go, versteht sich.

Tokio Hotel

Ostdeutsche Antwort auf New Kids on the Block. Bill Kaulitz, Tra-
vestie-Punk mit Big Hair und Mega-Power, lockte alle aus der Re-
serve. Eltern brachte er um den Verstand und Grundschüler scha-
renweise in die Plattenläden (meist deshalb, weil die noch keinen
eigenen Computer besaßen, um sich die Musik downzuloaden).

Bill, Tom, Gustav und Georg ließen es so richtig rocken.
»Schrei! Bis du du selbst bist!«, dröhnte es aus den Kinderzimmern
so laut, dass alle Piraten-Wandtattoos abfielen. Und die vielen
weiblichen Fans hatten auf den Konzerten endlich mal wieder
einen Grund zum Kreischen. Ganz ohne die Gefahr, aus dem el-
terlichen Wohnzimmer gleich wieder als »Zicke!« beschimpft zu
werden.

»Keiner weiß, wie es dir geht, keiner da, der dich versteht«:
Eigentlich einleuchtend, dass die Scheidungs- und Schlüsselkinder der 2000er auf diesen Mix aus weichgespülten Texten und
harten Gitarrenriffs abfuhren. Und wenn Bill auf den Konzerten
von München bis Moskau auch noch so eine abgefahrene Bühnen-
show hinlegte, gingen die Kids doch gern mit ihm »übers Ende
dieser Welt, die hinter uns zerfällt«!

Die Kinderzimmer-Rocker aus der ostdeutschen Provinz
waren echt Hammer. Wer sonst aus Loitsche bei Magdeburg hatte
es denn schon in die US-Charts geschafft? Und weltweit fünf Millionen Platten verkauft? *Achtung, fertig, los* gewann die Boygroup
nicht nur Tausende Fans von Paris bis Tel Aviv, sondern auch zahl-

reiche Preise wie Goldene Schallplatten, Bambi oder Echo. Bill Kaulitz erreichte 2007 zudem bei der Wahl zur *Unsexiest Woman Alive* des Männermagazins *FHM* den 27. Platz.

Aber diese zweifelhafte Auszeichnung störte seine weiblichen Groupies überhaupt nicht. Erstens, weil sie ziemlich sicher noch gar nicht wussten, was ein Männermagazin war. Und zweitens, weil sie diese Art Ironie als Zehnjährige auch noch nicht unbedingt begreifen mussten.

Trekkingsandalen

Outdoor-Hype im Großstadtdschungel. Klettverschlusslatschen wie *Treasure Island, Off Road* oder *Hyper Terrain* eroberten epidemieartig die Straßen der Innen- und Vorstädte. Mit strapazierfähiger Sohle, antimikrobiellem Fußbett und gepolstertem Futter sorgten sie für höchsten Tragekomfort, größte Atmungsaktivität und einen garantiert hässlichen Fuß, dem selbst mit einer 60-minütigen Verwöhn-Pediküre bei Freshnails nicht beizukommen war. Und wir dachten doch eigentlich, dass wir mit Birkenstocks, Crocs und Ugg Boots bereits den ästhetischen Tiefpunkt erreicht hätten ...

Wir hatten uns geirrt. Und zwar mächtig. Outdoor war mega-in. Und daher stürmten die Pfadfinder der Citys die Erlebniskaufhäuser von Globetrotter, Sportscheck oder Jack Wolfskin in Massen. Allein schon der Kauf der Sandalen wurde zum Abenteuer. In Megastores zwischen Kanubecken, Regenkammern und Klettertunneln war man so schnell abgelenkt. Und dann erst die technische Ausstattung der Sandalen! Sollte man das Modell mit Shock-Absorb-System, X-Frame-Design und Neopren-Polsterung nehmen? Oder lieber auf Silberionen, Motion Guide und Shoc-Pad-Dämpfung vertrauen?

Eine folgenschwere Entscheidung. Denn die Neuerwerbungen mussten auf den bevorstehenden Expeditionen die härtesten Herausforderungen bestehen. Moderne Trekkingtouren führten in den 2000ern zum Beispiel mit der U-Bahn ins Büro, auf Exkursionen ins Outback der Vorstädte oder auf Shopping-Safaris zu T-Punkt und Media Markt. Bei Gartenpartys mussten sie für festen Stand neben dem Grill sorgen, beim Public Viewing für ausreichend Halt beim Jubeln. Und zu Hause für genug Trittdämpfung auf dem anstrengenden Treck vom Sofa zum Kühlschrank und zurück.

Tuniken

Schwangerschaftsmode ab Größe 34. Die Tunikamode konnte eigentlich nur die Rache der Designer für den Bauchfrei-Hype sein. Ab Mitte des Jahrzehnts jedenfalls ließen sich abgebrochene Diäten wieder schmeichelhaft verstecken. Tuniken zauberten jegliche Problemzonen einfach weg – doch leider auch jeglichen Sexappeal.

Es war ein Jammer! In den Ein-Frau-Zelten verschwammen Oberweite und Bauchfalten zu einer großen undefinierbaren Masse, was die Mehrheit der Big-is-beautiful-Trägerinnen allerdings anders zu sehen schien. Ihr Sprachrohr, die *Bild der Frau*, jubelte jedenfalls über die »Figurschmeichler«. Schließlich glich der BMI der meisten Frauen ja auch eher dem von Christine Neubauer als dem von Gisele Bündchen. Und so führten die kaftanartigen Umhänge sogar dazu, dass in der *Vogue* tragbare Mode für die deutsche Durchschnittsfrau gezeigt wurde.

Zumindest tatsächlich Schwangere durften sich über den Trend uneingeschränkt freuen. Ab sofort konnten sie richtig Geld sparen. Ganz einfach, indem sie ihre Oberteile nicht mehr teuer bei Bellybutton im Internet zu erstehen brauchten, sondern in jedem Klamottenladen oder Versandhaus fündig wurden. Da blieb dann ganz bestimmt noch Geld übrig für eine klitzekleine Tunika in Babygröße 50/56.

Ü30-Partys

Flirtbörsen für Faltenträger. Maßgeschneidert für Leute, die schon Discos kannten, als es noch keine Clubs gab. Für die, die gern Abba und Major Tom hörten und sich dafür nicht länger schämen wollten. Und natürlich für die, die ausgelassen *It's Raining Men* oder *Ein Stern, der deinen Namen trägt* mitgrölen wollten. Das ging ja alles nicht auf diesen neumodischen Raves.

Auf Ü30-Partys konnten Männer wieder ungestraft die abgedroschensten Anmachsprüche rauskramen. Und Frauen durften nur dann an die Bar gehen, wenn sie diese Sprüche hören wollten. Ü30-Partys waren vermutlich die billigste Form der Eheanbahnung in den 2000ern – im Prinzip nichts anderes als Karneval – bloß ohne Kostüme.

Das Konzept *Fisch sucht Fahrrad* kam an. Und wie. Überall outeten sich plötzlich Thirtysomethings, die ausgehen und möglichst nicht allein heimkommen wollten. Die Veranstalter tourten mit dem Konzept quer durch die Republik: vom Weserschlösschen übers Sachsenwaldforum bis zur Grugahalle. Ganz abgefahrene Events halfen schüchternen Gästen sogar beim Flirten – in Form von ausgesandten Flirt-Engeln, eingerichteten Liebespostämtern oder – ganz banal – mit bunten Aufklebern im Ampelsystem, das die Flirtlaune auf einen Blick klarstellte. Grün: Mehr als quatschen ist nicht drin. Rot: Immer ran.

Kurzum: Ü30-Partys waren der ultimative Beweis dafür, dass die totgesagte Spaßgeneration quicklebendig war – wenn auch vielleicht etwas älter. Gegen Ende des Jahrzehnts entdeckten clevere Eventagenturen bereits die nächsten Zielgruppen. In ihrem Angebot: Ü40-, Ü50- und Ü60-Partys. Und das, obwohl diese Zielgruppen sich doch längst großzügig zur Gruppe Ü30 zählten …

Ugg Boots

Weitverbreiteter modischer Fehltritt. Und nachher wollte sich wieder niemand den Schuh anziehen … Die Lammfellstiefel aus Australien hatten zwar keinen Absatz, fanden aber reißenden. Stilikonen von Kate Hudson bis Sarah Jessica Parker machten es vor – und alle Welt es ihnen nach. Zumindest die Frauenwelt. Fashion Victims schlurften mit den formlosen Tretern wie Trampeltiere durch Hollywood und Hannover, New York und Nürnberg. Warum, das blieb ihr Geheimnis. Denn die Ugly Boots verkürzten nicht nur optisch jedes Frauenbein. Gleichzeitig verlängerten und verbreiterten sie den Fuß der Trägerin auch noch auf sehr unschöne Weise. Kurzum: Sie machten Frauen zu Hobbits. Und die ließen das auch noch freiwillig mit sich machen – und zahlten gern mal 250 Euro dafür. Die einzige Berufsgruppe, denen man solches Schuhwerk vielleicht gerade noch zugestanden hätte, waren die Tierpfleger bei *Elefant, Tiger & Co* – als Tarnkleidung. Doch die blieben bei ihren Leisten … äh, Gummistiefeln.

Trendsetter kombinierten die Uggs im Sommer gern mit kurzen Shorts. Die Devise lautete anscheinend: »Wer schön sein will, muss schwitzen.« Möglicherweise handelte es sich bei dem Schuhwerk ja um die neue Luxusvariante mit eingebauter Klimaanlage? Aber selbst das konnten wir kritischen Nuller ja nicht gutheißen. Denn das hätte ganz klar dem Trend zur umweltschonenden Green Couture widersprochen.

Umhängetaschen

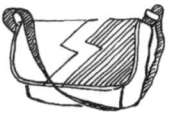

Lifestyle to go. Plötzlich hingen die Fahrradkuriertaschen über sämtlichen männlichen (und später auch weiblichen) Schultern. Über Motto-T-Shirts, Hugo-Hemden und Zegna-Sakkos. Wer eine Messenger Bag trug, war ganz klar hip. Ganz vorn lag man mit Timbuk2, Freitag oder Vaude. Später gab es die Umhängetaschen aus Lkw-Planen, gewachstem Leintuch oder wasserfestem Nylon auch mit den angesagten Heimatstadtschriftzügen à la *Hamburger* oder *Kölnerin*.

Damit der Casual-Look so richtig hip rüberkam, half es, eine möglichst gebrauchte Version zur Schau zu tragen. Je zerranzter, desto besser. Das war wie einst bei den Rimowa-Alukoffern. Die gewannen ja auch, je mehr Dellen sie hatten. Vintage rockte.

Mit dem Konzept Umhängetasche hatten auch endlich mal Männer genug Platz, ihren gesamten Kram für unterwegs unterzubringen – zumindest den, der nicht wie Smartphone, Lumix oder iPod in eine ihrer diversen Sakko- oder Hosentaschen passte. Die Schultertasche fasste ohne Probleme alle Mitnahmeartikel urbaner Nuller: MacBook und Bagel, Starbucks-Thermosbecher und eine Coke Zero, außerdem je eine aktuelle Ausgabe von *Neon* und *brand eins*. Und dann war trotzdem noch genug Platz für eine Wollmütze – und bei Bedarf übrigens sogar für eine Wechselwindel und eine Packung Reiswaffeln. Das machte die Courier-Bag natürlich auch bei allen hippen Vätern, die morgens mit dem Joggerkinderwagen durch den Stadtpark flitzten, zum ultimativen Must-have der Dekade. Denn mit ihnen konnte man überall punkten: beim Kundenmeeting in der Agentur genauso wie beim Martins-Laterne-Basteln in der Kita.

Vintage

Zeitgeschichte zum Anziehen. Wer hätte das gedacht? Dass wir mitten im Anti-Aging-Hype die Spuren des Alters zu schätzen lernten! Zumindest beim Outfit. Julia Roberts und Kate Moss ergänzten plötzlich ihren Style mit Designerteilen jahrzehntealter Kollektionen – und alle Welt machte es ihnen nach. Wie wunderbar sonderbar! Der Mix aus Retro und Nullern war absolut trendy. Er umgab uns mit so einem unbeschreiblichen Hauch von Nostalgie … und Mottenkiste. Aber egal. Wenn wir unsere aktuellen Designer- oder H&M-Teile mit Flohmarktklamotten von Dior oder Valentino kombinierten, fühlten wir uns einfach besonders. Irgendwo zwischen 50er-Jahre-Diva und Starbucks-Girl. Jammerschade war es allerdings, dass die wenigen eigenen Designerteile, die man früher mal besessen hatte, längst der Rotkreuz-Altkleidersammlung zum Opfer gefallen waren. Da blieb einem also leider nichts weiter übrig, als Vintage teuer bei eBay zu ersteigern.

Doch weil die Nachfrage nach alten, aber gut erhaltenen Kleidungsstücken sehr viel größer war als das Angebot, ließ sich die Modeindustrie einen kleinen Trick einfallen. Neu hergestellte Stücke wurden kurzerhand auf Vintage getrimmt. Aus Neu mach Alt – kein Problem, zumal ja Fakes damals in nahezu allen Lebensbereichen im Trend lagen. Eine Jeans in Used-Optik war dann eben auch Vintage, ganz klar.

Übrigens verfielen wir nicht nur beim Outfit dem Antiquitätenwahn. Auch bei Möbeln. Auch hier war es der Mix aus Designerteilen und Flohmarktstücken, die der Wohnung einen persönlichen Touch geben sollten. Man musste ja niemandem sagen, dass man den alten Beistelltisch nicht etwa vom Trödel auf der Straße des 17. Juni hatte, sondern aus dem Fundus des Einrichtungsberaters, der das ganze Wohnzimmer bestückt hatte.

Das abgefahrenste Vintage-Accessoire trugen Trendsetterinnen der Generation Amy Winehouse übrigens an den Händen: abgeblätterten Nagellack! Aber Vorsicht: Der durfte nie mit Gammelklamotten und fettigen Haaren kombiniert werden, sondern mit Dolce&Gabbana-Kleid und Vidal-Sassoon-Bob. Sonst wäre die Stilpolizei auf den Plan getreten. Und das mussten Fashion Victims auf jeden Fall vermeiden.

Wärmepilze

Der Garant fürs Mittelmeer-Feeling vor unserer Haustür. Die Heizstrahler ermöglichten es uns, auch bei Glühweinwetter in Biergärten und Straßencafés auszuharren. Selbst bei Temperaturen um den Gefrierpunkt brauchten wir keinen Grog mehr, um uns zu wärmen. Die Gasflammen über uns sorgten für wohliges

Kuschelklima. Da konnte man es dann auch mal nur mit T-Shirt und Jeans bei fünf Grad Außentemperatur aushalten.

Und was jubilierten erst die verbliebenen Raucher unter uns! Endlich einmal konnten sie ihre Zigarette in Gesellschaft und ohne Gänsehaut genießen. Eine echte Seltenheit in den Nullern. Auch größte Frostbeulen (sprich alle Frauen) tauten auf.

The Heat was on! Meist kam die Hitze von oben. Manchmal so extrem, dass wir uns nach einer Weile wie Grillhähnchen fühlten. Manchmal kam die Hitze auch gezielt nur von links oder rechts, von vorne oder hinten. Dann schwitzten wir am Rücken wie bei der Hot-Stone-Massage, aber gleichzeitig vereisten uns die Gesichtszüge. Umsichtige Wirte hatten aber auch für diesen Fall vorgesorgt. In vielen Lokalen lagen draußen nicht nur Sitzkissen aus, sondern auch kuschelig warme Fleecedecken.

Plötzlich waren wir unabhängig von Jahreszeiten und Klima. Passte uns das Wetter nicht, dann wurde es eben passend gemacht. (Das hatten wir ja schon mit den Schneekanonen im Mittelgebirge geübt.) Wenn wir so weitermachten, konnten wir es bald selbst mit den völlig schmerzfreien Briten aufnehmen. Noch waren die uns allerdings überlegen. Abgehärtet, wie die Insel sie gemacht hatte, brauchten sie zum gemütlichen Draußensitzen im Café nämlich noch nicht mal künstliche Wärme. Ihnen reichte das Inselklima an sich.

Nun ja. Wir Deutsche übten die Freiluftkultur noch. Auch daheim übrigens. Denn das Mallorca-Feeling wollten wir uns auch auf die Terrasse holen. Also stellten wir Strahler, Heizkanonen oder Infrarotheizöfen auf und fühlten uns sofort wie in Palma. Wer brauchte da noch einen Wintergarten? Einen Haken hatte die Sache dann aber doch. Denn die Energiefresser trugen nicht unerheblich zum Treibhauseffekt bei. Obwohl. Bei genauerem Nachdenken hatte das ja auch etwas Gutes. Denn wenn sich die Klimaerwärmung beschleunigte, würden wir die Wärmespender in Zukunft gar nicht mehr benötigen ...

Wandtattoos

Make-up für die Wohnung. Schnell stellten wir fest, dass sich Tätowierungen nicht nur auf nackten Steißbeinen, sondern auch auf nackten Wänden ganz gut machten. Und also trennten wir uns – endlich! – von den Ikea-Postern und beklebten dafür die kahlen Stellen wahlweise mit Blumen, Zweigen oder Schmetterlingen, Scherenschnitten, Sternzeichen oder Mandalas.

Wandaufkleber waren genau das Richtige für alle, denen der Mut zur richtigen Tapete fehlte. Oder für alle, deren Geistesgegenwart sie von einer Tapete abgehalten hatte – je nachdem. *Living at Home*, das Zentralorgan des deutschen Deko-Mainstreams, erklärte uns in diversen Ausgaben, was wir alles mit den neuen Stickern machen konnten: Schlafzimmer ließen sich aufpeppen, Garderobennischen auffrischen und Sitzecken aufhübschen. Mal ganz abgesehen von den diversen Möglichkeiten, dem Kinderzimmer ein ganz neues Gesicht zu geben – entsprechend dem jeweiligen Alter des Kindes und dem jeweiligen Geschmack der Mutter.

Der weit größte Vorteil der Ornamente war vermutlich, dass sie sich ganz gut wieder ablösen ließen. Das schätzten wir spätestens dann, wenn wir das Gästezimmer mit dem *Hotel-Mama*-Tattoo zum Yogaraum umgestalten wollten. Denn beim Yoga sollte uns schließlich nichts von der inneren Einkehr ablenken. Nun ja. So ein schwarz-weißer Yin-und-Yang-Sticker hätte vielleicht schon ganz gut gepasst. Oder so ein schlichtes Sanskrit-Schriftzeichen. Und so ein stilisierter Buddha eigentlich auch …

Wasser ohne Gas

Wichtigstes Modeaccessoire des Sommers. Egal ob zum Businesskostüm oder zur Röhrenjeans: Erst das kleine Plastikfläschchen evian oder Vittel machte unser Outfit in den Nullern perfekt. In den Großstädten von Berlin bis New York eilten plötzlich überall sexy Frauen mit Wasserflasche to go ins Büro, zum Shoppen oder zum Lunch. Es schien, als ginge in der westlichen Welt die globale Angst vor sofortiger Dehydrierung um.

Also beugten wir H$_2$O-Junkies vor. Wir tranken. Und tranken. Und tranken, als ginge es ums Überleben. Drei Liter am Tag waren das Minimum. Und mit jedem Schluck evian fühlten wir uns ein bisschen wie Juliette Binoche, mit jedem Schluck Acqua Panna wie Monica Bellucci. Leitungswasser mochte vielleicht genauso gesund sein. Aber es hatte ein echtes Imageproblem. Also griffen wir zur Flasche – zu der ohne Gas. Denn wer mit Kohlensäure bestellte, outete sich sofort als altmodisch, moderesistent oder über 60. Bei der Generation Volvic dagegen durfte es nicht sprudeln. Nur Wasser naturell schien einen gesunden Lebensstil zu ermöglichen. Kohlensäure mochte ja eventuell doch ein paar Kalorien enthalten, oder …? Beim Wassertrinken strebte man schließlich eine schlanke Linie an. So wie die Models es vormachten. Dass die – im Gegensatz zu uns – Contrex & Co. als Grundnahrungsmittel betrachteten, half nicht wirklich weiter beim großen Wetttrinken. Denn wir vergaßen gern mal, dass zu einer Modelfigur möglicherweise mehr gehörte. Zum Beispiel eiserne Disziplin, geeignete Gene, ein Personal Trainer und der Verzicht auf feste Lebensmittel. Aber egal. Wir tranken. Hieß es nicht »Viel hilft viel«? Leider trug der Wasserbauch nicht gerade zur schlanken Linie bei …

Die Faszination des kühlen Nass wirkte übrigens auch auf Männer. Im Fitnessstudio hatten sie ihr Fläschchen stets in Reichweite. Und Joggen wurde mit Fläschchen zum ganz speziellen Hanteltraining. Wer im Restaurant Wasser bestellte, hörte daraufhin die meistgestellte Frage der 2000er: »Mit oder ohne Gas?« Das Wort Kohlensäure schien es nie gegeben zu haben.

Erst gegen Ende des Jahrzehnts wurde es wieder in, einen Sprudel zu bestellen. Letztendlich hatten wir dann doch eingesehen, dass ein bisschen Prickeln eigentlich auch ziemlich sexy war. Nicht nur im Bauchnabel, Harald.

Wasserspender

Erste Hilfe gegen Dehydrierung. Eine ganze Stunde ohne Flüssig-keitszufuhr auskommen zu müssen, bescherte vielen Zeitgenossen veritable Existenzängste. Für ihre täglichen Wege vertrauten sie daher auf ein dichtes Netzwerk städtischer Wasseroasen. Lebens-rettende Wasserspender mit riesigen Plastikkanisteraufsätzen stan-den vielerorts: in Wartezimmern, Büros oder Rathäusern zum Bei-spiel. Dort versammelten sich dann die Hypochonder der Stadt und tranken das gekühlte Nass aus kleinen Papphütchen.

Auf Empfehlung der Mediziner konnte man ja eigentlich gar nicht genug trinken. Und das taten sie denn auch. Ebenfalls auf Empfehlung der Mediziner hörten sie allerdings auch schlagartig damit auf. Denn 2007 überschlugen sich die Zeitungsmeldungen, denen zufolge die Wasserautomaten ungewöhnlich oft mit Kei-men kontaminiert waren – aufgrund nachlässiger Wartung oder mangelhafter Reinigung, wie es erklärend hieß. Bei Probeunter-suchungen hatten die Forscher in den Geräten nämlich eine über-raschende Artenvielfalt entdeckt: Coli-Bakterien und Streptokok-ken, Pseudomonas aeruginosa, Rahnella aquatilis und Serratia liquefaciens – alles Keime, die so manche Infektion auslösen konn-ten. Das konnte einem echt den Appetit verderben – selbst den auf normales Wasser.

Daher verzichteten viele selbst ernannte Gesundheitsapos-tel lieber wieder auf den schnellen Schluck unterwegs. Manche von ihnen schleppten fortan ihre eigenen Plastikfläschchen mit sich herum. Und andere merkten gar, dass man einen Besuch im Drogeriemarkt tatsächlich ohne zwischenzeitliche Flüssigkeitsga-ben überleben konnte. Das lebenslange Lernen hörte in den Nul-lern eben nie auf.

Wellness

Verwöhnprogramm für berufstätige Mütter und andere Gestresste. Seitdem Kuren nicht mehr von den Krankenkassen bewilligt wurden, mussten wir uns selber um unser Wohlbefinden kümmern. Schließlich wollten wir eine Work-Life-Balance erlangen. Denn die stellte in den Nullern praktisch den Lebenssinn an sich dar.

Im Alltag jonglierten wir nonstop zwischen Kindern, Arbeit, Haus, Hobbys und Freunden. Da hatten wir uns ein paar Mini-Auszeiten redlich verdient. Also meldeten wir uns im Day Spa oder beim Yogakurs an, kauften Duftkerzen und Gesichtsbräuner, machten eine Montignac-Diät, buchten den nächsten Urlaub im Wellness-Hotel und kurbelten damit so ganz nebenbei auch noch eine ganze Industrie kräftig an.

Morgens nahmen wir eine Wellnessdusche und brühten uns einen Wellness-Kaffee auf. Mittags wählten wir in der Kantine das Wellness-Menü und tranken dazu Wellness-Wasser. Und abends leisteten wir uns ab und an eine Wellness-Massage und einen Wellness-Drink. Leider waren bei der Arbeit noch keine Wellness-Konferenzen, Wellness-Projekt-Deadlines oder Wellness-Gehaltsgespräche erfunden. Und trotz des unermüdlichen Einsatzes der RTL-Super-Nanny waren zu Hause auch noch keine Wellness-Kinder aufgetaucht. Und solange das nicht passierte, mussten wir eben weiter zu Duschgel, Kerzen und Gesichtsbräunern greifen. Wir hatten ja gelernt, dass wir dem großen Ziel der Work-Life-Balance mit vielen kleinen Wohlfühloasen schon ziemlich nahekamen. Und für eine Tasse Wellness-Tee hatten wir in unserem Terminplaner auf jeden Fall noch immer ein Zeitfenster frei.

Wii Sports

Turnvater Jahn meets Karaoke. Nintendo machte aus unserem Wohnzimmer im Nu einen Boxring mit angeschlossenem Golfplatz, Baseballfeld, Tenniscourt und Bowlingcenter. Das Workout für Couchpotatoes war der Traum aller unsportlichen Sportler! Denn in den eigenen vier Wänden brauchte man beim Schwitzen weder Platzreife noch Mitgliederausweis – und schon gar keine peinlichen Bowlingschuhe.

Also luden wir Freunde ein und los ging's. Unter den lautstarken Anweisungen von Möchtegern-Tiger-Woods wirbelten wir den Wii Remote Controller wie ein Eisen 4 durch die Wohnzimmerluft. Und in der nächsten Runde schwangen wir ihn als Tennisschläger, Bowlingkugel oder Baseballschläger. Und wer dann noch Puste hatte, versuchte sich vielleicht mit Wii Fit beim Ski-Slalom oder Seiltanz auf dem Balance Board. Hoher Fun-Faktor!

Mag sein, dass wir beim Topspin, Homerun oder Putten absolut wie die Volldeppen aussahen. Aber das machte gar nichts! Denn beim Wettkampf vor dem Flachbildschirm liefen Schweiß und Lachtränen um die Wette. Und außerdem musste man während der Spiele nicht politisch korrekte Iso-Wässerchen trinken, sondern leckere Schöfferhofer Grapefruit. So machte Sport doch mal Spaß!

Wikipedia

Do-it-yourself-Lexikon für Besserwisser. Spätestens jetzt war klar: Wir waren in der Wissensgesellschaft angekommen. Wo sonst hätte jedermann zum Verfasser einer Enzyklopädie werden können? Diese Möglichkeit des Web 2.0 ließ man sich natürlich ungern entgehen. Und also schrieben mehr als 285.000 angemeldete Autoren für das freie Nachschlagewerk für freie Bürger – und zusätzlich noch ungezählte nicht angemeldete. Immer nach dem Motto: »Wenn du es besser weißt, mach es doch selber!«

So entstanden Beiträge in mehr als 250 Sprachen, darunter sogar auf Alemannisch oder Plattdüütsch. Allein auf Hochdeutsch konnten User knapp 900.000 Artikel nachlesen. Erklärt wurde im Prinzip alles aus allen Themengebieten, mal kurz und bündig, mal ausführlich und langatmig. Bei weniger gelungenen Erklärungsversuchen warnte eine rote Zange mit dem Hinweis »Dieser Artikel oder Abschnitt bedarf einer Überarbeitung«.

Trotz weniger Wissenslücken überraschte es immer wieder, was Experten und Laien da alles zusammenschrieben – von A wie ADS, Abwrackprämie, Arbeitsagentur bis Z wie Zeitfenster, Zentralabitur, Zumwinkel. Bei der Fülle der Themen hätte selbst das dickste Lexikon der Welt versagt – und auch die eigenen Eltern, selbst wenn sie zufälligerweise Studienräte gewesen sein sollten.

Apropos. Bildungsbürger, damals eher Wissensarbeiter oder kreative Klasse genannt, erkannte man im Wikipedia-Zeitalter längst nicht mehr an den anderthalb Metern Brockhaus im Wohnzimmerregal – zumal der Mannheimer Verlag seine gedruckte Ausgabe 2008 eingestellt hatte. Lexika waren längst Vintage geworden.

Ein anderes Erkennungszeichen dieser Klasse aber blieb bestehen: die vornehme Blässe. Die holte man sich ab sofort aber nicht mehr in stickigen Bibliotheken, sondern in stickigen Räumen vor dem Monitor.

Wollmützen

Coole Warmhalter für wilde Kerle. Wollmützen waren so was wie die Basecaps des Winters (und für manche Fashion Victims auch so was wie die Basecaps des Sommers …). Fest stand: Mit ihnen konnten Männer endlich auch bei Minustemperaturen heiß aussehen. Wer wollte schließlich nicht wie David Beckham oder Zac Efron aussehen? Falsch machen konnte man beim Styling im Prinzip nichts. Hauptsache, man griff zu Grau oder Schwarz und keinesfalls zum Modell selbst gestrickt. Das einzig Blöde an dem neuen Modeaccessoire war eigentlich nur, dass die Kai-Pflaume-Tolle darunter platt gedrückt wurde.

Etwas gewöhnungsbedürftig wurde der Trend gegen Ende der Dekade: Wollmützen, die nach hinten abstanden, als wären sie Sonderanfertigungen für Marge Simpson. Vielleicht war das von den Designern aber auch nur praktisch gedacht. Denn endlich gab es Kopfbedeckungen, die so viel Stauraum boten wie einst nur die Cargohosen der Neunziger …

Xbox

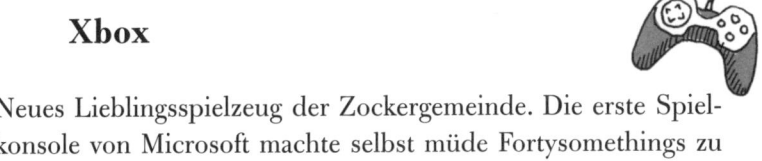

Neues Lieblingsspielzeug der Zockergemeinde. Die erste Spiel-konsole von Microsoft machte selbst müde Fortysomethings zu hellwachen Egoshootern. Der Werbespruch »Life is Short. Play More.« traf voll ins Schwarze – genau wie der Master Chief bei *Halo*, als er auf der Suche nach der geheimnisvollen Ringwelt alles abknallte, was sich ihm in den Weg stellte, und dabei erstaunt fest-stellte, wie sich sein Energieschild in der Deckung wieder von selbst auflud. Wie krass war das denn? Die Xbox war ein absolut wirksames Mittel gegen Nine-to-five-Job und Midlife-Crisis.

Und neben der *Halo*-Serie lieferte sie der eingeschworenen Gamer-Community ein weiteres neues Spiel, das Playstation 2, Nintendo GameCube und Sega Dreamcast locker ausstach: das Microsoft Bashing. Das gab's für alle Käufer gleich gratis da-zu! Okay, okay. Es mochte ja sein, dass sich die Xbox auch als Multimedia-Hub im Wohnzimmer nutzen ließ und man mit der Konsole MP3-Player und Digitalkamera verbinden und Filme runterladen konnte. Aber wer wollte das schon? Bei *dem* Geräuschpegel, den die Xbox produzierte? Den konnten ja wohl nur hartgesottene Geeks ausblenden, die vom jahrelangen Shoo-ten gegen Lärm aller Art abgestumpft waren. Und natürlich mochte es auch sein, dass man im Online-Netzwerk Xbox Live der Xbox 360 gegen andere Spieler weltweit antreten und Cups aus-tragen konnte. Coole Sache, keine Frage. Aber wollte man dafür wirklich ständig diese Probleme beim Einwählen in Kauf neh-men? Oder gar Unterbrechungen an der spannendsten Stelle des Spiels riskieren? Ganz zu schweigen von dem ewigen Ärger mit dem blinkenden Ring of Death an der Xbox 360. Ganz klar: Micro-soft Bashing war ein Riesenspielspaß – für Einsteiger und Profis.

Yoga

Meditation mit Muskelkaterpotenzial. Ommm. Mit den Atem- und Konzentrationsübungen im Lotossitz erreichten wir gleichermaßen Gelassenheit und Gelenkigkeit. Wer hätte gedacht, dass der Weg in die eigene Mitte übers Fitnessstudio führte – oder über die Mehrzweckhalle der Volkshochschule? Wir staunten und schwärmten und lächelten von innen heraus. Zumindest diejenigen von uns, die von ganz normalen Sachbearbeitern oder Abteilungsleiterinnen am Feierabend zu Yogis und Yoginis mutierten. Der Rest von uns lächelte möglicherweise auch, aber eher über diesen ganzen Hype. Erleuchtung mit Ertüchtigungseffekt – das schien manch einem dann doch zu esoterisch.

Doch auch die zweifelnden Zeitgenossen mussten einräumen: Irgendetwas musste dran sein an diesen Yoguretten. Schließlich waren Madonna, Sharon Stone und Gwyneth Paltrow tatsächlich ziemlich sexy in ihren Tops und engen Hosen. Mit den Bhagwan-Jüngern der Achtziger hatten sie eher nichts gemeinsam ... Obwohl es natürlich beim Yoga keineswegs um äußerliche Attraktivität ging, das hatte ja jeder begriffen. Aber andererseits schadete so ein bisschen Abnehmen beim Entspannen ja auch nicht.

Also bestellten wir bei Otto eine Yogamatte, shoppten bei Karstadt die Yoga-Kollektion *Joy natural life* von Schauspielerin Ursula Karven und lasen uns noch kurz in die Fachliteratur ein (Bild.de: *Das große Yoga-Wörterbuch*). Je nach Typ schworen wir auf Hatha, Raja, Jnana, Karma, Bhakti oder noch andere Yoga-Richtungen und verrenkten uns um die Wette.

Zugegeben: Es mochte manchmal stressig gewesen sein, die Termine reinzuquetschen in den straffen Zeitplan zwischen Job, Familie und Freunden. Das machte aber nichts. Schließlich hatten wir ja bei Baum, Hund und Sonnengruß wieder genug Zeit zum Runterkommen. Und natürlich auch, um bei Mantras und Mudras unsere Chakren aufzuladen. Alternativen zu Yoga: Pilates, Qigong, Überstundenabbau.

YouTube

Kurzfilmfestival im Web 2.0. YouTube machte jeden, der eine Videocam besaß, zum Regisseur, Kameramann, Schauspieler und Produzenten. Vier Traumjobs in einem, und das ganz ohne jegliches Casting. Klar, dass da viele Möchtegern-Spielbergs ihre Chance sahen und (durch-)drehten. Und wie. Natürlich nicht nur bei YouTube, sondern auch bei Clipfish, MyVideo oder anderen Nachahmern. In gefürchteter C-Movie-Qualität erschienen auf den Plattformen Videoblogs und Nachrichten, Propaganda und Parodien, Trash und Trailer, Sex-Clips und Commercials, Musikvideos und Konzeptkunst, Borat und Paris Hilton, professionelle Filmemacher und peinliche Filmchen à la *Pleiten, Pech und Pannen*. Die Internetgemeinde verfolgte auf YouTube Bilder vom Weltwirtschaftsgipfel in Davos und Aufnahmen vom Tsunami in Südostasien. Sie sah, wie vier Monate lang weltweit ein Sinfonieorchester gecastet wurde, wie ein britischer Opa vom Krieg erzählte (*Geriatric1927*) und eine neuseeländische Schauspielerin sich in gefakter Tagebuchmanier als unverstandenes *Lonelygirl15* ausgab. Und ganz, ganz selten gelangen auch echte Kunstwerke – wie der *Simpsons*-Vorspann, der von *TexMachina* im echten Leben nachgestellt wurde.

Ansonsten gab es wenig Aufregendes, aber immer mal wieder was Lustiges. Das Konzept war perfekt geschaffen für die Mittagspause: einfach anklicken, abschalten, ablachen. 1-a-Entspannung fürs Büro also. Und auf jeden Fall effektiver als diese mobilen Massagen, mit denen uns die Chefs im New-Economy-Zeitalter verwöhnen wollten.

Zahnbleachings

Hollywood-Smile für alle! Wer hätte sich früher vorgestellt, dass Zahnärzte auch Herzenswünsche erfüllen können? In den Nullern war es so weit. Ein strahlendes, perfektes Lächeln wie die Filmstars wollten wir haben. Früher schrubbte man dafür mit Perlweiss das Zahnfleisch wund. Aber in den 2000ern eröffneten sich ganz neue technische Möglichkeiten. Bleaching hieß das Zauberwort, zu Deutsch: bleichen. Was bei der Frisur schon lange möglich war, ging nun auch im Mund. Wasserstoffperoxid sei Dank.

Ganz Mutige versuchten es zu Hause im Selbstversuch. Abends Bleichgel auf die Zähne, Schiene drauf, ein bisschen würgen, fertig. Ganz einfach. Nach etwa zehn Tagen konnte man im Spiegel das mehr oder weniger strahlende Ergebnis bewundern.

Irgendwie war es dann oft doch nicht ganz so schön wie bei Anne Hathaway. Was wohl daran gelegen haben mochte, dass die sich die Zähne – im Gegensatz zu uns – komplett verkleiden ließ. Weißer als weiß. Das funktionierte mit Veneers, einer Fassadenrunderneuerung im Mund. Gegen solche Strahlkraft kam selbst Ariel nicht an. Und jeder mit normalem Zahnschmelz wirkte daneben wie ein Kettenraucher, der sich ausschließlich von schwarzem Tee, Blaubeeren und Rotwein ernährt.

Obwohl: So megaweiß wie George Clooney oder gar wie Margarethe Schreinemakers wollte man sein Gebiss ja dann auch nicht entstellen. Da hätte man Angst gehabt, die Zähne würden bei Schwarzlicht blenden. Eine Steigerung ist kaum noch vorstellbar. Aber wer weiß das schon. Vielleicht bringt das nächste Jahrzehnt ja selbstleuchtende Zähne – mit eingebauten Energiesparlämpchen, versteht sich.

Zahnspangen für Erwachsene

Pubertät mit 40. Plötzlich liefen landauf, landab Fortysomethings mit Klammer herum. Den Betrachtern wurde unbehaglich zumute. Wie sollten sie reagieren? Das Gestell im Mund ihres Gegenübers war schließlich nicht zu übersehen. Peinlich berührt wegucken? Nachfragen? Zum Kompliment greifen (»Die Spange macht dich mindestens zehn Jahre jünger!«)? Überhaupt – was war da passiert? Wie so häufig ging es mal wieder um den allgemeinen Schönheitswettbewerb. Und wer mithalten wollte mit Geschäftspartnern, Nachbarn und Tennisclubbekanntschaften, legte sich dafür ins Zeug. Schließlich wirkte doch selbst ein falsches Lächeln unter Kollegen viel sympathischer ohne Überbiss! Also setzte man sich gleich nach seinen halbwüchsigen Kindern in den Behandlungsstuhl des Kieferorthopäden und lernte neue Vokabeln: Speed-Brackets, Invisaligne, Lingualtechnik. Und wie sexy sah doch Tom Cruise mit Zahnspange aus …!

Nach Anbringung der Korrekturhilfe im eigenen Mund hieß es geduldig warten, ordentlich zahlen und – die Blicke der Mitmenschen ertragen. Denen wurde zwar meist erst beim Anblick der Zahnklammer bewusst, dass der Träger vorher möglicherweise kein ganz so perfektes Gebiss gehabt haben mochte. Aber egal. Dem Zahnspangenträger ging es letztlich doch nur um das eigene gute Gefühl, in jeder Lebenslage befreit die Zähne blecken zu können. Gut investierte 5000 Euro, auf jeden Fall.

Was bedeutete es da schon, zwei Jahre seines Erwachsenenlebens als verkleideter Teenager durch die Gegend zu laufen und im Anschluss daran eine schmerzhafte Kiefer-OP mit stationärem Klinikaufenthalt überstehen zu müssen? Die Qualen lohnten sich auf jeden Fall. Allein schon deshalb, weil sich die Kerzen auf dem Geburtstagskuchen ohne Überbiss sicher viel leichter auspusten ließen. Und diese Herausforderung wurde schließlich jedes Jahr größer.

Zehenringe

Neueste Alternative zum Fußkettchen. Schöne Füße wollten nicht länger ein Aschenputteldasein führen. Schließlich konnten die french-manikürten Zehen und die neuen Tattoos an den Fesseln noch weitere Aufmerksamkeit vertragen. Warum also nicht in Sandalen Ringe an den Zehen tragen? Spätestens als die konservative Charlotte in *Sex and the City* beim Schuhkauf einen dezenten Ze-

henring offenbarte, wusste man auch hierzulande: Trend! Sofort
nachmachen!

Anfangs mochte sich das etwas unbequem angefühlt haben – vor allem beim Laufen. Aber wer dachte beim Thema
Accessoires schon an so nebensächliche Dinge wie Bequemlichkeit? Letztlich war das wie so vieles nur eine Sache der Gewöh-
nung. Was spielte es da schon für eine Rolle, dass Ringe an den
Füßen vielleicht nicht wirklich sexy wirkten? Jedenfalls waren sie
ein Hingucker für die imaginären Großstadtprinzen, deren Aufmerksamkeit es zu erhaschen galt. »Mein Prinz«, so schienen die
beringten Füße zu rufen, »hier kommt dein modernes Aschenput-
tel. Bei so schönen Füßen passt der gläserne Schuh bestimmt.« Na
ja, gläsern war das Schuhwerk um die Zehenringe nicht gerade.
Vielmehr ging es meist eher darum, die etwas faden Flip-Flops
aufzumotzen. Oder im Freibad und bei anderen Gelegenheiten,
die wenig Kleidung erforderten, einfach nur ein weiteres Accessoire zu haben, das nicht abgelegt werden musste.

Trotz all der wunderbaren Vorteile: Lange haben es die
Ringe im Schuh nicht ausgehalten. Ab Mitte der Nuller wurden sie
meist nur noch zum mehr oder weniger angesagten Hippiestil ge-
tragen, vorzugsweise von bauchnabelgepiercten Zeitgenossinnen.
Bei allen anderen Frauen verschwanden sie ganz unten in der
Schmuckkiste – gleich neben den Fußkettchen.

Zoosendungen

Grzimek hinter Gittern. Während der Altmeister aller Zoologen
noch in die Serengeti reisen musste, um uns die Welt der wilden
Tiere nahezubringen, begnügten sich seine Nachfolger mit Drehs
in Leipzig, Hamburg oder Berlin. Und von dort aus bescherten
sie der ARD (später auch dem ZDF) die allerniedlichsten Geschichten über Elefant, Tiger, Panda, Gorilla, Eisbär, Affe, Nas-
horn, Zebra, Leopard, Seebär & Co. Und wie herzig sie die Zoo-
geschichten in Szene setzten. Das TV-Publikum amüsierte sich

tierisch! Das Besondere der Grzimek-Erben: Bei ihnen standen nicht nur die Vierbeiner wie Angola-Löwe Malik oder Alpaka Harry im Rampenlicht, sondern auch die Tierpfleger Raimon, Angelika & Co.

Der Doktor und das liebe Vieh hätten ganz schön Augen gemacht! Und das taten auch wir. Zumal die nachmittäglichen Zoo-Soaps die Tiere so wunderschön vermenschlichten, was ja eigentlich in den aufgeklärten Nullern ein absolutes No-go war. Aber so what?! Die Drehs hatten alle etwas wunderbar Tiger-entenhaftes, einfach goldig! Also staunten wir nicht schlecht über den Frauentausch im Giraffengehege, über die Partnervermittlung im Vogelhaus und über den Schwangerschaftstest bei den See-bären. Zudem lernten wir mehr als in der Schule. Oder wer von uns hatte im Biounterricht schon mal was von der Graumulle ge-hört? Oder vom Kurzohrrüsselspringer? Eben.

Ganz erstaunlich fanden wir auch, dass sich ausgerechnet der Mitteldeutsche Rundfunk mit *Elefant, Tiger & Co.* (im Fan-Jargon kurz *ETC* genannt) als Trendsetter hervorgetan hatte. Ob-wohl. Bei kurzem Nachdenken war es vielleicht doch nicht so be-merkenswert. Schließlich war der MDR ja in einem Lebensraum beheimatet, der sich Jahrzehnte zuvor schon mit eingesperrten Lebewesen gut ausgekannt hatte …

Aber egal. Die Fernsehzuschauer fanden die Idee genial. Und sie genossen weiterhin gemütlich vom Sofa aus die Welt zwischen Gummistiefeln und Ganzkörperschürzen, zwischen Mist, Bananen und Spritzen. Die Menschen, Tiere, Kopulationen bra-chen nicht nur massenhaft die Herzen der Zuschauer, sondern auch alle Quotenrekorde. Womöglich mochte dies ein Indiz dafür gewesen sein, dass die »Ich-möchte-später-mal-Tierpfleger-wer-den«-Phase bei vielen Leuten länger angehalten hatte als zuge-geben.

Gegen Ende des Jahrzehnts verbreitete sich das Gerücht, dass den Öffentlich-Rechtlichen nicht nur die Tierparks, sondern auch die Tiere ausgingen, über die berichtet werden konnte. Ein findiger Dokumentarfilmer aus dem Rüsselsheimer Zoo sollte im

Zuge der Finanzkrise 2009 sogar auf die Idee gekommen sein, die Spezies der vom Aussterben bedrohten Opelaner zu filmen. Doch das war vermutlich eine Ente.

Zungenreiniger

Neues Werkzeug im Zahnputzbecher. Im Zuge des allgemeinen Mundhygienewahns lag es nahe, auch unserer Zunge endlich die Aufmerksamkeit zu schenken, die sie verdiente. Und das taten wir – nicht nur mit Piercings. Also schrubbten und bürsteten wir unser lange unterschätztes Körperteil mit Hingabe. Zugleich lernten wir dabei jeden Tag eine Lektion in Körperbeherrschung. Denn so häufig sonst kam es ja nicht vor, dass wir einen Dauerwürgereflex unterdrücken mussten.

Aber was war uns eine gefühlt keimfreie Mundhöhle nicht alles wert! Jeglichem Belag sagten wir den Kampf an. Mit Erfolg. Mundgerüche waren fortan vergessen, Schadstoffe restlos ausgemerzt, und Entzündungen im Rachenraum hatten erst gar keine Chance. Mit der Leidenschaft, die wir an den Tag legten, mochten sich nicht nur Karius und Baktus schnell verkrümelt haben. Und dass eine zartrosa Zunge auch perfekt zu den strahlend weiß gebleichten Zähnen passte, war eine Nebenwirkung, die wir gern in Kauf nahmen.

Anfangs war der Anblick des Schabers vielleicht etwas gewöhnungsbedürftig, aber das gab sich mit der Zeit. Irgendwann wussten wir auch, woran er uns eigentlich erinnerte: Ja! An diese Seifenblasenapplikatoren in der Pustefix-Flasche! Aber egal: Viel wichtiger als die Optik des Reinigungsinstruments war doch die Optik des gereinigten Körperteils. Und dafür lohnte sich das morgendliche Schrubben ohne Frage. Denn schließlich konnte man nie wissen, was man den Tag über noch so erlebte. Und falls eine Beleidigung angebracht gewesen sein sollte, waren wir bestens vorbereitet. Denn beim Zungerausstrecken demonstrierte man mit einem rosarot gepflegten Exemplar fraglos Zeitgeist und Stil.

Dank

Dank an meine Eltern, Sabine Rupp, Bettina Querfurth, Mathias Mertens, Marcus Gloger, Martin Husemann und Heinz Grewe. Besonderen Dank an Waltraud Berz fürs Personal Editing, ans Barrique für den Caro Latte Macchiato und an Constantin Gillies, der von Stunde null an fest an dieses Buch geglaubt hat.